TUMULT
Schriften zur Verkehrswissenschaft

Band 30

TUMULT
Schriften zur Verkehrswissenschaft

Herausgegeben von
Frank Böckelmann und Walter Seitter

Mitglieder der Redaktion:
Frank Böckelmann, Helmut Kohlenberger, Michael Neumann,
Wolfert von Rahden, Hanno Rink, Walter Seitter, Ulrich van Loyen,
Cornelia Vismann, Hanns Zischler (ambulanter Redakteur)

Korrespondierende Mitglieder:
Jean Baudrillard, Bazon Brock,
Michel Foucault †, Bernard Pautrat, Jean-Louis Schefer,
Michel Serres, Michel Tibon-Cornillot, Paul Virillio

Redaktionsanschrift:
Frank Böckelmann, Lilienstraße 51, D-81669 München
Walter Seitter, Hoher Markt 4, A-1010 Wien
Bestellungen bitte direkt an die Redaktion

römisch

Herausgegeben von
Walter Seitter und Cornelia Vismann

diaphanes

Titelabbildung:
Die Ausgrabung des Hercules Mastai, 1864
37 x 25 cm
Archivio Fotografico Comunale, Rom

1864 wurde im Garten des Palazzo Pio (früher Palazzo Orsini-Righetti) in der Via del Biscione Nr. 95, nahe dem Campo dei Fiori, während der Fundamentierungsarbeiten für einen seitlichen Erweiterungsbau eine Kolossalstatue des Hercules aus vergoldeter Bronze gefunden. Die Statue, die ins zweite Jahrhundert n. Chr. datiert wird, war einer zeitgenössischen Inschrift zufolge an der Stelle rituell begraben worden, wo sie eines Nachts vom Blitz getroffen worden war.
Ferdinand Gregorovius schrieb am 16. Oktober in sein Tagebuch: »... sah ich diese Statue aus ihrem Grabe auferstehen, woraus sie mit Stricken, Schrauben und Winden herausgezogen ward – Volk, Arbeiter ringsumher, alle voll Anteil und heiterem Ernst – eine echt römische Szene.«
Die Statue wurde Papst Pius IX. Mastai-Ferretti von Pietro Righetti zum Geschenk gemacht und 1866 in der Sala Rotonda im Vatican aufgestellt.

1. Auflage

ISBN-10: 3-935300-84-0
ISBN-13: 978-3-935300-84-1
© diaphanes, Zürich-Berlin 2006
www.diaphanes.net

Alle Rechte vorbehalten
Layout und Druckvorstufe: 2edit, Zürich
Druck: Stückle, Ettenheim

Inhalt

Paul Veyne
Rom und wir   7

Bernhard Siegert
Ab-Ort Rom
Übertragung als Grund und Abgrund der Referenz   11

Anselm Haverkamp
Arcanum translationis
Das Fundament der lateinischen Tradition   19

Helmut Kohlenberger
Roma locuta...   31

Nadine Grotkamp
Ein Imperium stellt keine Geiseln? –
Überlegungen zu Tac. ann. 15, 28   39

Rémi Brague
Ist der Eurozentrismus europäisch?   45

Wilhelm Blum
Die Rom-Idee im Zentrum und an den Rändern Europas   57

Massimo Cacciari
Über das Reich und das Römische   71

Barbara Vinken
Rom – Paris   81

Hanns Zischler
Rejoyce and Despise the Roman Colours:
bruno, brown, schwarz und weiß   97

Erich Hörl
Heidegger und die Römer   103

Katherina Zakravsky
Exemplarische Imperatoren: Rom in Hollywood   111

Fabian Steinhauer
Die Szene ist in Rom   121

Walter Seitter
Wie römisch ist Wien?   133

Die Autorinnen und Autoren   143

Paul Veyne

Rom und wir

Die Tonscherbe

Ich war acht Jahre alt, als ich der römischen Welt begegnete, indem ich auf einem Hügel bei Caillon eine Tonscherbe entdeckte, die mir aus einer anderen Welt zu stammen schien. Ich möchte von dieser Besonderheit sprechen, denn es handelt sich dabei um einen Beitrag zur Psychologie. Ich glaube nicht an die mystische Idee einer »Berufung«. Es ist viel einfacher: es kommt bizarrerweise vor, daß Kinder von irgendeiner Sache fasziniert sind. Diese Sache kann gesellschaftlich sehr angesehen sein, so ist es mit der römischen Antike, es können aber auch die Briefmarken sein. Diese »Wahl« kann die Orientierung ihres Lebens bestimmen. So weit dieses merkwürdige Phänomen, aufgrund dessen ich mich sehr früh auf jene Tonscherbe und auf alles, was römisch ist, fixiert habe.

Man denkt sogleich an den freudschen Begriff der »Besetzung« (frz. »investissement«), der zunächst erhellend zu sein scheint; er verweist auf das Willkürliche einer Objektfixierung. An der Börse bedeutet das Tätigen einer Investition allerdings nicht nur, daß man sich auf einen bestimmten Titel festlegt, sondern auch, daß man einen bedeutenden Betrag hineinsteckt. Was für einen Wert investiert man, wenn man auf eine Tonscherbe setzt? Wir möchten glauben, daß, wer in eine Tonscherbe oder in Briefmarken investiert, darin große existenzielle Dinge sieht. Aber nein: nur eine Verrücktheit ohne tiefen Grund entscheidet darüber, ob es Rom sein wird oder Briefmarken. Indem ich in die römische Welt eingetaucht bin, habe ich nicht unbewußt auf einen großen Wert gesetzt. Ich hätte übrigens ebenso gut die japanische Welt studieren können, die mich sehr interessiert (es fehlt mir jedoch die Begabung zum Sprachenlernen) oder die Tier-Ethologie (ich glaube weder an einen Gott noch an den Darwinismus und noch weniger an einen Biologen wie Changeux – sondern an eine Weltseele, die unpersönlich und wenig liebenswert ist). Die Römer faszinieren mich nicht besonders, und ich ziehe ihnen Griechenland bei weitem vor. Mein persönliches Engagement für die Griechen und für die Römer ist uneigennützig in dem Sinne, daß ich kein besonders starkes Interesse damit verbinde. Es ist da nichts Existenzielles oder Sublimes. Nur eine psychologische Bizarrheit. Die Römer haben für mich eher etwas Beschränktes; aber ihre Scherben lassen mir keine Ruhe. Verstehe das, wer will.

Manche Forscher empfinden eine heftige Sympathie für die Zivilisation, die sie studieren. Wie viele Arabologen oder Japanologen sind mit ihrem Forschungsgegenstand geradezu verheiratet! Wenn es in 1000 Jahren »Nazilogen« geben wird, werden sie Zuneigung zu den Nazis empfinden. Heute versichern uns Assyriologen, daß die Assyrer verleumdet worden sind. Ist man jedoch von einem grundlosen psychologischen Zufall getroffen worden – so wie ich von der Tonscherbe –, so fühlt man sich nicht verpflichtet, für Rom eine Leidenschaft zu empfinden. Im Gegenteil, man kann an den Römern Sezierungen vornehmen wie man einst an den Tieren *in anima vili* Anatomie praktizierte. Man kann sie als Vorwand heranziehen, um über dieses oder jenes Detail der menschlichen Verhaltensweisen zu reflektieren. Man nimmt eine römische Verhaltensweise, die banal und unseren Verhaltensweisen ähnlich zu sein scheint, und deckt die geheime Differenz gegenüber unserer Einstellung auf, oder man bemerkt eine sonderbare Auffassung der Außenpolitik, oder man fragt sich, wo eine eventuelle Beziehung zwischen den Kunstformen und der Gesellschaft ihrer Zeit verläuft. Hätte ich Japan zu meinem Forschungsfeld gemacht, so hätte ich nicht ständig betonen müssen, daß die Japaner nicht wir sind: alle Welt weiß das im voraus. In bezug auf die Römer empfiehlt es sich hingegen, daran zu erinnern, daß sie und wir sehr verschieden sind, auch wenn man das nicht sofort sieht.

Das Reich und die Beute

Wenn die Antike eine versunkene Geschichte ist, dann auch deswegen, weil es sich um eine vorchristliche Geschichte handelt. Das Christentum ist faszinierend, doch ich liebe es nicht, und daher strenge ich mich an, nicht ungerecht zu sein – mein Beruf verpflichtet mich dazu. Die Reinheit der Seele des Historikers darf nicht durch antireligiöse Neigungen getrübt sein. In einer heidnischen Welt fühle ich mich viel wohler. In Delphi hatte ich religiöse Empfindungen. Hätte ich in der Antike gelebt, so wäre ich ein frommer Heide gewesen.

Glaubten die Römer an ihre Götter? Sie liebten sie. Man liebte die Götter, wie man seinen Vater und seine Mutter liebt, so Aristoteles. Was heißt glauben? Diese Frage bewegt mich. Wieso versammeln sich Leute auf einer Insel des Pazifischen Ozeans, um die Außerirdischen zu erwarten? Ich denke an die Erbitterung von Michel Leiris in seinem *L'Afrique fantôme*, wenn er die afrikanischen Sekten studiert und beschreibt, welche ständig das spielen, was Leiris schließlich als eine Glaubenskomödie betrachtet. Glauben, glauben wollen – das ist sehr kompliziert.

Im Grunde genommen gefallen mir die Römer, weil sie nicht fremdenfeindlich sind. Sie haben von Anfang an und mit einer in der Geschichte seltenen Überzeugung das Prinzip gesetzt, daß sie zu befehlen haben. Und sie hatten den Instinkt, daß sie den Völkern, die sie unter ihrer Kontrolle hatten, nie etwas befahlen, was diese nicht tun wollten. Im Gegensatz zu einem Zentralstaat ist ein Imperialstaat fähig, den Leuten das zu befehlen, was diese tun wollen. Wichtig ist nur, daß die Anordnung von ihm kommt.

Sie haben nie daran gedacht, die eroberten Länder zu romanisieren. Zwar haben sie nie an ihrem Recht auf ihre Befehlsgewalt gezweifelt, aber sie waren frei von engem Nationalismus. Sie haben sich der griechischen Kultur bemächtigt – mit einem Mut, den Nietzsche bewundert hat. Mit einem exzeptionellen Mangel an Sorge um ihre römische »Identität«. Sie haben sich die griechischen Werte *en bloc* wie eine Beute angeeignet. Sie haben sich freiwillig hellenisiert. Es gibt immer noch ein paar französische Professoren, die nicht sehen, daß Rom ein Volk war, dessen Kultur die Kultur eines anderen Volkes war, die sie ohne Kleinlichkeit und Rassismus angenommen haben. Die deutschen und angelsächsischen Historiker wissen das. So sind auch die Japaner Abendländer geworden, und heute sind sie eine Weltmacht. Gewiß, die Römer finden, daß die Ägypter ziemlich abergläubisch sind, die Syrer ziemlich anstrengend und die Juden moralisch respektabel, doch sehr kompliziert. Aber da sie nun einmal die verschiedensten Völker in ihrem Reich vereinigt haben, haben sie das Gefühl, daß die römische Einheit die Vergangenheit und die Gegenwart der Menschheit politisch rekapituliert.

Das griechische Markenzeichen

Mein Herz ist eher griechisch als römisch. Glücklicherweise spricht die Hälfte des Reiches Griechisch. Von Afrika bis Italien, von Gallien bis Ägypten ist die einzige Einheit die der griechischen Zivilisation und Sprache. Diese bilden die kulturelle Einheit des sogenannten römischen Reiches, das man folglich griechisch-römisches Reich nennen sollte. Östlich von einer Linie, die den Balkan überschneidet, sprechen alle Griechisch. Ausgenommen das Rechtswesen, das lateinisch funktioniert. Denn es ist das Markenzeichen des Imperiums, das Zeichen der römischen Autorität: Rom läßt den Griechen oder den Ägyptern ihre Rechtsgewohnheiten, ihre Regeln der Erbschaft usw. (es läßt sie das tun, was sie tun wollen!); aber die Prozedur ist römisch, um zu zeigen, daß Rom befiehlt. Die römischen Patrizier sind zweisprachig. Das Griechische war überall im Reich die internationale Sprache der Wissenschaft und des Handels. Wie das Englische heute...

Aus: Paul Veyne: »Rome et nous«, in:
Le Nouvel Observateur, 29 Julliet - 4 Aôut 2004. 48 ff.
Aus dem Französischen von Walter Seitter

Bernhard Siegert

Ab-Ort Rom
Übertragung als Grund und Abgrund der Referenz

Referenz Rom. Nicht um Rom selbst soll es hier gehen, was immer das sein mag, sondern um die Referenz auf Rom, um die Bezugnahme auf einen Herrensignifikanten, durch den universale Autorität, imperialer Herrschaftsanspruch, Titel und Zeremonien in den juridischen und politischen Diskursen von Byzanz bis Brüssel legitimiert wurden. Nach Rom-Referenzen muß man nicht lange suchen. Sie scheinen allgegenwärtig zu sein, in den Fassaden der klassizistischen Gebäude, den Institutionen, den Wahrheitsprozeduren, der Rechtssprechung, der Infrastruktur. Man muß nicht reden von den in römische Togen gewandeten Bürgern im revolutionären Paris von 1789.

Diejenigen Rom-Referenzen, die Juristen, Historiker und Reichs-Theologen über Jahrhunderte am meisten beschäftigt haben, kennt man als Translatio-Theorien. Schon die spätantiken und mittelalterlichen Gesellschaften des Abend- und Morgenlandes haben die Idee einer Ewigkeit oder ewigen Dauer des *imperium Romanum* gekannt und diverse Theorien der Translation des Reiches konstruiert. Nachdem sich Byzanz als Zweites Rom identifiziert hatte, bezeichnete sich nach dem Fall von Konstantinopel Moskau, gelegentlich auch das Wien der Habsburger, als Drittes Rom. Rom ist eine *message*, die über Poststationen vom ersten zum zweiten zum dritten und zum vierten Rom (Washington?) weitergereicht wurde. Würde man nicht gern einmal eine Geschichte hören von einem Empfänger, der die Annahme dieser Post verweigert hätte? Solche Rom-Rhetoriken sind Gesten, die Rekurs nehmen auf die Semiotik einer magisch-religiösen *repraesentatio*. Das archaische römische Recht (insbesondere das Auguralrecht und das Pontifikalrecht) kannte ein *auspicium perpetuitatis* des Reiches (siehe Livius 1,55 mit Bezug auf das *fanum* des Deus Terminus). Seit der Zeit der späten Republik und vor allem in der Epoche des Augustus entwickelt sich dann der Begriff der *aeternitas*, mit Bezug auf Rom, auf den *populus Romanus*, auf das *imperium*.[1] Die Ewigkeit Roms (seiner Bevölkerung und seines Reiches) bewahrheitet sich in der Überholung oder Überschreitung der räumlichen Verpackung im Orient und im Okzident (»imperium a Graeca in Germaniam per Romanam ecclesiam translatum«). Das extreme Konzept einer »Roma mobilis« findet man etwa bei J. Limnaeus, *Iuris publici imperii Romano-Germanici* (Straßburg 1640).

Den meisten Lesern dieser Zeitschrift, die eine Zeitschrift für *Verkehrswissenschaft* ist, worunter ja wohl auch das Signifikanten-Transportwesen einer »Roma mobilis« fällt, ist geläufig, daß Rom-Referenzen Vertreter/Signifikanten eines durchgestrichenen Anderen/Signifikanten sind. Daher sagt das römische Signifikanten-Transportwesen das Subjekt jedweder Amtsgewalt total zerteilt aus.[2] So

---

1. An den Begriff der *aeternitas* heftet sich der Begriff der *renovatio*. Die Römer sprechen von einem *imperium sine fine* (Vgl. Vergil: *Aeneas* 1, 278f., vgl. auch 6, 781f.).
2. Vgl. Legendre, Pierre: *L'amour du censeur. Essai sur l'ordre dogmatique*, Paris 1974, S. 73.

zeigt sich der Papst am Platz eines Anderen: *vicarius Christi* – der Sklave, der gemäß dem Römischen Recht ein allgemeines Mandat hat, seinen Herrn zu repräsentieren und seine Angelegenheiten zu führen. Diesen Dritten, der ein durchgestrichener Signifikant ist und dafür steht, »daß es keinen Ort gibt, der die im Sprechen konstituierte Wahrheit sichert, und keinen Platz, der es rechtfertigt, mit Worten dasjenige in Frage zu ziehen, was nur Worte sind«,[3] hat der Sklave/der Sekretär vertreten. In der römischen Konstruktion des Sprechens kommt die Gewalt und der Glanz der Repräsentation dem zu, der im Zeichen einer symbolischen Kastration spricht. Damit hängt offenbar zusammen, daß es dort, wo die Rom-Referenz ausgespielt werden soll, zu Paradoxien kommt.

Der Mönch Philoktet von Pskov, der die Theorie entwickelte, derzufolge Moskau das »dritte Rom« sei, schrieb Anfang des 16. Jahrhunderts unter Berufung auf die Prophezeiung Daniels: »Das römische Reich ist unzerstörbar, denn der Herr ist aufgrund des unter Augustus abgehaltenen Census der römischen Macht (rimskaja vlast') eingeschrieben«.[4] Gott selbst ist ein konskribierter Bürger bzw. Soldat Roms. Christus selbst ist ein *miles romanus* und folglich *miles Christi*. In die Referenz Rom sind alle Paradoxien der Repräsentation eingetragen, die sich aus den Paradoxien des Spiegelstadiums ableiten lassen.

»Referenz« ist ein Begriff der Semiotik, der 1923 von Charles Kay Ogden und Ivory Armstrong Richards in ihrem Werk *The Meaning of Meaning* eingeführt wurde. »Referenz« nennt man seitdem die Beziehung zwischen einem Zeichen und dem außersprachlichen Gegenstand oder Sachverhalt, auf den das Zeichen Bezug nimmt. In die Linguistik eingewandert ist der Begriff im Zuge der Rezeption des Bühlerschen Organonmodells des Zeichens vom Beginn der dreißiger Jahre (publiziert 1934) durch die Prager Strukturalisten. Jakobson identifizierte Bühlers Gegenstand mit dem Referenten und prägte für die Funktion des sprachlichen Zeichens, die durch den Kontext realisiert wird, den Begriff »referential«.

Das sogenannte »semiotische Dreieck« (bei Ogden/Richards: [x] *name*, [y] *sense*, [z] *thing*) ist die bekannteste Form der symbolischen Darstellung der Bezüge. Der Dreieckspunkt x steht sprachlich dabei für die lautliche Abfolge (*name*), der Punkt y für die Bedeutung (*sense*), die Repräsentation im Gehirn, die der lautlichen Abfolge entspricht, und der Dreieckspunkt z schließlich bezieht sich auf das Denotat, die Referenz in der weltlichen Realität (*thing*). Der Referent ist das Dritte, das außersprachliche Ding. Im Referenten geht das Zeichen zu Grund. Um mit der in der nicht-angelsächsischen Welt für problematisch gehaltenen Annahme einer außersprachlichen Realität zurechtzukommen, wird dieses Dritte in der kontinentalen Linguistik gern mit einer Spielart der Hermeneutik erklärt: Man beruft sich auf Wirklichkeitsmodelle, die zwischen Produzent und Rezipient kommunizierbar sind und kommuniziert werden, welche allererst die Wirklichkeit als Konsens oder Kontext konstituieren.

Etwas anderes ist die Referenz, die der lacanianische Rechtshistoriker Pierre Legendre ins Zentrum seiner Theorie von der mythologischen Struktur moderner

---

3. Anonym: »Pour une logique du fantasme«, in: *Scilicet* 2/3 (1970), S. 238.
4. Zit. nach Catalano, Pierangelo: »Fin de l'Empire romain? Un problème juridico-religieux«, in: *Roma-Constantinopoli-Mosca*, Neapel 1983, S. 543-556.

Normativität gestellt hat. Das theoriehistorische Fundament, auf dem Legendres »Referenz« steht, ist die Verstrebung von strukturaler Linguistik, Rechtstheorie und Psychoanalyse. Legendre betont »die juridische Struktur der Referenzialität und bündelt sämtliche Formationen des Rechts in La Référence schlechthin«.[5] Demnach ist die absolute Referenz, an der das Recht hängt, Grund und Abgrund zugleich, insofern sie nichts ist als der reine Mangel, die eine endlose Kette von Verweisungen und damit das Spiel der Repräsentationen in Gang setzt. Legendre gibt der absoluten Referenz gelegentlich den Namen des griechischen Gottes der Kaufleute und des Betrugs: Hermes, die Personifikation des Postwesens auf dem Olymp.

Nicht weniger als wilde, antike oder vorindustrielle Gesellschaften kann die ultra-moderne Gesellschaft der Normativität vermeiden, zu tun zu haben mit der Verkettung von Ersetzungen jenes Terms, von welchem aus er sich ihren Staatsangehörigen auferlegt oder sich denen als dogmatisches Monument anbietet, die dem Staat dienen. Die modernen Ideologien – welches auch ihre Embleme sein mögen (Das Volk, Der Mensch, Die Gesellschaft) – verrichten denselben Dienst, den der gesetzgebende Gott der europäischen Christianismen niemals verweigert hat: die Sache des Rechts zu übernehmen, d.h. die soziale Hermeneutik zu begründen. Anders gesagt, wir hören nicht auf, jenen Schwindel herzustellen, der für die Institutionalität notwendig ist, einen Gott, der den Tausch überwacht, den industriellen Hermes.[6]

Mit der mythologischen Zitation des Hermes setzt Legendre – gewollt oder nicht – seine Theorie der Referenz in ein Verhältnis zur Theorie des Dritten von Michel Serres, die eine Theorie des Parasiten ist. Der Parasit, sagt Serres, oder die Störung, die Abweichung oder Interzeption, geht der Beziehung voraus, sie ist der Grund der Beziehung. Das oder der Dritte geht dem Zweiten voraus: Das ist der Anfang der Medientheorie, jeder Medientheorie: »Es gibt ein Drittes vor dem Zweiten; es gibt einen Dritten vor dem anderen. [...] Es gibt stets ein Medium, eine Mitte, ein Vermittelndes.«[7]

Die Frage ist: Steht der Dritte, von dem Legendre spricht, in irgendeiner Beziehung zum Dritten, von dem Michel Serres spricht? Konvergieren juridischer und linguistischer Sinn von Referenzialität? Hat die linguistische Referenz eine juridische Struktur? Dann wäre die Objektivität der Objekte, die Weise des Gegebenseins der Dinge, ebenso zerteilt und gespalten wie die Rom-Referenz. Ist das Vertrauen in die Referenzialität der sprachlichen Zeichen, in die Solidität der von ihnen bezeichneten Objekte eine Spielart der »politischen Liebe«?[8] Dann wäre die Solidität der referentiellen Funktion des Zeichens abhängig von den mediatisierten Bildern, die zu lieben die Schuld gegenüber dem Vater fordert.

---

5. Vismann, Cornelia: *Akten. Medientechnik und Recht*, Frankfurt am Main 2002, S. 33.
6. Legendre, Pierre: *Leçons VII: Le désir politique de dieu. Étude sur les montages de l'État et du Droit*, Paris 1988, S. 132.
7. Ebd., S. 97.
8. Vgl. Legendre, Pierre: *Leçons II: L'Empire de la vérité. Introduction aux espaces dogmatiques industriels*, Paris 1983, S. 23.

Was wir also brauchen, um die Mechanismen der Referenz und der Übertragung zu verstehen, ist eine Verkehrswissenschaft des Signifikanten. Aus diesem Grunde sind für Erforscher der Rom-Referenz Verkehrsmittel interessant, zum Beispiel: Schiffe. Auf den Schiffen, die im 16. Jahrhundert unter der Kontrolle der spanischen Krone den Atlantik überquerten, nahm dieser Hermes, der den Tausch überwacht und ohne den keine Institution funktionieren würde, einschließlich der Institution der Sprache und des »parlêtre« namens Mensch, eine ziemlich traurige Gestalt an. Jedes spanische Schiff, das die Nullinie überquerte, die zugleich die im Vertrag von Tordesillas festgelegte Linie war, jenseits welcher der »almirante del mar Océano« mit allen Ausnahmevollmachten ausgestattet war, die das römische Kriegsrecht hergab,[9] mußte einen Schreiber an Bord haben, einen *escribano de nao*, der im trügerischen Element des Meeres über den Verbleib der Dinge und die Identität der Passagiere wachte. Er zählte die Passagiere, wie sie an Bord kamen und wie sie von Bord gingen, und sorgte dafür, daß keiner, der unterwegs starb, als ein anderer die Neue Welt betrat. Er hütete die Passagier- und Warenregister. Alle Verträge, die an Bord geschlossen wurden, sei es zwischen Passagieren oder zwischen Passagieren und Seeleuten, mußten vor ihm geschlossen werden.[10] Der Bordschreiber verkörpert die Rom-Referenz des Schiffs, in ihm wird an Bord der Schiffe die Durchsetzung des römischen Rechts durch Isabella von Kastilien und Ferdinand von Aragon gegen die autochtonen Rechte des spanischen Adels manifest. Ein ziemlich verlorener Posten, auf dem der Bordschreiber im Grunde wie Jona den Abgrund der Referenz bezeichnet, in den ihn die übrige Mannschaft werfen wird. Denn Schiffe sind nicht nur Medien der Deterritorialisierung, sie sind auch an sich Orte maximaler Decodierung. Diese Decodierung hat einen Namen: es ist Roms anderer Name.

»Einige nennen es [das Schiff] ein hölzernes Pferd, andere einen Schweinevogel«, schrieb 1573 der Jurist Eugenio de Salazar, Chronist Karls V. und oberster Richter von Santo Domingo, über seine Reise nach Amerika in einem Brief an einen Juristenfreund, »ich aber nenne es ein Dorf oder eine Stadt, aber nicht die Gottesstadt, wie sie der ruhmreiche Augustinus beschrieben hat. Denn hier gibt es keinen geheiligten Tempel, kein Gericht [casa de justicia] [...] noch Einwohner, die ein dem Gesetz der Vernunft unterworfenes Leben führen.«[11] Der Name der von Gott und vom Logos abgefallenen irdischen Polis ist bei Augustinus bekanntlich Rom; aber Rom ist selbst bloß Effekt einer Übertragungsoperation, ei-

---

9. Das waren nicht nur die Zivilgerichtsbarkeit (*imperium mixtum*) und die Strafgerichtsbarkeit, sondern auch das *imperium merum*, welches den militärischen Oberbefehl und das *ius gladii*, das Recht über Leben und Tod, einschloß. Vgl. García Gallo, Alfonso: »Los origines de la administración territorial de las Indias«, in: *Anuario de historia del derecho español* 15 (1944), S. 16-106, hier: S. 27.
10. Vgl. Heredia Herrera, Antonia: »Los escribanos de naos«, in: *Andalucía, América y el mar: Actas de las IX Jornadas de Andalucía y América*, Sevilla 1991, S. 288f. – Eine kurze und prägnante Aufzählung der Aufgaben des *escribano de nao* findet man in den um 1537 entstandenen *Quatri partitu en cosmografía practica, y por otro nombre espejo de navegantes* des Kosmographen und späteren *Piloto mayors* Alonso de Chaves, hg. von Paulino Castañeda Delgado, Mariano Cuesta Domingo und Pilar Hernandez Aparicio, Madrid 1983, S. 224.
11. de Salazar, Eugenio: »Carta escrita al Licenciado Miranda de Ron [...] en que pinta un navio, y la vida y ejercicios de los oficiales y marineros del, y como lo pasan los que hacen viajes por el mar« (1573), in: Martinez, José Luis: *Pasajeros de Indias. Viajes transatlánticos en el siglo XVI*, Madrid 1983, Appendix 3, S. 281-296, hier: S. 283.

ner *translatio* vor allen *translationes imperii*, Rom ist das Zweite Babylon und Babylon in der Kette der ersten, zweiten, dritten etc. Roms das minus-erste Rom. »In Assyrien hatte also die Herrschaft des gottlosen Staates einen Höhepunkt erreicht, und seine Hauptstadt war Babylon, das ist Verwirrung, der denkbar passendste Name einer erdgeborenen Stadt.«[12]

Offenbar kann man den juridisch-linguistischen Konnex der Referenzialität kulturgeschichtlich nicht thematisieren, ohne es mit einem ganzen Spiel von mythischen Namen zu tun zu bekommen, mit einer von Identität und Opposition geprägten Signifikantenstruktur. Babylon ist die Chiffre für die Beziehung, die in unserer Kultur zwischen der Gründung und dem Erhalt einer Gemeinschaft und dem Gesetz als dem Gesetz der Sprache und drittens dem Elementarraum des Meeres herrscht. Das Gewebe der Referenzen knüpft sich zwischen Johannes von Patmos und Augustinus. Die Johannes-Apokalypse ist die prominente Fundstelle für die Opposition von Babylon und Jerusalem, eine Opposition, in die Augustinus die mythische Identität Rom-Babylon nur noch einschreiben mußte, womit er an den Anfang aller Translatio-Theorien die Theorie einer *translatio imperii babyloniae* stellte.

Die Apokalypse des Johannes ist ein Text voller Haß auf das Meer und alles, was mit dem Meer kommt: Fernhandel, Warenökonomie und Reichtum. Babylon, »die große Hure, die an vielen Wassern sitzt«, ist der Nomos des Meeres. Babylon ist das Schreckbild einer Stadt, die ihre Existenz auf das nasse Element, auf das Meer hin, ausgerichtet hat.

> Und er sprach zu mir: Die Wasser, die du gesehen hast, an denen die Hure sitzt, sind Völker und Scharen und Nationen und Sprachen.[13]

Die Wasser: irreduzible Vielheit, Pluraletantum. Im Zentrum der Geschichte vom Turmbau zu Babel steht der Wunsch, sich einen Namen zu machen, um nicht zerstreut zu werden. Die Errichtung des phallischen Signifikanten scheitert, und diese Leerstelle des Signifikanten ist es, was Babel mit dem Meer und der Sprache in Verbindung gebracht hat. So wie beim Turmbau von Babel die Eine Sprache aufgehört hat zu existieren, so sind Völker, Scharen, Nationen und Sprachen irreduzible Vielheiten. Das Meer ist nicht das Element oder die Sphäre des phallogozentrischen EIN. Die Wasser sind das Mittelmeer, das als maritime Kontaktzone die Völker und Sprachen des Mittelmeerraumes verbindet. Es ist der Raum des Meeres als Verkehrs- oder Transaktionsraum, der hier der Verdammnis anheim fällt. Daher sind es vor allem die Schiffsherren und die Steuerleute, die vom Untergang der Großen Hure Babylon betroffen sind:

> Und alle Schiffsherren und alle Steuerleute und die Seefahrer und die auf dem Meer arbeiten, standen fernab und schrien, als sie den Rauch von ihrem Brand sahen: Wer ist der großen Stadt gleich?
> Und sie warfen Staub auf ihre Häupter und schrien, weinten und klagten: Weh,

---

12. Augustinus, Aurelius: *Vom Gottesstaat (De civitate dei)*, übers. von Wilhelm Timme, 4. Aufl., München 1997, Buch 16, Kap. 17 (Bd. 2, S. 312).
13. *Offenbarung* 17, 15.

weh, du große Stadt, von deren Überfluß reich geworden sind alle, die Schiffe auf dem Meer hatten, denn in *einer* Stunde ist sie verwüstet!¹⁴

Das ist die Sprache einer fundamentalistischen Medienkritik. Sie beschwört die Vision einer Polis ohne Tausch, ohne Relation, ohne Parasiten (im Serreschen Sinne), kurzum ohne Medien. Es ist die Rede vom Neuen Jerusalem, und die Rede vom Neuen Jerusalem ist die Rede vom Ende des Meeres. »Und ich sah einen neuen Himmel und eine neue Erde; denn der erste Himmel und die erste Erde sind vergangen, und das Meer ist nicht mehr.«¹⁵

Die Vision vom Untergang Babylons und dem Verschwinden des Meeres – dieses von Gott niemals erschaffenen Restes des uranfänglichen Chaos' – prophezeit nicht nur das Ende der Seefahrt und des Fernhandels. Sie ist auch der Traum vom Ende einer auf den Seehandel gestützten Warenwelt, in der die Konvertierbarkeit von allem in alles mit Hilfe des Geldes und des phonetischen Alphabets eine unendliche Maskenhaftigkeit der Dinge erzeugt. Indem er das Meer verdammt und zugleich den Herrensignifikanten »Neues Jerusalem« errichtet, möchte Johannes den Dingen die Maske herunterreißen.

Es ist die Vision eines Rechts ohne Akten. Dank Kleists *Zerbrochenem Krug* wissen wir, daß im Diskurs des Rechts der Signifikant Babel die Akten, also die Medientechnik des Rechts bezeichnet.

> Nun denn, so kommt Gevatter [fordert Adam den Schreiber Licht auf]
> Folgt mir ein wenig zur Registratur;
> Die Aktenstöße setz ich auf, denn die,
> Die liegen wie der Turm zu Babylon.¹⁶

Es gibt einen Roman von Herman Melville, der sich wie ein apokrypher Kommentar zur *Offenbarung* des Johannes liest: *The Confidence Man, His Masquerades*. Es ist ein Roman, der Antwort auf die Frage gibt, welches Bild die Sprache abgibt, wenn der Bordschreiber, die Instanz des Dritten, ausfällt. Oder anders gesagt, wenn diese Instanz vollständig okkupiert ist von der Figur des maskierten Parasiten. Man könnte auch mit Legendre sagen, Gegenstand dieses Romans sei die »soziale Komödie des Subjekts«, seine »Ausübung des Hypokritischen«,¹⁷ in der sich die Subjektivität in bezug auf das Institutionelle artikuliert, wenn man dabei die verschiedenen Bedeutungen des Verbs »hypokrinomai« mithört, das ja sowohl »antworten«, »auslegen« und »deuten« heißt als auch »jemanden darstellen«, »schauspielern« und »heucheln«. Der Roman schildert Begegnungen zwischen den Passagieren eines Mississippi-Dampfschiffs namens Fidèle (!) auf seiner Fahrt von St. Louis nach New Orleans und dem Confidence-Man.

In den symbolisch-ökonomischen Transaktionen, die von dem maskierten pluralen Subjekt des Confidence-Man in Gang gebracht werden, geht es immer wieder um die Produktion von Vertrauen und politischer Liebe als Medium eines

---

14. Ebd., 18, 17-19.
15. Ebd., 21, 1 (*he thalassa ouk estin eti*).
16. von Kleist, Heinrich: *Der zerbrochne Krug*, in: ders.: *Sämtliche Werke und Briefe*, hg. von Helmut Sembdner, 8. Aufl., Darmstadt 1985, S. 182.
17. Legendre: *Leçons VII*, a.a.O., S. 138.

unbegrenzten Tausches ohne jede Transzendenz, ohne ein monumentales Subjekt, das außerhalb des Tausches stünde und ihn daher überwachen könnte. Ein Student, der den Confidence-Man nach »guten Anlagemöglichkeiten« befragt, erhält das überraschende Angebot, in das von Johannes prophezeite apokalyptische Geschehen zu investieren: »Vielleicht haben Sie Lust, bei Neu-Jerusalem einzusteigen?« Neu-Jerusalem, so heißt eine angeblich neue, blühende Stadt im Norden von Minnesota. »Sie wurde ursprünglich von mormonischen Flüchtlingen gegründet. Daher der Name. Sie liegt direkt am Mississippi.« Eine Information, die mißtrauisch stimmen sollte. Ist doch die Rede von festem Grund »direkt am Mississippi« eine Rede von zweifelhafter Referenz. Was Vertrauen in die Solidität der Referenz des Signifikanten Neu-Jerusalem an den vagen Ufern des Mississippi schaffen soll, sind wieder nur unbeglaubigte Zeichen. »›Hier, hier ist der Plan‹ – er zog eine Rolle hervor. ›Da ... und dort sind, wie Sie sehen, die öffentlichen Bauten ... hier die Anlegestelle ... dort der Park ... da drüben der Botanische Garten ... und das hier, dieser kleine Punkt, das ist ein unversiegbarer Brunnen, Sie verstehen?‹« Der Student soll Geld in Aktien von etwas investieren, dessen Existenz nur durch Zeichen garantiert ist. »Und stehen alle diese Bauten schon?« – »Die stehen samt und sonders – so wahr ich hier stehe.« – »Diese Flächen hier an der Seite, ist das überfluteter Baugrund?« – »Überfluteter Baugrund? In Neu-Jerusalem? Durchweg fest und firm, der Boden, terra firma ...«[18] In *Offenbarung* 21-22 spricht Johannes vom »neuen Jerusalem«, als der »heiligen Stadt«, die von Gott aus dem Himmel herabkommt, der »Hütte Gottes bei den Menschen«. Aber Neu-Jerusalem, so lautet die pessimistische Auskunft Melvilles, die *civitas dei*, das kommende Reich Gottes, ist bloß ein maskiertes Babylon, das auf überflutetem Land liegt.

Einzutragen wäre in die Lemmata einer Verkehrswissenschaft des Signifikanten: Die Kette der institutionellen Post Roms, die Kette der Übertragungen eines mobilen Rom-Signifikanten auf andere Städte wie Konstantinopel, Moskau, Wien oder Paris (wenn man an die Idee einer *translatio studii* denkt) wird komplementiert durch eine apokryphe Post, die die Übertragung eines mobilen Babylons betrifft. Daraus folgt: Die Rom-Referenz ist eine gespaltene Referenz, eine in sich gedoppelte Referenz. Der Grund dafür ist die disseminative und parasitäre Struktur der Übertragung, die auch die Rom-Referenz trägt. Der Bezug auf die Instanz des Dritten kann nicht umhin, Übertragungsakte und daher Parasiten, Dritte im Serreschen Sinne, zu implizieren.

Die disseminative und parasitäre Struktur der Übertragung ist immer wieder Grund für einen Fanatismus, wie wir ihn bei Johannes finden, der diese disseminativen, auf den Mangel verweisenden, Grundzüge verdammt und hinwegträumt. Das christliche Rom, Rom als Signifikant der christlichen Herrschaft und Autorität, des imperialen Sacerdotiums, schließt den Krieg gegen Babel ein. Es gibt also eine Feindschaft, etwas fanatisch Terroristisches am Grunde der juridischen Referenzialität. Erst so tritt aber der Bezug zwischen juridischer und linguistischer Referenz zutage. Rom wehrt mittels der Referenz auf Den Text, auf Das Gesetz,

---

18. Melville, Herman: *Maskeraden oder Vertrauen gegen Vertrauen*, übers. von Christa Schünke, Hamburg-Bremen 1999, S. 111.

seine stets drohende (von Augustinus vorweggenommene) Verwandlung in Babel, in das Gebabbel, ab. Rom muß die interne Spaltung von Rom und Babel aktivieren, um die Regeln und Garantien der Zeichen-Zirkulation zu errichten.

Die Referenz ist immer gespaltene Referenz, der Dritte ist zugleich Grund und Abgrund, Macht und Ohnmacht des autoritären Sprechens. Ein Beispiel aus einem *Brief an die Römer*: »Es grüßen euch Timotheus, mein Mitarbeiter [der eigentliche Sekretär Paulus'] und Luzius, Jason und Sosipater, meine Stammverwandten. / Ich Tertius, der ich diesen Brief geschrieben habe, grüße euch in dem Herrn. / Es grüßt euch Gajus, mein und der ganzen Gemeinde Gastgeber« usw.[19] Ein Parasit spaltet das Subjekt des Römerbriefs. Während in Vers 21 und 23 der Apostel Paulus spricht, spricht mitten hinein in Vers 22 derjenige, der den Brief höchstwahrscheinlich nicht nur eigenhändig geschrieben, sondern auch konzipiert hat: ein gewisser Tertius, der sich auf diese Weise parasitär in den Kanon der heiligen Texte des Christentums eingeschmuggelt hat. Ist es bloßer Zufall, daß dieser Sekretär ausgerechnet Tertius, also »der Dritte« heißt? Die Paulusbriefe sind ganz buchstäblich Briefe eines Dritten, wobei der Dritte hier ein Parasit ist, dessen Grußworte Teil des Kanons der heiligen Schriften des Christentums geworden sind. Was da grüßt, in Vers 22, das ist das verkehrstechnisch Reale der Signifikanten. Das Subjekt Paulus, das sich selbst autorisiert, indem es sich als Sekretär Christi ins Spiel der Zeichen bringt, erkauft dies mit einer sich in seinem Diskurs auftuenden Spaltung. Dem leeren Platz der absoluten Referenz antwortet das nichtauktoriale Sprechen, das mediale Sprechen des parasitären Dritten, des Sekretärs, des Kanals.

19. Paulus: *Brief an die Römer* 16, 21-23.

Anselm Haverkamp

Arcanum translationis
Das Fundament der lateinischen Tradition

latent fundamenta (Quintilian, I.pr.4)

Tacitus bahnt den Begriff der *arcana imperii*, den er eher gelegentlich, aber höchst effektiv einführt (*Annales* II.xxxvi.1), auf eine unnachahmliche, lakonische Weise an, die seine Art der Geschichtsschreibung wie keine andere prägt. Denn der ausführliche Titel der Annalen, *ab excessu Divi Augusti*, ist alles andere als ein pur annalistischer; er zeigt eine Epoche an, die des Prinzipats, in dem Moment, in dem sie zur Epoche wird durch die Machtübernahme des Nachfolgers Tiberius, der juristisch problematischen *translatio imperii* des in diesem Prozeß vergöttlichten Augustus. Das *arcanum* der *translatio*, das *primum facinus* des neuen Prinzipats, mit dem die Darstellung des Tacitus brutal ins Haus fällt (I.vi.1), wird als *arcanum domus* des kaiserlichen Haushalts zur juristischen Ausnahme erklärt, und in dieser Ausnahmeerklärung des herrschenden Hauses, in dessen hauseigener *oikonomia*, wird es zur historischen Urszene und zum juridischen Paradigma der Arkansphäre imperialer Politik *ab excessu Divi Augusti*. Die Leichen in der Substruktur der *translatio imperii* sind vorzüglich und paradigmatisch die im Hause *Divi Augusti* höchstselbst. Die *arcana imperii*, die davon abgeleitet sind und also *arcana* der Ableitung sind, sind zuvörderst nicht nur, sondern zutiefst *arcana translationis*, und der Begriff, der aus diesem seinem Begreifensprozeß heraus terminologisch faßbar geworden ist, verdeckt die für den Moment der taciteischen Aufklärung erhellte Szene im selben Moment. Was er in diesem Moment greifbar macht – das ist die historische Leistung des Tacitus – ist die Genese nicht allein dieses Begriffs, sondern die Mechanik aller Begriffsbildungen, der Tacitus im Drama ihrer historischen Formatierung ein politisches Licht aufsetzt: Das ist der grammatische Lauf der Welt.[1]

In der von Tacitus subtil registrierten, von den Anfängen bei Tiberius fortentwickelten Szenerie der Gewaltenübertragung des Imperiums ist es die doppelte, doppelseitige juristische Ausnahmeerklärung der *arcana domus* in ihrer Unabsehbarkeit, die den Ausschluß des falschen Prätendenten (des notorisch brutalen Agrippa, dessen sich Tiberius vor der ersten Amtshandlung entledigt hat) und die Unbelangbarkeit des richtigen Kandidaten (des unvermeidlichen Tiberius) nach Art eines gordischen Knotens verbunden zeigt und zu trennen erlaubt. Nicht zuletzt entlastet sie die zwangsläufig involvierte Verwaltung und den Senat von den allfälligen Folgekosten. Das *primum facinus* der Durchtrennung trennt als primordiale Untat (die deutsche Un-tat bringt die Latenz des lateinischen *facinus* an den Tag) die Latenz des nie überwundenen Bürger- und Bruderkriegs, von dem

---

1. Tacitus, Cornelius: *Annalium ab excessu Divi Augusti libri* 1, 6, 1 und 2, 36, 1.

eben noch, vor Tacitus, die *Pharsalia* Lucans gehandelt hatte (und mit der dieser sich den Selbstmord eingehandelt hatte), in die Sukzession des Imperiums. Das in Vergils *Aeneis*, dem augusteischen Epos par excellence, mit den Ruinen Trojas zurückgelassene griechische Gedächtnis der Bedrohung von außen hat im Innern des römischen *arcanum* der Latenz (der Bedrohung des im Verborgenen lauernden *latere*) einen kryptischen Raum gegriffen. Sie ist und bleibt Bedingung und Bedrohung zugleich der *translatio* lateinischer Herkunft.[2] Stilistisch hat Tacitus den Raum der latenten Entscheidung im Umfeld des *arcanum* durch den völligen Stillstand der Ereignisse vorpräpariert; der dezisionistische Akt ist das mit Bedacht inszenierte, »reine Produkt einer Leere«, in der das Arkanum einen »Nicht-Ort« seiner Übertragungsleistung findet.[3]

Es ist die Unabsehbarkeit jeder Latenz, daß sie Referenzen innerhalb ihres Manifestationshorizontes kreiert, so daß alle Referenzen auf Latenzen verweisen, und das heißt naturgemäß – in dem genauen Sinne dessen, daß es sich um Latenzen handelt – daß sie fehlgehen schon im Modus der Referenz, dem Kleben am Gegenstand der Referentialisierung: sich vertun und verschätzen; ihn verkennen oder verleugnen. Referenz geht nie auf in Latenz; sie ist kein Zufall, aber die Ermöglichung des Zufalls und ihre Göttin *Fortuna*. Das *latere* der Latenz ist das lateinische Verbum für die Reichweite und die Zugänglichkeit des Phänomens *fortuna*. Im Falle Roms entspricht dem der politisch prägende, notorische Sachverhalt einer Verklammerung von Überschätzung und Verkennung zum Zwecke der Verleugnung. Die exemplarische erste Diagnose dieses Pakets der römischen Referenz-Fehl-Funktionen und Effekte, die ich hier kurz fasse, steht in Augustins *Civitas Dei*. Sie ist Teil des historischen Syndroms erfolgsträchtiger Fehleinschätzungen, die ein Krisenmanagement mittels begrenzter komplementärer Selbst- und Fremdtäuschungen betreiben, und über deren problematische, gebrochene Fortdauer wir hin- und hergerissen schwanken zwischen Überschätzung und Verkennung, in einem Verkennungs- statt eines Erkenntnisinteresses allfälliger, von weit herkommender Selbstverstrickungen und anhaltender, konstitutiver Verleugnungsbedürftigkeit. So kommt es, daß Pierre Legendre, *enfant terrible* par excellence, wenn er die Romreferenz nach wie vor für »absolut intakt« erklärt, nur seinerseits die Verkennungsfigur vorführt und mitvollzieht, für die er sich als Schüler Lacans, des Entstellers der Psychoanalyse, qualifiziert hat.[4]

Der Referenz-Rahmen, in dem das Phänomen ›Referenz‹ zu rekonstruieren ist, zeigt das Konstrukt der Referenz, den Gegenstand Rom, als das lateinische Paradigma der Tradition und Traditionsbildung. Was ich zu der darin eingegangenen Aufarbeitung der Referenzen, der Referenz-Prozesse und Bilanzen, beitragen möchte, sofern diese absehbar sind – und das sind sie als Effekte des quasi historischen Apriori, das sie im Akt der Referenz voraussetzen – ist das Fragezeichen

---

2. Vgl. Henderson, John: *Fighting for Rome. Poets and Caesars, History and Civil War*, Cambridge 1998, S. 257, 269ff.
3. Rancière, Jacques: *Les noms de l'histoire. Essais de poétique du savoir*, Paris 1992, S. 55.
4. Gespräch mit Pierre Legendre: »Der Take Off des Westens ist ein Gerücht«, in dem von Cornelia Vismann herausgegebenen Legendre-Heft der Zeitschrift *Tumult* 26 (2001), S. 102-118, hier: S. 112. – Ich werde mich in diesem Essay auf die Nachweise meiner Diskussionsanlässe beschränken, sowie auf einige pointenrelevante Hinweise im Strom der ins Globale ausufernden Rom-Referenz-Literatur.

der Quasi-Transzendentalität der Setzungslogik, die im Laufe dieser Prozesse und Bilanzen zu einer Geschichtsmächtigkeit ohne Konkurrenz gediehen ist. Einer Übermacht von Geschichte, in welcher der Begriff von Geschichte wie der Gesetzmäßigkeit von Geschichte den Charakter einer unhintergehbaren Naturgegebenheit und Naturwüchsigkeit gewonnen hat, um sich als Gesetzmäßigkeit der Machbarkeit auf historisch unabsehbare Zeit, genannt ›Zukunft‹, zu entziehen. Die allgemeinste Frage lautet deshalb, wieviel an dieser objektivierten Selbst-Neutralisierung und Verschiebung von Geschichte aus der Geschichte heraus auf eine andere Zeit-Art, die der Zukünftigkeit, ein systematischer Effekt der Referenz ›Rom‹ – nicht des Referenten Rom – ist, der aus diesem Grunde untergegangen sein soll, und dessen Untergang in die Referenz die Bedingung globalen Fortlebens darstellt – *urbi et orbi* (1). Damit will ich die genauere Frage verbinden, wie dieses Fortleben in der Fortschreibung der Referenz ein Modell der Latenthaltung impliziert und davon zehrt (2), und wie dabei die Technik und Ökonomie der Latenthaltung als kunstvolles Wirtschaften mit der Referenz ein *arcanum* von Politik kreiert und kultiviert, welches, in den Schichten von Geschichte eingelagert und unzugänglich, als eine unwandelbare, naturrechtsartige, schicksalshafte Hypothek erscheint (3).

Allerdings kann ich diese drei Fragen nicht in derselben, angemessenen Länge behandeln. Während die erste Frage der Latenz-Aspekte bei aller tentativen Behandlung die größere Ausführlichkeit verlangt, beschränke ich mich bei der zweiten auf einen kurzen Übergang zur Bilanz der Hypotheken, mit denen zu haushalten ist, und bei der dritten auf ein Beispiel, das die Struktur der politischen Hypothek angeht, die aus der ›Latenz Latein‹ heraus die ›Resonanz Rom‹ schafft und braucht, kurz: die Referenz Rom zur residualen Funktion eines puren Resonanzphänomens verdammt und in der Hölle mimetischer Verleugnungsbedürftigkeit schmoren läßt. Der Augustinus der *Civitas Dei* hat im *Inferno* Dantes die von Machiavelli zuerst gewärtigte Allegorie der Verblendungsverhältnisse gefunden, lange bevor Adorno sie mit Benjamins und Baudelaires Hilfe im ›Verblendungszusammenhang‹ des 19. Jahrhunderts, dem letzten römischen Jahrhundert, mag man sagen, wiederfand.

1. Latenz Latein

Als Horizontbeschreibung bietet sich die Version an, die Rémi Brague Anfang der neunziger Jahre vorgeschlagen hat, *Europe, la voie romaine*, gleichzeitig mit einer Reihe aus gegebenen Anlässen der Zeit in die Diskussion gekommener Thesen, namentlich Jacques Derridas *L'autre cap* und Massimo Cacciaris *Geofilosofia dell'Europa*. Bragues These entzündet sich an dem eigenartigen Ungleichgewicht der drei Standard-Quellen der europäisch-abendländischen Tradition, der griechischen, jüdischen und römischen Überlieferung, von denen die ersten beiden als substantielle Ursprünge gelten, über deren Gewichtung und Vermischung es viel zu streiten gab, die dritte aber für nichts als den sekundären Weitertransport zuständig gewesen sein soll, ohne originelle eigenständige Zutat: »Les romains n'ont rien inventé« bringt Brague den Mangel auf den Punkt, der im Konzert der alteuropäischen Zubringer langfristig zum logistischen Erfolg geworden sein soll.[5] Es ist bemerkenswert, wie wenig das kulturkritische Publikum im Moderneschub der beiden Jahrhunderte nach dem Doppelschlag von Aufklärung und Romantik – kurz: der Konjunktur von Geschichtsphilosophie – aus der Rolle Roms gemacht hat, außer dem Topos von ›Aufstieg und Niedergang‹, der immer noch, Ironie der Geschichte, der Titel des wichtigsten Handbuchs der Forschung geblieben ist.

Bragues Vorschlag ist salomonisch: er rechnet der römischen Prägung des Christentums das Verdienst zu, Europa als kulturelle Form ermöglicht zu haben. Aber er läßt es nicht dabei bewenden – sonst wäre er hier nicht weiter der Rede wert – dem christlichen Talent zur Horizontverschmelzung, die entscheidende Rolle zuzuspielen, sondern er rückt den von Origenes und Eusebius unterschiedlich herausgebrachten, von Augustinus vergeblich transzendentalisierten Sachverhalt ins Zentrum, daß es Rom war, das dieses Talent zur Wirkung gebracht hat. Bemerkenswerterweise gab es ja keine jüdische Urgemeinde, die der Rede wert geblieben wäre, seit es die römische *ecclesia* gab, die den Neuen Bund in seiner Ablösung vom Alten Testament, dem zum Alten Testament historisierten Alten Bund, in seiner katholischen Reichweite manifestierte. Nicht von ungefähr hatte Hans-Georg Gadamer den Begriff der Horizontverschmelzung in Anklang an die ›gnostische Pseudomorphose‹ von Hans Jonas entwickelt, aus deren Milieu die christliche Apologetik unter dem Namen Roms zu langfristigem Erfolg kam.[6] Unter der Decke christlicher Unterstellungshermeneutik lauerte der Verdacht der ›Dekadenz‹, mit dem Nietzsche der Renaissance Burckhardts entgegenkam, und den Hans Blumenberg in der Wiederkehr der Gnosis verdichtet fand. Brague bringt diesen Stand der Dinge von der Symptomatologie der Unterstellungshermeneutik – dem Verschmelzungstalent der christlichen Propaganda – auf eine prägnante Hypothese: »Celui-ci n'est pas le *contenu* de la culture européenne, […] mais uniquement la *forme* de celle-ci« (S. 242).

Die römische Tradition, ihr katholisch um sich greifender Erfolg wie auch ihr europäisches Format, sei keine von politischen, republikanischen, imperialen oder juridischen Gehalten, sondern allein eine der Form. Bragues These, Europa sei in der Form christlich, gilt ironischerweise nur, wenn man die Form des Christentums von seinem Gehalt trennt und als die langfristige Rezeptionsform einer anderen, vorchristlich-römischen Errungenschaft auffaßt: der Latinität als der Latenz, in die das Christentum eintrat und ›Form‹ gewann. Denn was in der christlichen Verschmelzung über dem Erfolg unkenntlich sein muß, ist, daß Wahrheit mit Methode (Gadamers Titel) zum Erfolg kommt. Die Form ist eine rhetorische, aber die keiner beliebigen Rhetorik, sondern der lateinischen in dem spezifischen, von keiner Hermeneutik beeinträchtigten, sie umgekehrt erst auf

---

5. Brague, Rémi: *Europe, la voie romaine*, Paris 1992, 1999, S. 43. In denselben Jahren Derrida, Jacques: *L'autre cap*, Paris 1991, mit Fortsetzung zu Curtius und Blanchot: *La demeure*, Paris 1996, und Cacciari, Massimo: *Geofilosofia dell'Europa*, Milano 1994.
6. Jonas, Hans: *Gnosis und spätantiker Geist* I, Göttingen 1934, S. 38 und 74 (›Pseudomorphose‹ frei nach Spengler). Vgl. die Rez. von Blumenberg, Hans: »Epochenschwelle und Rezeption«, in: *Philosophische Rundschau* 6 (1958), S. 94-120.

den christlichen Plan rufenden Sinne. Nicht zufällig zitiert Blumenbergs ›Annäherung‹ von Anthropologie an Rhetorik ein Nietzsche-Aperçu, »die Griechen hätten mit der Rhetorik die ›Form an sich‹ erfunden«.[7] Die Griechen für Nietzsche, gewiß, aber deren römische Aneignung, hat Brague recht, hat erst die *translatio* der Form vom ›an sich‹ (der Katachrese) in die Form permanenter Transformierbarkeit bewerkstelligt. Die Römerstraße Europa ist lateinische Rhetorik, Europa semper transformanda.

Als eine solche Metaformation hatten Ovids *Metamorphosen* das schlechthin unübertreffliche Muster der lateinischen Übernahme, Überführung und Aufhebung des griechischen Mythos ›an sich‹ in den Rezeptionsprozeß einer anhaltenden Arbeit am Mythos geliefert: das poetische Paradigma der Latenz Latein, das den Prozeß der Überführung nicht nur bis heute wirkungsmächtig illustriert, sondern im Modus der geleisteten Übertragung bestimmt: ihn regiert wie das grammatische Paradigma die Konjugation und Deklination der Zeiten und Fälle. Man denkt kaum daran, aber die *Metamorphosen* erschienen im Rom derselben Jahre, in denen das *Neue Testament* beginnt, ohne daß dieses von Ovid eine Ahnung gehabt hätte oder hätte haben wollen. Man kann sagen, sie stellen den denkbar vollständigsten religionshistorischen Erwartungshorizont dar, auf den das *Neue Testament* in Rom traf, und sie bringen auf den weitreichendsten poetologischen Begriff von Form – auf einen griechischen Begriff, denn Ovid übersetzt Metamorphose nicht ins Lateinische, sondern er beharrt auf der mythischen Überlieferungsgestalt als einer der Latenz, die auf Übertragung, *translatio*, gewartet hat –, der dem katholischen Horizont der römischen *ecclesia* zur Transformation gereichen sollte und von Augustinus in subtiler Umbesetzung realisiert worden ist. Das ist nur das prägnanteste, nicht schon das in der Form aufschlußreichste Beispiel vorchristlich-römischer Vorgaben in der Rezeptionsform. Es thematisiert den Gestaltbedarf des Mythos als eine Form der Latenz, die in Gestaltwandel umwandelbar ist, und zwar ohne Ende und ohne Rest. Ovid transformiert den Mythos zur Latenz der Form: *mutatas dicere formas* (*Metamorphosen* I.1-2). Das Christentum wußte daraus die Entgrenzung der Zukunft zu machen, die als Naherwartung zum Problem werden mußte, wobei in der Verzeitlichung das nicht ausbleibende, ausdrücklich prophezeite Ende auf einen radikalen Gestaltwechsel jenseits der Zeit, das Eintreten endgültiger Gerechtigkeit am Jüngsten Tag drängen mußte: ausdehnende Anspannung der Zeit die bleibt.

Das war bei Ovid nicht vorgezeichnet, der mit der relativen Lösung, dem Ende des Bürgerkriegs in der augusteischen *pax romana* zufrieden zu sein versuchte in der Verbannung. Er unterwarf sich der Selbstbeschränkung einer sehr römischen Erkenntnispragmatik: er lastete die formalen rhetorischen Möglichkeiten nicht aus, die Augustinus ihm abgewann. Dieser konnte das aufgrund einer vertiefenden Perspektive, die die rhetorische Praxis in der Übertragung von der griechischen ›Form an sich‹ in die Struktur des Lateinischen erfahren hatte. Der Prozeß dieser Umschreibung ist bis heute dunkel, so bekannt auch die Stadien der Aneignung von Cicero über Quintilian bis Augustinus gelten. Der Wandel ist in der

---

7. Blumenberg, Hans: »Anthropologische Annäherung an die Rhetorik« (1971), in: *Ästhetische und metaphorologische Schriften*, hg. von Anselm Haverkamp, Frankfurt am Main 2001, S. 408.

grammatischen Anlage vertieft und zu höchster Effektivität gebracht. Ich beschränke mich in dieser Skizze auf die Vorleistung, die Johannes Lohmanns vergleichender Sprachgeschichte zu danken ist und die der Struktur des lateinischen Verbalsystems gilt; er nennt es »vergleichbar den Glanzleistungen der Römer in der Gestaltung der Staatsform, des Rechts, wie für die Ewigkeit geschaffen«.[8] Die wichtigste, von dem römischen Linguisten Varro höchstselbst gewärtigte Errungenschaft, die Kohärenz der Temporalschemata – Präsens und Perfekt in perfekter Parallelbildung – erstreckt sich auf die konditionale und kausale Folge und Folgerichtigkeit, also nicht allein auf das Zeitbewußtsein der Temporalisierung, sondern auf die »interpretierten Zeit-Verhältnisse« (darunter das Schema der »Kausalität«), worin sich die griechischen Ausdrucksmöglichkeiten im Lateinischen »aufgehoben« finden – selten ist der Ausdruck Hegels so treffend –, nämlich als Ganzes in eine Vergangenheit rücken, die als solche grammatische Form geworden ist.

Was der hellenistischen Logik als ein Sachverhalt durchaus geläufig und analysierbar war, ist – auf die vorerst noch ungeklärte Weise einer grammatologischen Mutation – zur »inneren Form« des Lateinischen geworden, der die Logik nicht allein, sondern das Schema des Anwendungsbezugs eingebaut ist und damit auch das des Urteilens als einer grammatischen Kategorie. Ob das mehr als ein Analogon ist, womöglich die Grundlage der von Lohmann zitierten »Glanzleistungen der Römer« auf dem Gebiete des Rechts und der Politik, steht ebenso dahin wie Hegels vernichtendes Urteil über diese auch von ihm nicht geleugneten Errungenschaften: »was äußerlich, d.h. gesinnungs- und gemütlos ist, (müsse) nicht als ein Letztes der Weisheit und Vernunft angesehen werden«, meint er, eher als ein »der Form nach großes Geschenk«, in welchem, einen seiner genialen Ausdrücke für diese Art von Verlegenheit beizuziehen, die »List der Vernunft« am Werk gewesen sein muß.[9] Die Latenz Latein ist damit, wenn nicht gemeint, so doch erfaßt. Was aber nicht erfaßt ist in der »Borniertheit«, die Hegel in deutscher Vorliebe für die Griechen den Römern anlastet, ist die Erkenntnispragmatik der »Endlichkeit«, die ihm nicht paßt. Man sollte ihm eine solche undialektische Beschränktheit nicht zutrauen, denn ihm entgeht im Schema der lateinischen Latenthaltung ein Modus der endlichen Aufhebung, der auf Erlösung nicht wartet, der diese vielmehr gnadenlos (»gemütlos« sagt Hegel) vertagt sieht. So daß man von hierher leicht sieht, was das Christentum gegenläufig zu seinen römischen Voraussetzungen zur Dekadenz der inhärenten Kadenzen und darauf bezogenen Kasus-Verwaltungstechniken macht.

---

8. Lohmann, Johannes: »Gemeinitalisch und Uritalisch«, in: *Lexis* III/2 (1953), S. 169-217, hier: S. 172ff.
9. Hegel, Georg Wilhelm Friedrich: *Vorlesungen über die Philosophie der Weltgeschichte*, hg. von Georg Lasson, 2. Aufl., Hamburg 1923, 1968, Bd. 2-4, S. 675.

2. Hypothek Rom

Das schreit nach Ausarbeitung, was die Latenz in der Form angeht, etwa in der Entwicklung des Reziprozitäts-Schemas von Ursache und Wirkung, *causa* und *effectus*, das bei Kant Beachtung gefunden hat und Kant, wie vor ihm Baumgarten, zu römischen Philosophen macht.[10] Als rhetorisches Schema – in der Moderne das rhetorische Prinzip par excellence – ist es unter den metaleptischen Formen bekannt und vergessen. Die nötige und übrigens mühsame archäologische Arbeit kann ich Ihnen hier sparen. Es langt für den unmittelbaren Zweck, daß Reiner Schürmann in dem Befund, den Lohmann als grammatische »Konkretisierung der ›Gegenwart‹« (der des grammatischen Präsens) beschrieben hat, eine »fonction archique, sous forme télique« ausmacht, die er »le fantasme hégémonique latin« nennt, Paradigma der *hégémonies brisées*, denen das postume Konvolut seines Nachlasses gewidmet ist.[11] Der entscheidende Zusatz zum Stand der Dinge: »Que la forme – *une* forme – téléologique de pensée perdure«, gilt dem normativen Impetus der Referenz: »Le *referre* indique une mensuration« – Referenz ist eine Maßnahme, idealtypisch in der Unterscheidung der zwei *civitates*: »entre la Rome présente (Cicero), dégradée en *ectypon*, et la Jérusalem à venir (Augustinus), maximisée en *archetypon*«. Die »rhetorische Investitur« der Referenz zerreißt in der »Konkretisierung des Präsens« die Politik in einen Akt verflossener mythischer Referenz, die Vergils *Aeneis* mit der trojanischen Herkunft Roms beschworen hatte, einen mit Ovid konkurrierenden Akt der Übertragung (einer in den Augen Augustins mit dem Christentum endgültig erledigten Referenz) und einen Akt performativer, jüdisch-christlicher Referenz, die in das Erbe der antiken Arbeit am Mythos eintritt ohne Rücksicht auf Verluste, in gewaltsamer, pseudomorphotischer Aneignung der Metamorphose, also der Latenz dessen, was der Historiker Peter Brown als »potent fragment(s) of encapsulated history« zu beschreiben begonnen hat.[12] Zwischen diesen beiden Romreferenzen greift Unklarheit um sich, eine »neue Unübersichtlichkeit«, hätte Habermas gesagt, und nicht die geringste Unklarheit ist historisch gesehen die, ob die Zeitenwende der neuen Zwischenzeit, die zur Zwischenzeit geronnene Gegenwart, die Ciceros und Ovids war, oder ob sie die des Neuen Testaments ist. Seither ist – für den Zweck zugespitzt – jede *Querelle des Anciens et des Modernes*, Klassik und Romantik eine Alternative zwischen endlicher Erkenntnispragmatik und neuen Messianismen, deren Latenz Fortschritt generiert ohne Ende.

Der Zerfall der Romreferenz ins heilsgeschichtliche Schema von Babylon und Jerusalem, zwischen denen Rom kein genuines, sondern nur das abgeleitete, vom Sündenfall überschattete Schicksal der neutestamentlichen Zwischenzeit zu verwalten hat, ist Symptom eines politischen Phantasmas gebrochener, im Ursprung gespaltener Hegemonie und Autorität. Der Sachverhalt ist kein primär ideologie-

---

10. Haverkamp, Anselm: »Alexander Gottlieb Baumgarten und die Begründung der Kulturwissenschaften in Frankfurt an der Oder«, in: *Deutsche Vierteljahrsschrift für Literaturwissenschaft und Geistesgeschichte* 76 (2002), S. 3-26.
11. Schürmann, Reiner: *Des hégémonies brisées*, Mauzevin 1996, S. 249ff., die nachfolgenden Zitate ebd., S. 305ff.
12. Brown, Peter: *Authority and the Sacred*, Cambridge 1995, S. 26.

und phantasmen-kritischer Anlaß – das ist er sekundär im Sinne sekundärer Bearbeitung und Anwendung – er offenbart den dialektischen Untergrund, die untergründige *ratio* in der römischen Konstitution von Hegemonie und Autorität.[13] Der Widerstreit der Spaltung ist konstitutiv, nicht destruktiv, er nutzt die Latenz Latein, wenn auch auf Kosten eines hegemonialen Phantasmas, dessen idée fixe die Referenz Rom ist; deren Ideologieanfälligkeit also weniger interessant ist als ihre Funktion für die Ökonomie hegemonialer Latenzverwaltung. Der Widerstreit ist selbst eine Form der Abarbeitung von Latenz, in diesem Fall der Latenz einer hegemonialen Praxis, deren Artikulation Ideologie als eine Art Latenzschutz produziert. Im Schatten des ideologiebesetzten ›Konflikts der Interpretationen‹ – darin liegt die Differenz des Konfliktbegriffs von Ricoeur zu dem des ›Widerstreits‹ bei Deleuze – operiert die Latenz Latein mit der Referenz Rom. Ich verstehe Schürmann so, daß der Inbegriff der Latenz Latein, der in der Teleologie der Form das neue »fantasme directeur« produziert, ›Natur‹ heißt und als *lex natura* der vielfältige Grund von Rationalität wird. Es wäre der Witz lateinischer *ratio*, die Latenz des Mythos als naturgesetzt aufzufassen, und der *institutio oratoria* der Rhetorik obliegt seither die erkenntnispragmatische Verwaltung – Regulierung, Ausnutzung, Anwendung – kurz die ›Technisierung‹ des Naturgegebenen als des phänomenal Latenten, im Mythos immer neu phänomenal Bewältigten. Bis ins 18. Jahrhundert ist *natura* Latenz, Begriff für Latenz, welcher die *ratio* in immer neuen, apotropäischen Tropismen – sei es *nómos* oder *téchne* – gewachsen zu sein hat, bevor sie sie mit unvordenklichen Folgen überwältigt und bis zur Wiederkehr des Verdrängten verdrängt.[14] Für Schürmann wie für Blumenberg wird der von Heidegger als Danaergeschenk erkannte Schicksalsbegriff der Technik zum hegemonialen Instrument und ›Durchtechnisierung‹ zum kongenialen Umgang mit der römischen Grunderfindung der naturwüchsigen Teleologie.

Das *corpus* der Rhetorik verwaltet in der Art eines Luhmannschen ›reflexiven Mechanismus‹ das Lernen von Lernen.[15] Es ist diese reflexiv-mechanische Doppelqualität, welche Durchtechnisierung garantiert und zum institutionellen Charakter umprägt, der in der Folge die Rhetorik zur exemplarischen Institution, zur Institution im doppelten Sinne des allen institutionellen Prozessen eingeschriebenen Lernniveaus macht. Die Latenzverwaltung der Rhetorik, in der die lateinische Rhetorik nach der Übertragung aus der griechischen ›Form an sich‹ ihr begriffliches Repertoire als ein technisches entwickelt hat, hat sich nicht geradewegs in ihren Begriffen niedergeschlagen, denn diese sind keine reinen theoretischen Begriffe im Sinne ihrer griechischen Herkunft, sondern die Praxis von Theorie. Die Begriffsform rhetorischer *termini technici* geht nicht in der philosophischen Arbeit des Begriffs auf; sie leistet anderes. Ihr Paradigma ist an der Stelle der Begriffe – in ihrem unbegrifflichen Vorfeld – die Metapher. Sie operiert in einem Feld von Figuren, das prinzipiell, weil keinen Prinzipien, keiner Begründung und keinen Referenzen verpflichtet, unbegrenzt ist, de facto aber in immer neuen,

---

13. Vgl. Heidegger, Martin: *Der Satz vom Grund*, Pfullingen 1956, S. 166, 192.
14. Vgl. Spaemann, Robert: »Genetisches zum Naturbegriff des 18. Jahrhunderts«, in: *Archiv für Begriffsgeschichte* 11 (1967), S. 50-74, S. 59.
15. Luhmann, Niklas: »Reflexive Mechanismen« (1966), in: *Soziologische Aufklärung* 1, Opladen 1970, S. 92-112.

endlichen Anordnungen rekonfiguriert ist. Was das für die Latenz des Lateinischen bedeutet, von den syntaktischen, proto- und anagrammatischen Voraussetzungen bis zum Repertoire der Änderungskategorien, ist längst nicht hinreichend erforscht.

Ernst-Robert Curtius' Intuition der ›Toposforschung‹ hatte den Sachverhalt durchaus richtig im Blick, aber er unterschätzte die untergründige Mobilität der Topik, die in den Topoi ablaufenden Prozesse der Umbesetzungen, die Dynamik der metaphorologischen Modellierungen.[16] In der Begriffsgeschichte der Philosophie zeigen sie deutlichere Profile, als in der Ambiguität literarischer Texte zu haben sind und in der »Unbegrifflichkeit« der lebensweltlichen Phänomenbestände: wechselnden »Relevanzen« einer komplexen »Sprachsituation« alltäglicher Verstelltheiten. Charakteristisch für die im Wandel der Zeiten in epochalen Fugen mehrfach tiefergelegte Latenz des Lateinischen ist das von Curtius wie Heidegger beobachtete Verfallsmoment der Topoi zu Klischees, das weniger ein Symptom der Erstarrung als auch eines der Virtualisierung ist.[17] Aber in der Tieferlegung nehmen die Latenzen nicht ab, wenn Referenzen auch schwinden oder neu belebt werden müssen. Das Problem der epochalen Um- und Überschreibungen, Transkriptionen, das die Latenthaltung zu immer neuen Hypotheken bringt, kann ich hier nicht weit genug verfolgen. Genug, daß es sie gibt, daß sie das grundsätzliche Latenzproblem systematisch verschärfen und die lateinische Übertragungsteleologie, deren bedeutendster rhetorischer Begriff die *metaphora continua* der Allegorie ist, zu systematischen Enkryptierungen, Verkapselungen, Verdeckungs- und Entstellungsverhältnissen bringen, mit denen bei der Identifizierung, Isolierung und Analyse topischer Syndrome zu rechnen ist.

3. Resonanz Rom

Die Referenz Rom ist einer der religiösen Orte: *Nullus locus in ›Roma‹ non religionum deorumque est plenus* schreibt Livius (V.lii.2).[18] Den Befund des römischen Historikers hat noch das mittelalterliche Rom und das neuzeitliche nicht minder evidentermaßen – aller pseudomorphotischen Gewalt und apologetischen Umbesetzungsfinten zum Trotz – bewahrheitet. Dabei ist der lateinische Begriff der *religio* zur Gänze opak geworden. Er bedeutet buchstäblich, in der juristischen Terminologie des mittelalterlichen Lateins noch greifbar, die doppelte oder, genauer, die Widerbindung (wie in Widerstand und Widerlager): einen Gegenhalt der Referenz.[19] Der Latenz der Götter eingedenk, auf sie spezialisiert in Riten, magischen Praktiken und anagrammatischen Poetiken, ist die römische *religio* die

---

16. Curtius, Ernst-Robert: *Europäische Literatur und lateinisches Mittelalter*, Bern 1948; Blumenberg, Hans: *Paradigmen zu einer Metaphorologie*, Bonn 1960, Neudruck Frankfurt am Main 1998.
17. Vgl. Dockhorn, Klaus: »Epoche, Fuge und Imitatio: Rhetorische Konsequenzen des Historismus« (1966), in: *Macht und Wirkung der Rhetorik*, Bad Homburg 1968, S. 105.
18. Vgl. Vasaly, Ann: *Representations. Images of the World in Ciceronian Oratory*, Berkeley/CA 1993.
19. Vgl. Dieffenbach, Lorenz: *Glossarium Latino-Germanicum Mediae et Infimae Aetatis*, Frankfurt am Main 1857, S. 491.

mythisch getönte Vorgängerformation der *civitas deorum*, die sich in der Übertragungsanstrengung der Rhetorik rationalisiert findet und in Augustins Konzept der *civitas Dei* aufgehoben sein soll.[20] Wieder ist Cicero die Hauptquelle, aber charakteristischer für den Vorgang der Historisierung sind die sprachgeschichtlichen Unternehmen eines Varro und Festus, dem Giorgio Agamben die unübertreffliche, emblematische Figur des *homo sacer* entnommen hat.[21] Unübertrefflich effektiv, weil emblematisch, denn in ihr trifft es sich – Agamben wohl bewußt, aber listig verschwiegen und desto effektiver inszeniert –, daß Festus die seinerzeit bereits archaische *religio* zum Modell der Dauerhaftigkeit der juridischen Fundamente macht. *Latent fundamenta* referiert die rhetorische *institutio* Quintilians (I.pr.4). Es ist ihre Seinsart, daß sie aus der Latenz heraus Wirkung entfaltet; ganz ohne eine andere Grundlage, die der Rede oder Verkündigung wert wäre, wirkt sie dauerhaft fort. Agamben macht das Zusammenspiel der Doppelbindung der *religio* (der er untergeordneten Wert beimißt) und der Figur des einschließenden Ausschlusses (auf die es ihm ankommt) zum *arcanum* der europäischen Politik seit ihren römischen Grundlagen. Es benennt die kryptische Doppelfigur der Latenz, in die das Christentum mit der Erlöserfigur des Gekreuzigten eintritt.

Der Begriff der *arcana imperii*, den Tacitus auf die Machtübernahme des Tiberius, der juristisch problematischen Aufdauerstellung des Prinzipats, datiert, beschreibt also nicht nur einen politisch verwerflichen Trick, er bezeichnet eine Verdeckungs- und Ausnahmestruktur, die der Übertragungslogik eingeschrieben ist, als Hypothek fortgeschrieben wird und fortan als Latenzfigur den topisch etablierten Raum des Politischen mitdefiniert. Sie gehört zur Struktur des Widerstreits als nicht auszuschließende, deshalb eingeschlossene, in die Latenz versetzte, mit versiegelten Lippen wirksame Figur des Ausgeschlossenen. Es ist klar, daß diese Figur aus der Verdrängung heraus auf Gestalten drängt, und es ist deutlich, warum Agamben sie in der Rechtszone des Lagers aus der kryptischen Inschrift der Verfemung ins Offene treten sieht, in die Lichtung des Politischen, wo sie zum Himmel schreit – und sei es auch nur zu dem der Medien, die den Aufschrei der Bilder in die Normalität, die Ordnung verordneter Diskurse, den ›Nicht-Ort‹ einer Zone beschränkter Verantwortung zurückzwingt.[22] Das mag, könnte man *cum grano salis* vermuten, die lakonische Hoffnung des Tacitus gewesen sein, nach dessen Diagnose, spätestens, jede Romreferenz die Gegenbewegung *contro Roma* implizieren, sie als abstrakte Chiffre mitführen muß. Man sieht spätestens hier, wie unfair die *interpretatio christiana* solche paganpolitischen Einsichten der römischen Historie für die eigenen Zwecke usurpierte. Sie kann dies – ich komme auf Brague und Schürmann zurück – in einer eigenartigen Mimikry an das Prinzip der naturteleologischen *continuatio*, in der die heidnischaufgeklärte Latinität zur mimetischen Resonanz, zur ›Hintergrunderfüllung‹ gerät.[23]

---

20. Ratzinger, Joseph: »Herkunft und Sinn der Civitas-Lehre Augustins«, in: *Augustinus Magister. Congrès International Augustinien*, Paris 1954, Bd. 2, S. 965-979.
21. Agamben, Giorgio: *Homo sacer: Il potere sovrano e la nuda vita*, Torino 1995, S. 79ff.
22. Augé, Marc: *Non-Lieux: Introduction à une anthropologie de la surmodernité*, Paris 1992, S. 97ff.

Kann man Agambens *homo sacer* als perfekte Allegorie, naturteleologische *continuatio* unseres politischen Anteils an der Latenz Latein auffassen und ihr insbesondere den Eintritt des Christentums in diese Latenz ablesen, so finden wir auf eine ähnlich glückliche Weise die zweite Hälfte dieses historischen Prozesses in Marie Theres Fögens römischer Archäologie des Carl Schmittschen Feind-Begriffs. Hatte schon Blumenberg scharfsinnig die von Schmitt mißbrauchte, verleugnete Urszene im Zeitalter der Religionskriege gesucht und diese als Wiederkehr der mit Augustinus nicht überwundenen, latent gebliebenen Gnosis erkannt, so bestätigt sich diese (an Jonas anknüpfende) Hypothese am Schauplatz der ersten Gnosis. Daß die Christen den Spieß, zu dem sie den welthistorischen Anlaß lieferten – Prätext im Kontext der konkurrierenden, synkretistisch-gnostischen Ansinnen – derart effektiv umdrehen konnten, macht sie zur römischen Kirche in einem unchristlichen, nicht mehr urchristlich-jüdischen Sinne: »Den irdischen, sozial und politisch unerwünschten Feinden des Menschengeschlechts, den Christen, setzten diese selbst (ich unterstreiche: das ›selbst‹, denn das ist die Pseudomorphose in actu) die exterritorialen und externalisierten Dämonen entgegen. [...] Das schafft Ordnung. Auch und vor allem im Inneren der christlichen Gemeinschaft. Denn es gibt nur einen Gott [...]«.[24]

Das Paket ist zu fest geschnürt, als daß es sich umstandslos ins Licht der Latenzen ziehen und auspacken ließe. Denn die Ordnung, die so geschaffen wird, ist keine moderne wissenspolitische, sondern entspricht einer geänderten »Rechtslage des göttlichen Wahrheitsvorbehalts« (des *arcanum Dei* von Laktanz). Blumenberg hat das in der nötigen Trennschärfe formuliert, als er »den argumentativen Gehalt für die Befestigung der christlichen Lehre« (der *doctrina christiana*) in der »hypostasierenden Auffassung der Unwahrheit« erkennt, die »eine Gegenwelt eigener Essentialität zur Wahrheit bildet«.[25] Die Konkurrenten als überholte Vertreter der zu überwindenden heidnischen Welt mit deren eigenen Mitteln zu emphatischen Feinden zu erklären: zu Feinden in einer neuen Qualität von Weltpolitik, Feinden der missionarisch in Auge gefaßten Menschheit, verurteilt die Referenz Rom zur Resonanz.[26] Muster der schlechten Mimesis, die Plotin verwarf, fiel dafür Augustinus nur der Name des Teufels ein. Erst Dante, mit und gegen Augustins Rom, wußte ihre entfesselte Teleologie, das Naturgesetz der falschen Mimesis dieses gnostischen Restes zu entledigen – um den Preis, freilich, der Hölle menschlicher Politik, der sein Schüler Machiavelli die Diagnose stellte. Das Duplikat Rom, des neuen Trojas, redupliziert sich, wuchert. Es erneuert sich

---

23. Gehlen, Arnold: *Urmensch und Spätkultur*, 2. Aufl., Frankfurt am Main-Bonn 1964, S. 54ff. Ich verwende diesen Begriff von Arnold Gehlen, ohne dessen anthropologische Implikationen zu teilen, im Gegenteil, um »Anthropologie« als Symptom der Sachlage kenntlich zu machen. Vgl. Augé, Marc: *Génie du paganisme*, Paris 1982, S. 107ff.
24. Fögen, Marie Theres: *Die Enteignung der Wahrsager: Studien zum kaiserlichen Wissensmonopol in der Spätantike*, Frankfurt am Main 1993, S. 249, der die Pointe des von ihr zitierten Blumenberg entfallen ist.
25. Blumenberg, Hans: »Kritik und Rezeption antiker Philosophie in der Patristik« (1959), in: *Ästhetische und metaphorologische Schriften*, S. 274 (erstes Zitat); *Paradigmen zu einer Metaphorologie*, S. 55 (zweites Zitat).
26. Haverkamp, Anselm: »The Enemy Has No Future«, in: *Cardozo Law Review* 26 (2004/05), S. 1400-1412.

– *Roma amor* – zum Umbesetzungsort ohne Originalitätsausweis, der indessen – alles andere als ein *non-lieu* – an seinen Religionsorten, Double Binds, hängt.

So daß man immer noch sagen könnte, wir sind für Rom, auch sofern und solange wir gegen Rom sind. Denn wenn es richtig ist, daß die implizite Selbstüberschreitung der Translationslogik das ist, was dieser nicht nur passiert und sie bedroht, sondern was sie beflügelt, dann kann mit dieser Beflügelung gerechnet werden, wenn auch nur mit dem einseitigen Glück der *fortuna*, der bekanntlich die Haare in die Stirn hängen, und die man deshalb nur von vorne zu greifen bekommt. Das arkane Wissen um die Zufälle des Glücks kann zwar der fortwährenden Rückfälle in die Barbarei desselben Roms nicht wehren, aber es liegt keinesfalls in der Logik der Sache, diese Rückfälle in einer Radikalisierung von Zukünftigkeit zu überspringen. Die Alternative zu Messias und Gottesstadt ist nicht der Faschismus; kein ›Aufhalter‹ der Schmittschen Art ist vonnöten. Die Unmachbarkeit der Welt, für die das *Imperium Romanum* samt seinem Untergang zur feststehenden Allegorie geworden ist, impliziert eine begrenzte Ökonomie der Latenthaltung, die dem Mainstream der christlichen *translationes* entgangen ist und der Aporie des Augustinus immer wieder das falsche, das eschatologische Recht gegeben hat – als Pseudomorphose (nicht Evolution) römischer Natur.[27]

---

27. Eine erste Fassung des Textes wurde auf der von Marie Theres Fögen, Michael Kempe und Cornelia Vismann veranstalteten Tagung »Referenz Rom« vom 28.-30. September 2003 am Max Planck-Institut für Europäische Rechtsgeschichte vorgetragen. Der Stil des Vortrags wurde weitgehend beibehalten, die Nachweise sind entsprechend punktuell.

Helmut Kohlenberger

Roma locuta...

1.

Für Europa und die von Europa mitgeprägte Welt scheint Rom der Horizont zu sein, der vergessen werden kann, aber nie verschwindet und oft unvermutet aus dem Nebel auftaucht. Andreas Gryphius, der wie mancher deutsche Poet mehrere Jahre (1641-1647) am Tiber verbrachte, nennt Rom »Begriff der Welt«.[1] Nietzsche, fasziniert von Rom, »das alles zu *seiner* Vorgeschichte und Gegenwart zu machen gewußt« hat, kam auf die Idee, in der christlichen Erwartung des letzten Gerichts eine Rache zu sehen, in dem der »jahrhundertealte wortlose Haß der ermüdeten Zuschauer gegen Rom« sich entladen konnte.[2] Irritiert von Wagners spätem Werk sieht er den früher verehrten Meister »den Weg nach Rom, wenn nicht zu gehen, so doch zu predigen« und hört in der Parsifal-Musik »*Rom – Roms Glaube ohne Worte*«.[3] Also doch keine Zukunft ohne Rom...

Roms diskrete Präsenz scheint der Worte nicht zu bedürfen. Eher schon löst es einen zuweilen wortreichen »antirömischen Affekt« aus, in dem nicht selten heftige Wünsche der Affizierten, die sie sich nicht eingestehen, Ausdruck finden. Rom hat mit seinem Kommunikationsnetz – zum Beispiel in Straßen bis hinein in den »Nahen Osten«, im Rechtswesen bis in unsere Tage – Spuren hinterlassen, unauffällige Zeugen einer Gegenwart. Kein Anspruch ist damit verbunden als der, der es etwa Paulus nach dem Bericht der Apostelgeschichte ermöglichte, sich gegen seine mächtigen Ankläger in Cäsarea vor Roms Statthalter zur Wehr zu setzen. Derselbe Paulus sagte ja in seinem machtvollen Römerbrief mit der Verkündigung der Herrschaft Christi dem Cäsar den Kampf an (wie Jacob Taubes darlegt).

Rom bildete früh die Dimension eines Rechtes aus, das der Willkür, welcher Seite auch immer, Grenzen setzt. Vor allem gilt es, der formal korrekten Durchsetzung eigenmächtiger Ansprüche entgegenzutreten. In der altrömischen Trennung des Sakralen und Profanen im Rechtswesen wird erkannt, daß es eine Ebene des Geltens von Recht gibt, die nicht in der formalen Fassung aufgeht. Da »die Römer in ihrer besten Zeit ohne Philosophie lebten«,[4] traten griechische Auffassungen von Gerechtigkeit erst in späterer Zeit auf. Theologisch inspirierte Ideen von Billigkeit und Naturrecht bezeichneten die Stelle des einen Rechts, das der vollständigen Okkupation durch aktuelle Macht- und Interessenlagen entzogen bleiben soll.

1. Kytzler, Bernhard: »Abschied von Rom« (1985), in: Kytzler (Hg.): *Rom als Idee*, Darmstadt 1993, S. 298-323, hier: S. 309.
2. *Werke*, Bd. 1, hg. von K. Schlechta, 6. Aufl., München 1969, S. 1059.
3. Ebd., Bd. 2, S. 726 und 1051.
4. Ebd., Bd. 3, S. 353.

Rom war keine geschlossene Welt – obschon lange Zeit der Status des *civis Romanus* an bestimmte Voraussetzungen gebunden war. Universalisierung und Durchlässigkeit der inneren Struktur der universalisierenden Gesellschaft gehören zusammen. Die römische »Spätantike« ist ein gutes Beispiel dafür. In der Mitte des 2. Jahrhunderts n.Chr. sieht Aelius Aristides den Vorzug Roms darin, daß es das Privileg des Bürgerrechts nicht ausschließlich an Herkunft, sondern verstärkt an Leistung bindet.[5] Die Herrschaft Roms ist, so gesehen, weniger Ausdruck von Macht und Ruhm, als daß sie einen rechtlichen Rahmen der Lebensverhältnisse grundsätzlich verbürgt. Daß diese »Funktionalisierung« der römischen Herrschaft zur Erosion führen kann, liegt auf der Hand. Zweifelsohne tragen die Christen dazu bei.

Das Christentum in seinen verschiedenen Versionen konnte sich vielerorts mehr oder weniger stark durchsetzen. Für die Christen war Rom das neue Babylon, dem das himmlische Jerusalem entgegensteht. Das mächtige Motiv des bevorstehenden Wiederkehrens Christi führte jedoch nicht zuletzt wegen der Furcht vor den damit verbundenen Wirren zur Neubewertung des Reiches als Garanten der Ordnung. Tertullian sagte, daß die Christen für den Aufschub des angekündigten Bösen beten und darum »Freunde Roms und seiner dauernden Wohlfahrt« sind.[6] Die Parallele des Auftretens Christi zu der von Vergil zu literarischen Ehren gebrachten Herrschaft von Augustus wurde später (zum Beispiel bei Origenes) geradezu als providentiell, das Reich als Dispositiv der Missionierung und des Aufsteigens der Kirche verstanden. Die von Eusebius vorgetragene Reichsidee konnte daran anschließen. Als die Westgoten Rom im Jahre 410 erstürmten und ausraubten, machten nicht wenige die Christen dafür verantwortlich. Augustinus hielt Vorträge über Roms Untergang, betonte Roms *libido dominandi* und begann die Bücher *De civitate Dei* zu schreiben, in denen er im Gegenzug zu einer romzentrierten Reichstheologie die grundsätzliche Trennung der Gottesstadt und der irdischen Stadt darlegt. Rom wird Israel gegenübergestellt. Die beiden *civitates* sind bis ans Ende der Zeiten in der Kirche in einer Weise, die nicht durchgängig entschlüsselbar ist, miteinander verbunden. Roms Geschick wird insbesondere an die universelle, die katholische Kirche gebunden – der bezeichnende Unterschied zu der konstantinischen Neugründung eines der »Ökumene« verpflichteten »zweiten Rom«, in der der Kaiser das letzte Wort hat, zeigt sich bald.

Das Mönchtum wird zur neuen Kraft der Kirche in Ost und West. Zumal im Westen verselbständigte es sich gegenüber den Gemeinden und ihren Bischöfen, trat als intensivierte und organisierte Kraft der eschatologischen Erwartung in Konkurrenz zum Alltag in den Städten. Mit dem Mönchtum konnte in der Zeit der Auflösung alter Herrschaftsstrukturen eine neue Ordnung beginnen – zumal das Mönchtum auch in Rom Fuß faßte.

---

5. Fuhrmann, Manfred: »Die Romidee der Spätantike« (1968), in: Kytzler (Hg.): *Rom als Idee*, a.a.O., S. 86-123, hier: S. 102ff.
6. Vgl. Tertullian: *Apologeticum*, hier zit. nach *Katechonten. Den Untergang aufhalten, Tumult. Schriften zur Verkehrswissenschaft* 25 (2001), S. 9.

2.

»Wo ist der Senat? Wo ist das Volk? Die Knochen sind zerkocht, das Fleisch verzehrt, alle Pracht erloschen. Es brennt das leere Rom«.[7] Gregor der Große (ca. 540-604) wird »auf den Ruinen Roms die verkörperte Klage des Menschen«.[8] In seinem Pontifikat wird die Zeitenwende deutlich. Der aus gebildetem römischen Haus Stammende hatte ein höheres Amt der Stadt inne, ehe er im Palast seiner Familie auf dem Monte Celio eine Klostergemeinschaft gründete. Doch wurde er an die römische Kurie berufen, bald nach Konstantinopel als Nuntius des Papstes entsandt. Vom römischen Volk wurde er inmitten des von Überschwemmung, Seuchen und Hunger heimgesuchten Rom im Jahr 590 zum Papst gewählt. Gregor wollte das Amt nicht annehmen, konnte sich dieser Berufung aber nicht entziehen. In einem Leben, das monastische Ausrichtung mit Tätigkeit in einer *vita mixta* verbinden mußte, ist er – wie er bekennt – »mehr in äußeren Sorgen gefangen als inneren Geheimnissen zugetan«. Fast 900 erhaltene Briefe geben Zeugnis seiner vielfältigen Tätigkeit in Verwaltung, Güterbewirtschaftung, Armenfürsorge und gelegentlichen Baumaßnahmen. Zwischen den Ansprüchen des Kaisers am Bosporus, des dortigen Patriarchen, dem Exarchen in Ravenna und den sich bedrohlich Rom nähernden Langobarden suchte er zu vermitteln. Seine Haltung gegenüber dem Kaiser und dem Patriarchen in Konstantinopel wird als prinzipienfest gekennzeichnet. In Einzelfragen war er konziliant, nicht jedoch gegenüber dem Anspruch des Patriarchen auf den Titel »ökumenischer Patriarch«. Dies läßt eine gesteigerte Wahrnehmung der Rom-Tradition erkennen.

Wo er konnte, setzte Gregor auf die innere Dimension von Problemen – zum Beispiel bei der mehr oder weniger gelingenden Koexistenz von Katholiken und Donatisten in Nordafrika. Die politisch verfügte Bekehrung der Arianer des westgotischen Spanien zur römischen Kirche (auf der 3. Synode von Toledo unter König Rekkared im Jahr 587) lag weitgehend außerhalb seines Wirkungskreises. Die gallischen Herrscher suchte er in seinen geistlichen Dienst einzubeziehen. Missionarischer Eifer beflügelte ihn gegen Magier auf Sardinien. Die rechtliche Stellung der Juden suchte er zu erhalten, Mission sollte nur mit den Mitteln der Überzeugung geschehen. Folgenreich wurde insbesondere die Aussendung des Mönches Augustinus mit Gefährten nach England (596). Die unterschiedlichen Gebräuche der örtlichen Kirchen sollten »zu einem einzigen Bündel« zusammengefaßt und die Tempel der vergangenen Kulte in »Orte des wahren Gottesdienstes« gewandelt werden. Die Kirche in England sieht im Wirken Gregors, und weniger in Rom, den Ausgang ihrer Missionierung – wie dies schon in der Geschichtsschreibung von Beda Venerabilis, der *Historia ecclesiastica gentis Anglorum*, zum Ausdruck kommt. Diese legte eine Vereinheitlichung der Datierung nahe, denn es wurden unterschiedliche Herrschaftsbereiche (und damit Zeitrechnungen) behandelt. Beda folgte – beispielgebend für das frühmittelalterliche Eu-

---

7. Gregor der Große: *Homilie zum Propheten Ezechiel* 2, 6, 22, in: *Patrologia Latina* 76, 1010Cff. Über Gregor den Großen u.a. Markus, Robert Austin: *Gregory the Great and His World*, Cambridge 1997.
8. Balthasar, Hans Urs von: *Der antirömische Affekt*, Freiburg 1974, S. 294, Anm. 93.

ropa – erstmals der in Rom ausgearbeiteten und von Gregor empfohlenen Zeitrechnung des Dionysius Exiguus, die von Christi Geburt ausging und in der der alte römische Kalender mit der alexandrinischen Praxis der Osterfestdatierung in Verbindung gebracht wurde.[9]

In Gregors Wirken zeigt sich die Wandlung Roms von der einstigen Verwaltungszentrale des großen Mittelmeerreiches zu einer neuen Aufgabe: Gewiß, Gregor sah Rom mit dem beim Propheten Micha gebrauchten Bild eines Adlers, der sein ganzes Gefieder verloren hat.[10] Die Ruinen der alten Welt werden jedoch zur Ankündigung des Neuen: Selbst wenn das Evangelium verstummen sollte, so werden die Ruinen der Welt zu seiner Stimme. Die Erschütterungen der zu Grunde gegangenen Welt weisen auf Kommendes voraus.[11] Das Alte und das Neue werden zu einem einzigen Aufbruchsphänomen des missionarischen Mönchtums, der auf Pilgerschaft befindlichen Kirche. Für sein Wirken dürfte die von ihm berichtete Vision Benedikts, dem »die ganze Welt wie in einem einzigen Sonnenstrahl vereint vor Augen geführt« wurde, bestimmend geworden sein.[12] Ein Lichtstrahl führt aus dem Absterben einer Kultur heraus.

Gregors Sorge galt besonders der Selbständigkeit des Wirkens der Mönche, der Gestaltung der Liturgie. Sein umfangreiches literarisches Werk, verfaßt in einer allgemein verständlichen Sprache der Gebildeten seiner Zeit, behandelt Fragen der Lebensführung und der geistlichen Weisung im Ausgang von allegorisch gelesenen Schrifttexten. Mit den 35 Büchern *Moralia in Job* verfaßte Gregor (großteils in seiner konstantinopolitanischen Zeit) eines der umfangreichsten Werke der Patristik. Die *Regula pastoralis* (entstanden im Jahre 591) handelt von den Aufgaben und Schwierigkeiten geistlicher Leitung, von der rechten hierarchischen Ordnung der Kirche – ein Buch, das weit verbreitet und oft (zum Beispiel von König Alfred dem Großen gegen Ende des 9. Jahrhunderts ins Altenglische) übersetzt wurde. Es folgen, neben anderem, Homilien zu den Evangelien, zu Ezechiel, zum Hohelied. Gregor ist kein Theologe, er spricht, schreibt – wie oft hervorgehoben wird – aus der Erfahrung von Erschütterungen und will zur Umkehr einladen. Die Werke Gregors prägten in hohem Maß die Kultur der Kontemplation und Spiritualität des Mittelalters.

Reinhold Schneider erinnert in einer gegen Ende 1945 erschienenen Betrachtung an eine Erzählung über Gregor. Dieser wurde von einer Darstellung ergriffen, die Trajan zeigt, der im Aufbruch zur Schlacht noch einmal innehält, »um einer Witwe, deren Sohn erschlagen worden war, Recht zu sprechen. Der Kaiser hätte ja fallen können im Kriege – und dann wäre die Klage des armen Weibes ungehört geblieben«.[13] Der Papst konnte nicht fassen, daß dieser Gerechte der Verdammnis

---

9. Vogtherr, Thomas: *Zeitrechnung. Von den Sumerern bis zur Swatch*, München 2001, S. 62ff., 92f.
10. Dagens, Claude: *Saint Grégoire le Grand. Culture et expérience chrétiennes*, Paris 1977, S. 363.
11. »...etiam si Evangelium taceat, mundus clamat. Ruinae namque illius voces sunt«, zit. nach ebd., S. 367, Anm. 74 (*Homilien zu den Evangelien* 1, 4, 2, in: *Patrologia Latina* 76, 1090B).
12. Vgl. *Dialoge* II, 33, zit. bei Balthasar, a.a.O., S. 193.
13. Schneider, Reinhold: *Papst Gregor der Große*, Freiburg 1945, S. 19f. Man könnte versucht sein, die Stimme in St. Peter mit der Stimme zu vergleichen, die einer *fabula* zufolge, den Wunsch der Göttin Juno Regina, aus dem besiegten Veji der Einladung der Sieger nach Rom zu folgen und dort Gastrecht zu erlangen, zum Ausdruck brachte (vgl. mit Bezug auf Livius in Cacciari, Massimo: »Über das Reich und das Römische« in diesem Band, S. 73 (Anm. 9).

verfallen sei. Eine Stimme in St. Peter sagte ihm, sein Gebet sei erhört worden, aber er solle nicht mehr für Heiden beten. Gregor wußte um Verantwortung auch für das Vergangene. Auf seinem Grabstein wird er »Consul Dei« genannt.

3.

Mit dem Pontifikat des Mönches Gregor VII. erreichte die Klosterreformbewegung von Cluny, und mit ihr die monastische Prägung der Kirche, ihren Höhepunkt – der *Dictatus papae* (1075) setzt allem lokalen Gewohnheitsrecht (*consuetudo, usus*) den einen universellen Jurisdiktionsanspruch des Papstamtes entgegen, der kaum bis zum Jubeljahr 1300 unter Bonifaz VIII. durchgehalten werden konnte – doch mehr oder weniger ausdrücklich weiterbesteht. Ein letztes Mal trat das bereits aus der Geschichtsgestaltung abdankende Mönchtum mit Bernhard von Clairvaux als mächtigem Sprecher auf, der als Stimme Roms den Papst an Wirkung übertraf. Doch die Zukunft gehörte den ans römische Recht insbesondere in Bologna anknüpfenden Studien des Kirchen- und Zivilrechts. *Ecclesia vivit lege Romana*. Bald bekam das Rechtsstudium im Blick auf eine atmosphärenbestimmende Themenhoheit Konkurrenz durch die von Paris ausgehenden, an Aristoteles orientierten Studien der Philosophie mit ihren Auswirkungen auf theologische Fragen. An die Stelle der monastisch-eschatologischen Bewegung war ein von den Universitäten ausgehender Formalismus zur Herrschaft gekommen, der die Kirchenverwaltung und die beginnende Staatenbildung prägen sollte.[14] Anfangs stand Rom als Ort von Konzilien noch mitten in diesen Auseinandersetzungen. Diese verselbständigten sich jedoch mit den gerade an den Universitäten auftretenden nationalen Differenzierungen, setzten das Papstamt in den Schismen faktisch außer Kraft, bis es am Ende des Mittelalters in Konstanz (1417) durch einen konziliaren Wahlakt quasi neu konstituiert wurde.

Das alte Rom indes lebte weiterhin aus seinen Trümmern und inspirierte durch Erinnerungen – Dante, Petrarca zum Beispiel. In dem heruntergekommenen Rom kam es wiederholt zu sich republikanisch gebenden Aufständen – zum Beispiel des Arnold von Brescia im 12. Jahrhundert. Richard Wagner ließ sich wohl von dem durch Edward Bulwer[15] zu literarischen Ehren gelangten Volkstribun Cola di Rienzo (1347) inspirieren, dem Historiker einen pathologisch anmutenden Mißbrauch von Ruinen attestieren.[16] Noch gegen Papst Nikolaus V. (1453) kam es zu Aufständen. Nachhaltige Wirkung hatte die Sprache der Ruinen selbst – Poesie geworden etwa in der Rom-Elegie des Bischofs Hildebert von Lavardin (gest. 1133) oder bei Enea Silvio (Pius II.).[17] Roms Ruinen waren nicht nur Steinbruch und Erinnerung – sie waren formprägend und hielten so in der Kirchen-

---

14. Vgl. Prodi, Paolo: *Die Geschichte der Gerechtigkeit. Vom Recht Gottes zum modernen Rechtsstaat*, München 2003.
15. Vgl. den 1835 erschienenen Roman *Rienzi, the last of the tribunes* von Edward George Bulwer(-Lytton).
16. Vgl. Greene, Thomas M.: »Resurrecting Rome«, in: Ramsey, P. A. (Hg.), *Rome in the Renaissance*, Binghampton 1982, S. 41-54.
17. Vgl. Seidlmayer, Michael: »Rom und Romgedanke im Mittelalter« (1956), in: Kytzler (Hg.): a.a.O., S. 158-187, bes. S. 182ff.

architektur – und nicht nur dort – bis ins 8. Jahrhundert wirkenden Einflüssen aus dem Osten und Einflüssen besonders des 13. Jahrhunderts aus dem Westen stand. Als die »repräsentativ-demokratische« Tendenz von aristotelisch inspiriertem Nominalismus und Konziliarismus (und mit ihnen das »Mittelalter«) scheiterte, war die an der alten Form orientierte Kunst (der »Renaissance«) als künftiges Dispositiv einer neuen Bewußtseinslage bereits abrufbar.

Nikolaus von Kues kann als signifikante Persönlichkeit der neuen Wende gesehen werden. Das Werk dieses aufgeklärten Konzilstheologen, der in der römischen Kirche S. Petro in Vincoli begraben ist, zeigt die Bedeutung der von Laien betriebenen neuen Wissenschaft und Kunst. Von der im Jubeljahr 1450 von Pilgermassen überfluteten Tiberbrücke wird ein an Aristoteles geschulter Philosoph zu einem Mann der neuen Elite, einem Löffelschnitzer, in einen kleinen unterirdischen Raum nahe beim Tempel der Aeternitas geführt. Dort erhält der Büchermensch Einführungsunterricht in die sich im Menschengeist aus den Zahlen selbst erschaffende Kunst.[18] Derselbe Kusaner leitete die Mönche von Tegernsee (De visione Dei, 1453) dazu an, in einem Tafelbild Christi, dessen Augen dem Betrachter folgen, das Sehen selbst, das Urbild von allem und damit des Sehenden selbst, zu sehen. Eine neue Art des Sehens trat in Konkurrenz zu der Devotion etwa von Rom-Wallfahrern, die im Anblick der »Veronika«, der in Rom aufbewahrten Reliquie des Angesichts Christi, einen Lebenshöhepunkt erlebten. Das Original des tausendfach reproduzierten Bildnisses verschwand in den Umtrieben des Sacco di Roma (1527), es soll aber im Jahre 1601 gezeigt worden sein. Kürzlich ist die Diskussion über die »Veronika« neu in Gang gekommen.[19] Man könnte versucht sein, diese neue Diskussion im Kontext von Levinas' Sicht der Spur als Andeutung eines Transzendenten, der »neuen« Kultivierung von Achtsamkeit, der noch nicht voll ins Bewußtsein gedrungenen Krise der »Kunstreligion« wahrzunehmen.

Ist es in Zeiten der Kunst möglich, Bilder zu verehren?[20] *Roma veduta, perduta la fede.*

Die Erinnerung an Roms älteste Geschichte – Troja, Aeneis – tauchte (am 14.1. 1506) mit dem *Laokoon* buchstäblich aus dem Boden (des Colle Oppio) auf – sie inspirierte Papst Julius II. zur Antikensammlung, sie wurde noch Jahrhunderte später (für Lessing, Winckelmann u.a.) zum Ausgangspunkt und Gegenstand bahnbrechender kunsttheoretischer und ästhetischer Analysen. Von selbst, so schien es, wurde Rom zum Zentrum von Kunst, Musik und Feier, die auch das Papstamt im neuen Licht der Inszenierung des Absolutismus erstrahlen ließen.[21] Als Michelangelo es wagen konnte, vor dem Papst die Kopfbedeckung nicht abzunehmen, und Galilei zwar verurteilt, ihm jedoch vorher von Bellarmin ein ernsthaftes Kompromißangebot unterbreitet worden war (im 20. Jahrhundert

---

18. Nikolaus de Cusa: *Idiota de mente. Der Laie über den Geist*, Hamburg 1995.
19. Vgl. Belting, Hans: *Bild und Kult*, 5.Aufl., München 2000, S. 248. Vgl. mit Bezug auf Paul Badde *Das Muschelseidentuch. Auf der Suche nach dem wahren Antlitz Jesu*, Berlin 2005, einen Bericht von Alexander Smoltczyk, in: *Der Spiegel* Nr. 41/2005 (10.10.2005), S. 162ff.
20. Siehe Belting: *Bild und Kult*, a.a.O., S. 538ff. (über die Inszenierung des Bildes in der katholischen Reform).
21. Vgl. Greene: »Resurrecting Rome«, a.a.O.

wurde ihm volle Rehabilitation seitens der Kirche zuteil), zeichnete sich die neue Kunst- und Wissenschaftskultur ab, die das im Barock auftretende »Humanistische« bald in den Schatten der Geschichte stellen sollte. Im Fürstenabsolutismus, dann ausdrücklich in der Revolution, zumal seit der »permanenten Revolution« im demokratisch gezähmten Terror – hat sich dieser »Absolutismus« bis heute im »Westen« globalisierend durchgesetzt. Noch im fahlen Licht dieser Kunstreligion, in der »Melancholie der Ruinen«,[22] wurde Rom nicht zuletzt seit Goethe zum Anziehungspunkt. Freud, der das heidnische, christliche und moderne Rom deutlich unterschied, bekennt, daß seine »Romsehnsucht [...] tief neurotisch« sei. Er versagte sich die Niederschrift des Einfalls nicht, daß die Gegenwart der Epochen in Roms Architektur mit der Entwicklung des Seelenlebens vergleichbar sei. Allerdings verwarf er diesen Vergleich sofort, da dieser ja nicht berücksichtige, daß es in Roms Jahrhunderten viele Zerstörungen gegeben habe.[23]

4.

Rom, als Name für eine nicht von vornherein ethnisch oder territorial begrenzte Herrschaft, lebt – zu Recht oder zu Unrecht – weiter in dem Anspruch eines zweiten, dritten Rom. Die französische Revolution wollte nicht ohne Erinnerung an Rom auskommen, in Amerika kennt man den Capitol Hill. Das erste Rom steht indes unangefochten und unausdrücklich nicht zuletzt für die Vereinheitlichung des Kalenders, des Zeitraumes. Die von Rom eher indirekt inaugurierte neue Zeitrechnung (nach Christi Geburt) wurde seit dem späteren Mittelalter in verschiedenen Anläufen neuen astronomischen Forschungen angepaßt und in der sogenannten Gregorianischen Kalenderreform des Jahres 1582 promulgiert. Sie setzte sich, zunächst im katholischen Reichsgebiet kraft eines Dekretes von Kaiser Rudolf II., in einer verbesserten Form ab 1700 in weiten Teilen des konfessionell gespaltenen Europas und 1918 – bezeichnenderweise im Zug der Revolution – auch in Rußland durch.[24] Die Zeitrechnung verbindet Rom mit den etablierten neuen technokratischen Herrschaftsformen weltweit. Rom selbst war nicht im Sinn der modernen Entwicklung »nationalisierbar«, wie die Geschichte des italienischen Faschismus zeigt. Daß »Europa« seit den »Römischen Verträgen« atmosphärisch an Rom gebunden bleibt, überrascht dagegen überhaupt nicht. Zur selben Zeit scheint sich mit dem Vaticanum II die Wandlung der römischen Kirche zum »Dialog«-Forum (einem »reifizierten *De pace fidei*«) anzubahnen. Roms Ruinen bezeugen, beschweigen, was so selbstverständlich geworden zu sein scheint, daß es nicht mehr erwähnt – und darum oft genug geradezu »vergessen«, verleugnet – wird.[25]

---

22. Nietzsche: *Werke*, Bd. 1, a.a.O., S. 1059.
23. *Das Unbehagen in der Kultur*, Studienausgabe, Bd. 9, 7. Aufl., Frankfurt am Main, 1974, S. 201ff. Freud scheint das Zerstörungspotential von Traumatisierungen hier nicht zu bedenken. Vgl. auch Kytzler: »Abschied von Rom«, a.a.O., S. 311ff.
24. Vgl. Vogtherr: *Zeitrechnung*, a.a.O., S. 97ff.
25. Eine zu weiterem Nachdenken anregende Betrachtung über »La mélancolie des ruines« von Jean Clair, in: ders. (Hg.): *Mélancolie et génie de folie en Occident*, Paris-Berlin 2005, S. 350-353, zeichnet den Zusammenhang von neoklassischer und totalitärer Architektur, die bereits von ei-

5.

Das alte Rom wird zum Gleichnis – mitten im zweiten Weltkrieg, als Hermann Broch »in einer todesträchtigen Zeit, einer Zeit, die verzweifelt nach neuen religiösen Normen fahndet«, den *Tod des Vergil* im Großraum New York schrieb.[26] Der kurz vor dem Tod stehende Vergil will sein Werk *Aeneis* vernichten, wird aber schließlich doch in Gesprächen mit Augustus davon abgebracht. In einem »lyrischen Gedicht« (H. Broch über den Roman) wird ein innerer Monolog über Leben und Werk angesichts des Todes in einer Wendezeit Roms geführt, in der »die kommende Verkündigung als Notwendigkeit des Menschen schlechthin, als Notwendigkeit der Geschichte« geahnt wird.[27] Für Vergil ist Rom das Gleichnis, Sinnbild, das der Kaiser geschaffen hat. Wirklichkeit deutet sich an, aber sie steht noch aus – in einer grenzenlosen Menschengemeinschaft, einem Reich der Erkenntnis, das über das irdische Friedensreich des Augustus hinausgeht. Draußen sieht Vergil die Riesenmassen, die im Rausch der Spiele gefangen dahindämmern. Wirklichkeit eröffnet erst der Tod, das Werk kann sie allenfalls »mit Gleichnissen umstellen«. Für den Kaiser aber ist Rom die Tat der Ahnen, die Wirklichkeit – die nicht im Sinnbild aufgeht. Ihm, der sich als Volkstribun, »Sprachrohr des römischen Volkes« sieht, geht es um »ein einziges römisches Volk«,[28] in dem der Geist der Griechen zum Staat wird. Auch die *Aeneis* gehört zu seinem politischen Werk. Was Vergil über die Aeneis, über Rom sagt, entzieht dem Kaiser sein Werk.

Brochs Vergil sieht im Ästhetischen einer Kunstreligion keine Erfüllung. Not tut anderes: »das Wort der Unterscheidung, das Wort des Eides, das reine Wort... jenseits der Sprache«.[29] Brochs Zweifel an der Fähigkeit der Kunst, die Probleme der Massengesellschaft, die allgemeine Versklavung in den herrschenden Verhältnissen, angemessen zu thematisieren, trieben ihn über die Dichtung hinaus in eine Folge rastloser Studien über moderne Gesellschaftsprobleme, praktische Hilfstätigkeit, Todeskrankheit. Brochs Zweifel haben eine Bedeutung, die über die Selbstzweifel des Dichters, die Freunde wie Hannah Arendt ihm nicht nehmen konnten, weit hinausgehen. Sie berühren die ebenso unübersehbare wie unüberbrückbare Kluft von Gleichnis und Wirklichkeit – im Blick auf Rom.

---

nem »Ruinenwert« (A. Speer) her konzipiert wird, mit der (seit der Renaissance atmosphärebestimmenden) Melancholie, die auf keine Erlösung mehr hoffen kann, weil sie das Leben längst hinter sich gelassen hat – und faßt so gewissermaßen Zeit und Geist der Kunstreligion zusammen.
26. H. Broch über sein Buch *Der Tod des Vergil* (zuerst 1945), in: ders.: *Der Tod des Vergil*, Frankfurt am Main 1976, S. 472.
27. Ebd., S. 461.
28. Ebd., S. 341.
29. Ebd., S. 454.

Nadine Grotkamp

Ein Imperium stellt keine Geiseln? – Überlegungen zu Tac. ann. 15, 28

Einen internationalen Vertrag mit Geiseln zu sichern, erscheint heute, in einer Zeit der persönlichen Freiheit und individuellen Verantwortung, fremdartig, zumal uns momentan Geiseln vor allem als Opfer des Straftatbestands der Geiselnahme begegnen, die sowohl innerstaatlich als auch international verboten ist. Nach deutschem Recht steht Geiselnahme in § 239b des Strafgesetzbuchs unter Strafe;[1] zwischenstaatlich untersagen die Artikel 3 Nr. 1 b und 34 der Genfer Konvention jegliche Geiselnahme. In der Antike hingegen war die Forderung nach Geiseln weder ungewöhnlich noch rechtswidrig. Geiseln waren ein bewährtes Mittel, um zwischen zwei Völkern Vertrauen herzustellen und auf Dauer die Einhaltung getroffener Vereinbarungen zu garantieren. Das römische Imperium ließ sich immer wieder von benachbarten Völkern Geiseln stellen, bevorzugt die Kinder der jeweiligen Führungsschicht. Diese jungen Leute wuchsen dann in Rom auf und hatten, wenn sie nach Jahren in ihre Heimat zurückkehrten, die römische Kultur so weit internalisiert, daß sie selbst dort weiterhin Garanten einer romfreundlichen Politik blieben.[2]

Dies trifft jedoch nur für Rom als Empfänger von Geiseln zu, nicht als Geber. Daß Rom selber, auf dem Höhepunkt seiner Macht zwischen dem zweiten Jahrhundert v. Chr. und dem vierten Jahrhundert n. Chr., Geiseln an andere Völker gab, gilt nach verbreiteter Ansicht als unvorstellbar. Einige argumentieren, wenn auch Rom Geiseln gestellt hätte, hätte dies bedeutet, die Gleichrangigkeit des jeweils anderen Volks anzuerkennen, und eine solche Anerkennung hätte dem römischen Weltherrschaftsanspruch widersprochen.[3] Andere heben lediglich hervor, daß eine einseitige Geiselstellung als Zeichen für eine stärkere oder schwächere Abhängigkeit des Geiselstellers zu werten sei,[4] und selbst wenn damit keine Unterwerfung verbunden sein sollte, so doch zumindest eine Minderung des Ansehens, da in der Regel nur Besiegte und Klientelfürsten Geiseln gestellt hätten. Gerade weil in römischen Augen das Stellen von Geiseln als Unterwerfung angesehen worden sei, sei es den Zeitgenossen sensationell erschienen, daß der

---

1. Er wird international zusätzlich durch das Haager Übereinkommen vom 16.12.1970 und das Internationale Übereinkommen gegen Geiselnahme vom 18.12.1979 abgestützt, die Geiselnahme grundsätzlich unter Strafe stellen und verbieten, die Motive der Geiselnahme als Strafausschließungsgrund zu werten.
2. Elbern, Stephan: »Geiseln in Rom«, in: *Athenaeum: studi periodici di letteratura e storia dell'antichità* 78 (1990), S. 97-140.
3. Ndiaye, Saliou: »Le recours aux otages à Rome sous la république«, in: *Dialogues d'histoire ancienne* 21/1 (1995), S. 149-165, hier: S. 151, Anm. 10; Lica, Vasile: »Römische Kriegsgefangene und ›Geiseln‹ in Dakien«, in: *Bonner Jahrbücher* 193 (1993), S. 161-163, hier: S. 162; Aymard, André: »Les otages barbares au début de l'Empire«, in: *Journal of Roman Studies* 51 (1961), S. 136-142, hier: S. 137.
4. Phillipson, Coleman: *The international law and custom of ancient Greece and Rome*, London 1911, Nachdr. 2001, S. 399.

parthische Großkönig Phraates IV., dessen Herrschaftsbereich vom Euphrat bis nach Indien reichte, seine Söhne als Geiseln nach Rom schickte.[5]

In einem Überblicksartikel zu Geiseln in römischer Zeit beobachtet Stephan Elbern zwar ebenfalls, daß sich Rom in keinem Vertrag der späten Republik und des Prinzipats zur Geiselstellung verpflichtet hat, rechnet aber ohne große Diskussion die beiden römischen Offiziere, die dem armenischen König Tiridates vor einer Verhandlung 63 n. Chr. als Pfand geschickt worden waren, wie Tacitus schreibt, zu den Geiseln.[6] Dies geschah zunächst einseitig, denn erst nach der Verhandlung sandte Tiridates (vorerst) seine Tochter als Geisel nach Rom. Wenn die These richtig ist, daß eine einseitige Geiselstellung auf eine stärkere oder schwächere Abhängigkeit des Geiselstellers deutet, müßte Rom zuvor eine ungewöhnliche Niederlage erlitten haben, die Tacitus möglicherweise zu kaschieren versucht, indem er nicht von Geiseln (*obsides*), sondern von Pfändern (*pignora*) spricht.[7] Aus diesen Gründen lohnt ein genauerer Blick auf die entsprechende Tacituspassage:

> Am verabredeten Tag trafen Tiberius Alexander, ein erlauchter römischer Ritter, der ihm als Helfer in der Kriegsführung beigegeben war, und Vinicianus Annius, der Schwiegersohn Corbulos, der noch nicht das senatorische Alter erreicht hatte und anstelle des Legaten mit der Führung der 5. Legion betraut war, im Lager des Tiridates ein, um ihn damit zu ehren und ihm die Furcht vor einem Hinterhalt durch ein solches Pfand zu nehmen; [...][8]

Kurz darauf kommen der armenische König und der römische Kommandant Corbulo in Rhandeia zusammen und reichen sich die Hände. Die dortigen Verhandlungen beendeten 63 n. Chr. eine der zahlreichen Auseinandersetzungen zwischen Parthern und Römern um Armenien, das über Jahrhunderte hinweg immer wieder von der Einflußsphäre der einen Großmacht in die der anderen wechselte. Tiridates war zu Beginn der Herrschaft des römischen Kaisers Nero von seinem älteren Bruder, dem parthischen Großkönig Vologaeses, zum armenischen König gekrönt worden, um ihn dort anstelle eines von Rom unterstützten Herrschers zu installieren. Nachdem Corbulo, der bedeutendste römische Feldherr dieser Zeit, Tiridates (zum zweiten Mal) vertrieben hatte, entbrannte in den frühen sechziger Jahren der Krieg zwischen Parthern und Römern in Armenien. Um dem Rom verbundenen armenischen König beizustehen, wurde 62 n. Chr. aber nicht Corbulo selbst, sondern ein anderer, von ihm angeforderter Feldherr mit der Verteidigung der römischen Stellung in Armenien betraut, der allerdings nach Tacitus' Darstellung recht unbedacht ans Werk ging, während Corbulo sorgfältig die Euphratgrenze in Syrien sicherte. Aus der belagerten armenischen

---

5. Ziegler, Karl-Heinz: *Die Beziehungen zwischen Rom und dem Partherreich. Ein Beitrag zur Völkerrechtsgeschichte*, Wiesbaden 1964, S. 63 u. 51f.
6. Elbern: »Geiseln in Rom«, a.a.O., S. 133; daneben wird diskutiert, ob Cass. Dio 72, 15 (Exc. U^G 60, p. 410) so zu lesen ist, daß beide Vertragsparteien Geiseln stellten.
7. Ziegler: *Die Beziehungen*, a.a.O., S. 52: *pignus amicitiae* als zurückhaltende Ausdrucksweise.
8. Tacitus: *Annalen*, lat.-dt., hg. von Erich Heller, Düsseldorf/Zürich 1997, S. 733; Tac. ann. 15, 28, 3: *die pacta Tiberius Alexander, inlustris eques Romanus, minister bello datus, et Vinicianus Annius, gener Corbulonis, nondum senatoria aetate et pro legato quintae legioni impositus, in castra Tiridatis venere, honore eius ac ne metueret insidias tali pignore; viceni dehinc equites adsumpti.* – Das entsprechende Fragment von Cass. Dio (72,23, U^G 39, p. 391) enthält nur die Schilderung der Konferenz selbst.

Burg Rhandeia mußten sich die römischen Truppen schließlich wie nach einer schweren Niederlage zurückziehen.⁹

Diese Niederlage, die sogar in die Nähe der schmächlichen Unterjochung von Caudium (321 v. Chr.) gerückt wurde, ist jedoch nicht der Anlaß, Tiridates Pfänder zu schicken, denn Tacitus zieht zuvor eine deutliche Zäsur. Mit dem Hinweis, daß in Rom trotz des Mißerfolgs ein Siegesmal errichtet wurde, unterbricht er die Schilderung der Ereignisse im Osten, um zu den Vorgängen in Rom selbst zurückzukehren. Erst im nächsten Jahr nimmt Tacitus die Erzählung wieder auf. Corbulo wurde nun selbst mit der armenischen Kampagne beauftragt, die er, so jedenfalls Tacitus, so umsichtig und geschickt begann, daß Vologaeses einen Waffenstillstand erbat. Am Ort der römischen Niederlage des vorangegangen Jahres sollte ein Treffen zwischen Corbulo und Tiridates stattfinden, vor dem dann morgens die beiden Römer als Pfänder an den Arsakiden gesandt wurden. Es folgt eine detailreiche Beschreibung der mehrtägigen Zusammenkunft in Rhandeia, in deren Verlauf Tiridates sein Diadem vor einem Bild Neros niederlegt, um es später in Rom wieder zu empfangen.¹⁰ Tacitus scheint hier viel an protokollarischen Details gelegen zu sein, die jedoch alle nicht auf eine römische Niederlage deuten,¹¹ sondern geradezu im Gegensatz zur Niederlage des vorangegangen Jahres stehen. Auch wenn die Darstellung dieser Ereignisse bei Tacitus vermutlich auf die Autobiographie Corbulos zurückgeht und daher geschönt sein kann,¹² wäre es ein Leichtes gewesen, die Pfandstellung auszulassen oder zumindest mehr zu kürzen. Aber durch die ausführliche Beschreibung der Personen macht Tacitus sie geradezu zu einem Aspekt des umsichtigen Vorgehens von Corbulo, das er in diesen Kapiteln immer wieder herausstellt und mit dem er die Mißstände in Rom unter Nero kontrastiert.¹³ Römische Geiseln als Zeichen einer römischen Unterordnung passen also nicht in das von Tacitus gezeichnete Bild, und für eine verdeckte Korrektur, also eine Relativierung des Erfolges, wie man sie durch die Geiselstellung annehmen könnte, fehlen weitere Anzeichen. Vielleicht ist die Verknüpfung von Geiselstellung und Niederlage nicht so eng wie angenommen, oder aber es liegt hier keine Geiselstellung vor.

Der moderne Straftatbestand der Geiselnahme darf hierbei nicht zu falschen Schlüssen verleiten. Als Geiseln bezeichnete das Völkerrecht bis in die Neuzeit Menschen, die sich zur Sicherung eines Rechtsanspruchs in der Gewalt des Anspruchsinhabers befanden, also ein »Menschenpfand«.¹⁴ Für die Betroffenen war es nicht mit besonderen Qualen verbunden, Geisel zu sein, denn sie konnten – solange der Vertrag beachtet wurde – mit einer standesgemäßen Behandlung rechnen. Erst nachdem in der Neuzeit der Brauch, internationale Vereinbarungen durch Geiseln abzusichern, außer Übung gekommen war, gewann die einseitige

---

9. Tac. ann. 15, 1-17.
10. Ebd., 28-29. Er kommt erst drei Jahre später nach Rom, ebd., 16, 23.
11. Ziegler: *Die Beziehungen*, a.a.O., S. 72f.
12. Eck, Werner: »Domitius [II 11] Cn. D. Corbulo«, in: *Der neue Pauly* 3 (1997), S. 756-757.
13. Pfordt, Martin: *Studien zur Darstellung der Außenpolitik in den Annalen des Tacitus*, Frankfurt am Main u.a. 1998, S. 185.
14. Ogris, Werner: »Geisel«, in: *Handwörterbuch zur deutschen Rechtsgeschichte* 1 (1971), 1445-1451, hier: 1445, ähnlich Tobler, Achim: »Geiseln«, in: Strupp, Karl/Schlochauer, Hans-Jürgen: *Wörterbuch des Völkerrechts*, Berlin 1960, 635-637.

Geiselnahme Bedeutung, und zwar vor allem als kriegsrechtliche Repressalie.[15] Auch in römischer Zeit gibt es vereinzelte Beispiele für solche Maßnahmen, doch werden etwa gefangengehaltene Gesandte nicht Geiseln genannt. Für von Feinden genommene Personen wurde im Lateinischen der Ausdruck *captivi* verwendet, so gut wie nie *obsides*.[16] Es hat daher den Anschein, daß die Römer strikt zwischen genommenen Gefangenen und gegebenen Geiseln unterschieden.

Die beiden Römer werden hier jedoch nicht *obses* (Geisel) genannt, sondern *pignus* (Pfand). Dennoch ist dieses Wort der wichtigste Anhaltspunkt für die These, daß es sich bei den beiden vornehmen Römern um Geiseln gehandelt haben könnte. Denn *pignus* wird, anders als *captivus*, immer wieder synonym für *obses* gebraucht. So nennt Livius Cloelia, die heldenhaft aus dem Lager Porsennas flieht, sowohl *obses* als auch Friedenspfand (*pignus pacis*), und als solches mußte sie zurückgegeben werden.[17] Als *pignus amicitiae* erscheinen die an Augustus geschickten Söhne des parthischen Großkönigs im Tatenbericht des *Monumentum Ancyranum*, die an anderer Stelle *obsides* genannt werden,[18] und in den *Historien* berichtet Tacitus, daß ein Anführer des Bataveraufstands seine Frau, ein anderer seine Tochter bei den Kölnern als Pfand für das mit ihnen geschlossene Bündnis (*pignora societatis*) zurückgelassen hätten.[19]

Daß es sich bei den Pfändern um Geiseln handelte, legt ferner ihre soziale Stellung nahe, die Tacitus bemerkenswerterweise genau kennzeichnet. Der eine, Tiberius Alexander, ist ein vornehmer Ritter und enger Mitarbeiter Corbulos, der andere, Vinicianus Annius, sein Schwiegersohn und als angehender Senator vorübergehend Kommandant der 5. Legion. Mit ihrer hohen sozialen Stellung und engen Verbindung zu dem, der durch das Pfand gebunden werden soll, gehören sie zu den Personen, die üblicherweise als Geiseln ausgewählt wurden. Tacitus vermerkt als Geiseln nicht nur parthische und armenische Thronanwärter und andere Vornehme,[20] sondern berichtet außerdem von der Praxis, daß die Germanen untereinander vornehme Mädchen als Geiseln stellten.[21] Tiridates selbst schickte nach der Konferenz von Rhandeia, wie gesagt, seine Tochter als Geisel nach Rom.[22] Die Verknüpfung von Familienangehörigen und Pfändern war so

---

15. Ogris: »Geisel«, a.a.O., 1445, unter europäischen Mächten zuletzt im Frieden von Aachen (1748): England versprach Frankreich eine Zahl edler Männer, um den vereinbarten Gebietsaustausch zu garantieren.
16. Elbern: »Geiseln in Rom«, a.a.O., S. 127; Kehne, Peter: s.v. »obses«, in: *Der neue Pauly* 8 (2000), 1087, faßt unter dem Schlagwort beides. Das deutsche Wort Geisel hat wahrscheinlich Kriegsgefangene und die an Stelle ihres Herrschers Gegebenen umfaßt – v. Olberg, G.: »Geisel«, in: Hoops, Johannes: *Reallexikon der germanischen Altertumskunde*, Berlin u.a. 1998, 572-576.
17. Liv. 2, 13, 9, ähnlich: Verg. 11, 362, Ov. Met. 8, 47; 12, 363; Liv. 2, 13, 8; 9, 15, 7; 36, 40, 1; 40, 15, 8; daneben bei Sil. 10, 490; 13, 68 und [Sen.] Oct. 274 u. 932.
18. Mon. Anc. 32; Vell. Pat. 2, 94, 4; Tac. ann. 2, 1, 2; Suet. Aug. 21, 3 (*obsides*); Strab. 16, 1, 28 (ὅμηρα).; Flav. Jos. Ant. 18, 42 (ὁμηρεία).
19. Tac. hist. 4, 79. Nicht ganz in diese Reihe paßt Tac. ann. 14, 25, 3: Ein kleiner Volksstamm schickt Boten, um eine *societas* mit Rom einzugehen *attineri a se Vologaesen pro pignore amicitiae ostentantes*. Möglicherweise ist *pro pignore* als »anstelle eines Pfandes« zu verstehen, oder Vologaeses wird als *in bonis* der Hyskaner befindlich angesehen.
20. Tac. ann. 2, 1, 2; 6, 31; 11, 1, 4 (Parther – Söhne Phraates IV); 13, 9, 1 (*nobilissimos ex familia Arsacidarum*); 14, 26; 15, 1, 2 (Armenien – Tigranes); hist. 4, 28 (*nobilissimis*). Auch Italicus (Tac. ann. 11, 19, 1) hätte gut eine Geisel sein können.
21. Tac. Germ. 8.
22. Tac. ann. 15, 30, 2.

eng, daß Tacitus *pignus* als Synonym für sie verwenden und sogar völlig losgelöst von einer konkreten Geisel- oder Pfandstellung von *coniux, filia et cetera pignora* (Frau, Tochter und weitere Pfänder) sprechen konnte.[23]

Pignus und *obses* ähneln sich im Wortgebrauch ebenso wie in ihrer Funktion. Tacitus verbindet Geiseln in der Regel mit dem Verb *dare*,[24] meist als Partizip Perfekt Passiv *(datus)*. Gelegentlich spricht er vom Annehmen oder Übergeben von Geiseln, einmal vom Schicken, als nämlich die Chatten Gesandte mit Geiseln nach Rom schickten.[25] *Dare* bedeutete in einem juristischen Zusammenhang die Verschaffung von Eigentum oder untechnisch die Verschaffung eines dinglichen Rechts. Geläufig war die Wendung *pignus datum*, die untechnisch ein Besitzpfand bezeichnete.[26] Pfand und Geisel waren auch nach der Völkerrechtspraxis und -theorie der frühen Neuzeit, die sich an den römischen Quellen orientierte,[27] gleichen Voraussetzungen unterworfen und erfüllten einen ähnlichen Zweck, nämlich das absprachegemäße, redliche Verhalten der Beteiligten zu sichern. Möglicherweise bestand zwischen Geisel und Pfand ein Wertungsunterschied,[28] doch aus den genannten Quellen ist dies nicht offensichtlich. *Pignus* scheint eher der unspezifischere Ausdruck zu sein. Eine Geisel war also einem Pfand vergleichbar, das die Durchführung eines gewöhnlichen Vertrages zwischen zwei Bürgern sicherte.

Als Zweck der Pfänder nennt Tacitus *honore eius ac ne metueret insidias*. Die zweite Funktion (damit er keinen Hinterhalt/Täuschung fürchte) deckt sich mit der üblichen Funktion eines Pfandes, das redliche, der *fides* entsprechende Verhalten des anderen zu garantieren. Der erste Aspekt ist die Ehrung des armenischen Königs durch die Übersendung der beiden Männer. Auch die vom parthischen Großkönig Phraates IV. an Augustus geschickten Geiseln bringt Tacitus mit Ehrungen in Zusammenhang: »Denn Phraates hatte, obwohl er römische Heere und Heerführer zurückgeschlagen hatte, dem Augustus alle Ehrenbezeigungen erwiesen und ihm einen Teil seiner Nachkommenschaft zur Festigung der Freundschaft geschickt«.[29] Das kleine Wort *quamquam* (obwohl) kann dabei ein Anzeichen für die Verknüpfung von Geiselstellung und Niederlage sein. Dem entspricht, daß das Empfangen von Geiseln mehrfach als Erfolg gewertet wurde und Ehrungen nach sich zog.[30] Dies ist verständlich, da privatrechtlich Pfänder ebenfalls dann gestellt wurden, wenn es eine Forderung zu sichern galt, so daß ein Pfand auch als Anzeichen für eine Forderung gesehen werden kann. Doch ist es eben nur Anzeichen für andere Vorgänge. In vergleichbarer Weise kann die (einseitige oder beidseitige) Geiselstellung Ausdruck eines bestimmten Machtverhältnisses sein, muß sie aber nicht.

---

23. Ebd., 16, 26, 3.
24. So in Tac. Agr. 20, 3; ann. 2, 1; 11, 10, 4; 11, 19, 1; 11, 24, 5; 12, 17; 13, 9; 13, 37.
25. *accipere*: Tac. Agr. 38, 3, ann. 13, 9; *tradere*, ann. 1, 44, 1; 13, 9; 15, 30, 2; *mittere*: ann. 12, 28, 2.
26. Kaser, Max/Knütel, Rolf: *Römisches Privatrecht*, München 2003, S. 208, § 34,1.
27. Ogris: »Geisel«, a.a.O., 1446.
28. Ziegler: *Die Beziehungen*, a.a.O., S. 51.
29. Tac. ann. 2, 1, 2: *nam Phraates, quamquam depulisset exercitus ducesque Romanos, cuncta venerantium officia ad Augustum verterat partemque prolis firmandae amicitiae miserat...*
30. Ebd., 11, 19, 1; 24, 5; 12, 17; Tac. Agr. 20, 3.

Insgesamt spricht also vieles dafür, daß 63 n. Chr. dem armenischen König römische Bürger als Geiseln gestellt wurden und Rom damit doch, zumindest einmal, selber Geiseln gab. Außerdem ist festzuhalten, daß dies bei Tacitus trotzdem kein Anzeichen für eine herbe außenpolitische Schlappe war, sondern Bestandteil eines für einen Feldherrn vorbildlichen, umsichtigen Vorgehens. Dieses zunächst verwirrende Resultat macht es wert, die eingangs erwähnten Prämissen für die internationalen Beziehungen des Imperiums, das keinen anderen als gleichrangig anerkannt hat und daher den anderen gegenüber zu nichts verpflichtet gewesen sein soll, zu überdenken.

Rémi Brague

Ist der Eurozentrismus europäisch?

In einem Buch über die kulturelle Identität Europas, genauer gesagt in der amerikanischen Übersetzung dieses Buches, habe ich am Ende des VI. Kapitels einige Zeilen hinzugefügt, die ich hier zitieren möchte: »Man hat sich angewöhnt, den Europäern den stark in Mode gekommenen Begriff des ›Eurozentrismus‹ an den Kopf zu werfen. Gewiß hat Europa die anderen Zivilisationen von seinen eigenen Vorurteilen aus betrachtet. Diesen Mangel teilt es mit allen Zivilisationen – ausnahmslos, und sogar mit allen Lebewesen. Und doch war keine Zivilisation jemals so wenig auf sich zentriert und so sehr an anderen interessiert wie Europa. China hat sich das ›Reich der Mitte‹ genannt. Europa hat das nie getan. Von ›Eurozentrismus‹ zu reden ist nicht nur falsch, es ist der konträre Gegensatz zur Wahrheit.«[1]

Diese These wird dort nur knapp angedeutet. Ich möchte sie nun genauer ausführen.

Der Eurozentrismus

Es ist mir leider nicht gelungen herauszufinden, wer genau den Ausdruck »Eurozentrismus« als erster geprägt hat und mit welcher Intention das geschehen ist. Meine nicht sehr gründlichen Nachforschungen haben mich nur zu bis zu einem Buch geführt, das diesen Titel trägt, im Jahre 1988 erschienen ist und von dem Ökonomen Samir Amin (geboren 1931) stammt.[2]

Der Ausdruck kombiniert zwei Substantive: das Wort »Europa«, das zu einem Präfix verkürzt ist, und das Wort »Zentrum« und außerdem noch das Suffix »-ismus«, das eine pejorative Nuance hinzufügt und impliziert, daß es schlecht oder falsch ist, Europa als Zentrum der Welt zu betrachten. In ähnlicher Weise ist »Geozentrismus« der Name, den man der geozentrischen Kosmologie des Ptolemäus gegeben hat, sobald man ihre Falschheit erkannt hatte.

Ich verstehe unter »Zentrismus« ein Phänomen intellektueller Art. Um das konkrete Verhalten der europäischen Völker gegenüber dem Rest der Welt zu beschreiben, gibt es genügend andere Wörter, die passender sind als »Eurozentrismus«. Die einen sind beschreibender Art – so »Kolonisierung«. Andere bezeichnen eine innere Einstellung, die ein derartiges Verhalten ermöglicht hat, etwa »Imperialismus«. Zumeist implizieren diese Ausdrücke ein Werturteil, das negativ ist.

Ich werde hier also den Begriff »Eurozentrismus« verwenden, um die Weise zu bezeichnen, in der die Europäer die anderen Kulturen von ihrem eigenen Gesichtspunkt aus betrachten und aufgrund ihrer eigenen Kriterien bewerten.

---

1. Brague, Rémi: *Eccentric Culture: A Theory of Western Civilization*, Indiana 2002, S. 133f.
2. Amin, S.: *L'Eurocentrisme: critique d'une idéologie*, Paris 1988.

Der »Zentrismus« als universelles Phänomen

Was ich hier »Zentrismus« nennen will, ist ein Phänomen, das allen Kulturen gemeinsam ist. Wenn man uns gestattet, zwischen den kulturellen Phänomenen und den biologischen Phänomenen eine Parallele zu ziehen, was man mit Vorsicht tun darf, so zeigt sich eine »zentristische« Sicht der Dinge als ein Zug, der den lebenden Wesen gemeinsam ist. Diese nehmen ihre Umwelt nicht so auf, wie sie ist. Ihr Wahrnehmungsapparat wählt aus, was für sie in ihrem beständigen Lebenskampf »interessant« ist: also was eine Gefahr bedeuten kann, etwa die Raubtiere, oder was für das Individuum oder für die Art nützlich sein kann, etwa die Nahrung oder die Sexualpartner usw.

Dasselbe läßt sich *mutatis mutandis* von den menschlichen Gesellschaften sagen. Viele von ihnen gehen davon aus, daß sie mit der Menschheit in eins fallen. Ihre Mitglieder bezeichnen sich einfach als »die Menschen« und halten die anderen Völker für Tiere. Jede Kultur betrachtet die anderen von ihrem Gesichtspunkt aus. Claude Lévi-Strauss soll irgendwo die Geschichte von jenem Indianer aus dem Zentrum von Brasilien erzählen, den man nach Rio de Janeiro bringt. Befragt nach den Unterschieden zwischen den Indianern und den »Europäern« sagt er, der Hauptunterschied sei der, daß die Indianer keine Blumen pflücken.

Europa macht keine Ausnahme. Was den europäischen »Zentrismus« von anderen ähnlichen Phänomenen unterscheidet, liegt auf der Ebene der Quantität. Die Tatsache, daß Europa die ganze Welt erobert hat, mußte die europäische Sicht der Dinge notwendigerweise aufblähen und ihr gigantische Dimensionen verleihen. Gewiß könne man das berühmte »Gesetz« des dialektischen Materialismus anführen, wonach die Quantität in Qualität umschlagen soll. Und man könnte meinen, daß ein derartiger Sprung nicht ausbleiben kann, wenn eine bestimmte Sicht der Welt so weit verbreitet ist, daß ihre möglichen Rivalen automatisch ausgeschaltet sind.

Hätte ich also nun auf die Frage, ob Europa eurozentristisch ist, eindeutig mit Ja oder mit Nein zu antworten, so würde ich ohne Umschweife einräumen, daß der Eurozentrismus existiert hat und weiterhin existiert. Doch würde ich darin eine banale Tatsache sehen, die wenig Aufmerksamkeit verdient. Eine Liste all dessen aufstellen, was eine eurozentrische Haltung bezeugt, diese Haltung demaskieren und gegen sie losdonnern – das ist leicht und billig. Es gibt Leute, die das interessant finden. Für mich haben die Ergebnisse derartiger Untersuchungen das Unerträglich-Langweilige des Einrennens offener Türen, wenn es sich als gelehrte Entdeckung oder als philosophischen Tiefgang geriert.

Das exzentrische Europa

Sehen wir uns nun den anderen Bestandteil des Wortes an, das ich analysieren möchte, nämlich das Präfix »euro-«. Und drehen wir die Frage um: vorausgesetzt, daß Europa eurozentrisch ist, ist dann der Eurozentrismus typisch europäisch? Meine Antwort wäre ein entschiedenes Nein. In dem eingangs erwähnten Buch habe ich zu zeigen versucht, daß sich Europa von vorausgehenden Kulturen ernährt hat, gegenüber denen es sich fremd fühlt. Das habe ich die »Zweitrangigkeit« Europas genannt. Was ich die »exzentrische Identität« genannt habe, ist ein Zug der europäischen Kultur, es ist ihr Rückgrat. Ich muß hier nicht wiederholen, was ich schon ausgeführt habe.[3]

Meines Wissens finden sich kulturelle Zweitrangigkeit und Exzentrizität außerhalb von Europa nicht. Wir gestehen es uns nicht gern ein – aufgrund einer Schwierigkeit, die von einem großen Rechtshistoriker in ihrer Tragweite erkannt worden ist: »Trotz entscheidenden Beweisen fällt es einem Bürger Westeuropas sehr schwer, sich tatsächlich von der Wahrheit zu überzeugen, daß die ihn umgebende Zivilisation eine rare Ausnahme in der Weltgeschichte ist.«[4]

Um noch einmal die europäische Exzentrizität aufzuzeigen, gehe ich indirekt vor. Exzentrischsein läuft darauf hinaus, daß man sich selber auf eine exzentrische Weise sieht. Die russischen Literaturtheoretiker der Zeit vor dem Ersten Weltkrieg, welche man die »Formalisten« genannt hat, haben den Begriff der Singularisierung geprägt, um das Wesen der Literatur auszudrücken. Während sich die Alltagserfahrung unvermeidlicherweise in der Gewohnheit abstumpft, läßt der Schriftsteller seinen Leser die Wirklichkeit mit neuen Augen sehen, indem er sie ihm mittels gewisser Verfahren fremd erscheinen läßt.[5] Später wurde dann diese Idee von Brecht mit seiner berühmten *Verfremdung* wiederaufgenommen. Ich möchte also zeigen, daß die europäische Kultur zu sich selber Einstellungen aufweist, die man unter den Begriff der »Verfremdung« stellen kann.

Dazu werde ich mich auf das Mittelalter konzentrieren. Zum einen, weil in bezug auf diese Epoche meine Inkompetenz die geringste ist. Zum andern, weil diese Zeit vor der großen europäischen Expansion über die Ozeane liegt und weil daher in dieser Zeit die Züge der Kultur Europas sozusagen chemisch rein vorliegen, noch nicht verunreinigt durch die Rückwirkungen aus den später eroberten Gebieten.

Ich will drei Aspekte hervorheben, die ich mit abnehmender Kürze behandeln möchte.

Fern von allem

Zunächst wußten die Europäer, daß der Platz, den sie auf der Weltkarte einnahmen, keineswegs zentral war. Wirft man einen Blick auf die mittelalterlichen Karten, so stellt man eine grundlegende Übereinstimmung zwischen den europäischen, byzantinischen und islamischen Kartographen fest. Die aufgezeichnete Gestalt der Welt – soweit sie bekannt war, unterscheidet sich nur in Details. In je-

---

3. Brague, Rémi: *Europa. Eine exzentrische Identität*, Frankfurt-New York 1993, besonders Kapitel VI. – Das erwähnte Buch heißt in der Originalausgabe *Europe, la voie romaine* und entwickelt die These, daß die genannte Eigentümlichkeit Europas vom alten Rom erfunden worden sei (Anm. von Walter Seitter).
4. Maine, H. S.: *Ancient Law* (1861), London 1970, S. 13f.
5. Schklovskij, Viktor: »Die Kunst als Verfahren« (1916), in: Striedter, Jurij (Hg.): *Texte der russischen Formalisten*, München 1969, S. 4-35.

dem Fall liegt das Zentrum der Welt irgendwo im Mittleren Orient. Und ein Zentrum ist nicht nur etwas Geometrisches. Es bezeichnet einen Bezugspunkt. Das mathematische Zentrum fällt nicht immer mit dem in eins, was ich das axiologische Zentrum nennen möchte. Ich habe das anderswo für die vorkopernikanische Kosmologie zeigen können.[6] Dieses axiologische Zentrum ist für den mittelalterlichen Menschen keineswegs Europa, sondern wiederum der Mittlere Orient: für die Juden und die Christen ist es Jerusalem, für die Mohammedaner ist es Mekka. Und nicht etwa Rom und noch weniger Aachen oder Paris.

Das zeigt ein berühmter Vers eines mittelalterlichen Juden, eines Apologeten seiner Religion, Jehud Halevi, der in Andalusien wohnte und 1140 in Alexandria starb, auf dem Rückweg vom Heiligen Land. Er schreibt: »Mein Herz ist im Morgenland, aber ich wohne im fernsten Abendland.« Das Herz ist hier mehr als eine Metapher für das Gefühlsleben. Halevi möchte nicht nur sagen, daß ihn sein Verlangen zur Heiligen Stadt Jerusalem treibt. Das hebräische Wort *lev* hatte gewiß auch diese Bedeutung in der alten Sprache. Aber es hatte eine zusätzliche Bedeutungsnuance angenommen, die es in den biblischen Zeiten noch nicht hatte, da es sie dem Arabischen *lubb* entlehnt hat. Und das bedeutet das Fleisch einer Frucht. Im Mittelalter bezeichnet es bildlich den intimsten Punkt eines Wesens. So in den Schriften von Halevi selber, vor allem in seinem Hauptwerk *Kuzari*, in dem die Idee wichtig ist, daß er für Israel den Platz des »Herzens« der Menschheit beansprucht.[7] Halevi möchte in seinem Gedicht sagen, daß sein Schwerpunkt, sein Bezugspunkt, der harte Kern seiner religiösen Identität im Osten liegt, genauer gesagt in Jerusalem, während sein konkreter Wohnort, der Ort seines Körpers, Spanien ist.

Das Interesse

Sodann behaupte ich, daß Europa die einzige mittelalterliche Kultur ist, die sich jemals für andere Kulturen interessiert hat. Ich möchte diese etwas grobe These nuancieren. Ich habe von einer Kultur wie von einem Subjekt gesprochen, ich habe gesagt, daß die europäische Kultur dies gemacht hat, jenes nicht gemacht hat, usw. Es handelt sich dabei natürlich um eine verkürzte Ausdrucksweise, die von kompetenteren Leuten besser umformuliert werden könnte. Individuen können Subjekte von Aktionen sein und in gewisser Hinsicht auch soziale Gruppen. Wenn ich gesagt habe: »die europäische Kultur hat dies gemacht«, so ist damit gemeint: eine bestimmte Praxis war lange Zeit in großen und einflußreichen Gruppen zugelassen und üblich.

Wir können gewiß auch in Kulturen, die Europa vorausliegen oder außerhalb liegen, Individuen vorfinden, die sich für fremde Kulturen interessiert haben und sich bemüht haben, sie zu studieren. Eben das hat Herodot im alten Griechenland getan, wenn er von Ägypten und von Persien spricht. Al-Biruni (1053 gestorben)

---

6. Siehe meinen Aufsatz »Geozentrismus als Demütigung des Menschen«, in: *Internationale Zeitschrift für Philosophie* 1 (1994), S. 2ff.
7. Halevi, Jehuda: *Kuzari*, I, 95; II, 12; IV, 15, etc.

hat dasselbe im mittelalterlichen persischen Islam mit seinem außerordentlichen Buch über Indien getan. Er hat sogar über den Provinzialismus kritisch nachgedacht, welchen er übrigens den Indern seiner Zeit vorwirft. Für diese ist ihr Land die gesamte Erde, ihr Volk ist die gesamte Menschheit, ihre Führer sind die einzigen Könige, ihre Sekte ist ihre einzige Religion, und ihr Wissen ist die einzige Wissenschaft.[8] Doch Leute wie Herodot und Al-Biruni sind Ausnahmen geblieben und haben keine intellektuelle Nachkommenschaft hinterlassen. Eine Schwalbe macht noch keinen Sommer.

Es ist bemerkenswert, daß die arabischen Reisenden die gesamte islamische Welt bis in ihre verborgensten Schlupfwinkel erforscht haben. Aber keiner von ihnen hat die europäischen Länder besucht.[9] Und nur wenige haben auf das geachtet, was ihnen fremde Reisende aus ihren Herkunftsländern erzählt haben.[10] Andererseits kennen wir viele Völker, die nicht verstehen können, warum Europäer sie besucht haben. So berichtet am Ende des 17. Jahrhunderts der französische Reisende Jean Chardin von der Überraschung der Perser – der wirklichen Perser, nicht der montesquieuschen –, als sie verstehen, daß er die lange und beschwerliche Reise zu ihnen aus reiner Neugier unternommen hat.[11]

In Europa verbreitete sich das Interesse für die fremden Sitten und ermutigte eine ganze Literaturgattung, die zu einer langen Tradition der Reiseberichte wurde. Im 13. Jahrhundert entsandte man Mönche zu den Mongolen, wie etwa den Franziskaner Jean de Plan-Carpin (gestorben 1252). Ein anderer Franziskaner, Guillaume Rubruk, begab sich nach Karakorum, an den Hof des Großen Khan. Er wurde vom Papst und vom französischen König Ludwig IX. beauftragt, ein Bündnis mit den Mongolen zu suchen und so eine zweite Front gegen den Islam zu eröffnen. 1258 nahm er an einer religiösen Disputation in Gegenwart des Khan teil. Man könnte auch andere Reisende erwähnen, so den Dominikanermönch Wilhelm von Bodensele, Giovanni da Montecorbino oder den Dominikaner Odorico da Pordenone, der bis China kam.

Das Aufschlußreiche liegt nicht in der Persönlichkeit dieser Reisenden und noch weniger in den diplomatischen Zielen ihrer Missionen. Er liegt in der Tatsache, daß viele von ihnen ihr Reisetagebuch schrieben und dann veröffentlichten. Es mag sein, daß Marco Polo, wie man neulich behauptet hat, niemals nach China gekommen ist und sich damit begnügt hat, sich in Bassora oder nicht einmal so fern die Geschichten von Matrosen anzuhören.[12] Doch sein Buch war ungeheuer erfolgreich. Ebenso Sir John Mandeville, imaginärer Autor eines imaginären Reiseberichts, der 1356-1357 in einem anglonormannischen Französisch erschien, eines Bestsellers, der in zahlreiche Sprachen übersetzt wurde. Der Fälscher konnte mit einem Leserpublikum rechnen, das gierig auf derartige Literatur war.

---

8. Al-Biruni: *L'Inde*, Beirut 1983, S. 20.
9. Siehe Fletcher, R.: *La Croix et le Croissant. Le Christianisme et l'Islam, de Mahomet à la Réforme*, Paris 2003, S. 163.
10. Siehe die Beispiele in Malvezzi, A.: *L'Islamismo e la cultura europea*, Florenz 1956, S. 116f., 125, zitiert von von Grunebaum, G. E.: *L'Identité culturelle de l'Islam*, Paris 1973, S. 232, Anm. 11.
11. *Voyages du Chevalier Chardin en Perse, et autres lieux de l'Orient* [...], Amsterdam 1735, Bd. 3 [...], Description générale de la Perse, Kap. 11, S. 53.
12. Siehe das provokante Buch von Wood, Frances: *Did Marco Polo Go to China?*, Westview 1995.

Der andere Gesichtspunkt

Meine dritte Bemerkung schließt an die zweite an.
Sich für etwas interessieren ist mehr als bloß ein Zeichen von Neugierde. Es gibt auch ein tiefes Interesse. Es besteht darin, daß der andere interessant ist, weil er auf den Beobachter, der sich für ihn interessiert, ein Licht wirft, das diesem hilft, sich besser zu verstehen.[13] Eben das hat die europäische Kultur getan.

Man kennt das literarische Verfahren, das inzwischen banal geworden ist und das darin besteht, daß man suggeriert, daß ein Reisender aus einem fernen Land Europa betrachtet und in naiver Weise beschreibt. Das ermöglicht eine verschleierte Kritik an den Überzeugungen der Europäer. Montesquieus *Persische Briefe* (1721), ein Klassiker, den alle französischen Schüler kennen, sind das berühmteste Beispiel dafür. Aber Montesquieu stellte sich damit in eine ältere Tradition, in der sich Europa durch die Augen von Fremden selber zu betrachten und so zu einer Art von Selbstkritik zu gelangen sucht.

In der Neuzeit ist der erste, der sich dieses Verfahrens bedient hat, wahrscheinlich ein Italiener, der hauptsächlich in Frankreich gelebt hat: Giovanni Paolo Marana (1642?-1693) mit seinem *L'esploratore turco* (1682), den er selber unter dem Titel *L'Espion du Grand Seigneur* (1684) ins Französische übersetzte. Das Buch präsentiert sich als eine Sammlung von Berichten, die von einem türkischen Spion namens Mahmut verfaßt und aus dem Arabischen übersetzt worden sind. Ich konnte den Text selber nicht einsehen und mußte der Sekundärliteratur vertrauen.[14]

Am Ende des 17. Jahrhunderts reflektiert der französische Schriftsteller Charles Dufresny in seinen *Amusements sérieux et comiques* (1699) über dieses Vorgehen:

> Um von einer Merkwürdigkeit stärker überrascht zu sein als sie uns den *Vorurteilen im Benehmen und im Brauch* vorgestellt wird, denken wir uns, daß ein Siamese in Paris eintritt. Was für ein Vergnügen würde es ihm bereiten, *mit den Augen des Reisenden* alle Besonderheiten dieser großen Stadt zu prüfen? Wie gern würde ich diesen Siamesen mit mir reisen lassen! Seine bizarren und wunderlichen Ideen würden mir gewiß Neues und wohl auch Annehmliches bieten! Also will ich den Geist eines siamesischen Reisenden annehmen, der noch nie so etwas wie das, was in Paris geschieht, gesehen hat: und wir werden sehen, wie er von Dingen in Erstaunen versetzt wird, die uns *von den Vorurteilen der Gewohnheit als vernünftig und natürlich hingestellt werden*.[15]

Der Text ist auch deswegen interessant, weil er den Akzent auf die Idee des Vorurteils legt, die bekanntlich von Descartes und Malebranche stammt. Sie wurde

---

13. Zur Unterscheidung zwischen drei Sorten von Interesse siehe mein »Is Physics Interesting?«, in: *Graduate Faculty Philosophy Journal* 23/2 (2002), S. 183-201, bes. S. 184.
14. Siehe Roscioni, G. C.: *Sulle tracce dell' »Esploratore turco«*, Mailand 1992.
15. Rivière Dufresny, Charles: *Amusements sérieux et comiques*, in: Lafond, J. (Hg.): *Moralistes du XVIIe siècle*, Paris 1992, S. 1003.

Ist der Eurozentrismus europäisch?

bereits während der *Querelle des Anciens et des Modernes*[16] heftig diskutiert, um dann ein Schlagwort der Aufklärung zu werden.

Was die *Persischen Briefe* von Montesquieu betrifft, so bezweifelt niemand ihren Rang als literarisches Kunstwerk. Daher ist es auch nicht erstaunlich, daß sie oftmals plagiiert worden sind, so daß ihre Vorgangsweise zu einer oft wiederholten Manier des 18. Jahrhunderts wurde. Hier einige Beispiele in chronologischer Reihenfolge.

Jean-Baptiste de Boyer, Marquis d'Argens (1704-1771), französischer Schriftsteller, Parteigänger der selbsternannten »Philosophen«, veröffentlichte zwei Serien von *Briefen*, zuerst *Jüdische*, dann *Chinesische*, die unter diesen Titeln beißende Kritik am »Aberglauben« üben – einem Codewort für das Christentum.[17]

In England veröffentlichte Oliver Goldsmith, später durch seinen Roman *The Vicar of Wakefield* (1766) berühmt geworden, zwischen Januar 1760 und August 1761 eine Reihe von 119 *Chinese Letters*, die im folgenden Jahr unter dem neuen Titel *The Citizen of the World* nachgedruckt wurden. Ein imaginärer Chinese, Lien Chi Altangi, mockiert sich da über das Leben und die Sitten von London. Das Buch entnimmt vieles dem vorausgehenden Werk von D'Argens, den Goldsmith immer wieder einfach kopiert, sowie verschiedenen Berichten über China.

In *L'Ingénu* (1767) verläßt Voltaire die Gattung des Briefromans, übernimmt jedoch ansonsten die Vorgehensweise. Er erzählt die Entdeckung des zivilisierten Europa durch einen amerikanischen Indianer, genauer gesagt durch einen Huron. Das Werk arbeitet mit dem Kontrast zwischen dem Raffinement und der Verderbnis des Lebens der hohen abendländischen Gesellschaft und der Unschuld des edlen Wilden.

In Spanien führt José Cadalso (Offizier, gestorben 1782) in den *Cartas Marruecas* (1789) einen Reisenden aus Marokko vor, der, unterstützt von einem spanischen Freund, über die Probleme Spaniens reflektiert.[18]

Ein Beispiel aus der damaligen deutschen Literatur konnte ich nicht finden.

Nach der Französischen Revolution scheint diese Gattung ihren Reiz verloren zu haben, obwohl man noch einige Beispiele dafür finden kann. So hat der zeitgenössische deutsche Schriftsteller Herbert Rosendorfer die Gattung des Briefromans aufgegriffen, um zu suggerieren, daß ein Mandarin des 10. Jahrhunderts mit leicht entsetztem Erstaunen das Leben im heutigen München beschreibt.[19]

Die Konjunktur dieser Gattung zeugt vom Geist der Aufklärung. Ihr Höhepunkt dauerte ungefähr ein Jahrhundert – und es war genau das Jahrhundert, das wir das Jahrhundert der Aufklärung nennen. Das älteste Werk, das von Marana, wurde zu einem Zeitpunkt publiziert, der eine wichtige intellektuelle Wasserscheide darstellt, nämlich in der Zeit um 1680, die Paul Hazard in einem berühmten Buch als Krise des europäischen Bewußtseins bezeichnet hat. Das letzte Werk,

---

16. Siehe de Longepierre, H. B.: *Discours sur les Anciens* (1687), in: Fumaroli, M. (Hg.): *La Querelle des Anciens et des Modernes*, Paris 2001, S. 286-289.
17. Boyer d'Argens, J.-B.: *Lettres juives, ou correspondance philosophique, historique et critique, entre un juif voyageur à Paris et ses correspondants en divers endroits*, Amsterdam 1736-37; *Lettres chinoises, ou [...] entre un chinois [...] à la Chine, en Muscovie, en Perse et au Japon*, La Haye 1751.
18. Cadalso, J.: *Cartas Marruecas*, Madrid 1956.
19. Rosendorfer, H.: *Briefe in die chinesische Vergangenheit* (1983), München 1994.

das von Cadalso, wurde im ersten Jahr der Französischen Revolution gedruckt und war einige Jahre zuvor geschrieben worden. Alle diese Schriften stellten sich in den Dienst der »Aufklärung«.

Das Mittelalter

Wir müssen nun die Frage stellen: ist diese Fähigkeit, sich selber von einem äußeren Standpunkt aus zu betrachten, tatsächlich ein Zug der europäischen Kultur als solcher? Oder gehört er allein ihrer modernen Epoche an? Das Sehen aus der Ferne ist ein charakteristischer Zug der Neuzeit, nach der Entdeckung der Neuen Welt, nach der ersten Erdumsegelung usw. Und das gilt nicht nur für die horizontale Distanz. Es ist durchaus möglich, daß die von Kopernikus herbeigeführte astronomische Revolution eine neue Perspektive eröffnet hat. Und doch ist die Idee eines Aufstiegs in die höchsten Sphären, eines Aufstiegs, der uns – buchstäblich – die Welt unseres alltäglichen Lebens von oben betrachten läßt, sehr alt.[20]

So sind auch die Versuche, sich mit fremden Augen zu betrachten, nicht ein Monopol der Neuzeit oder gar der Aufklärung. Man findet sie auch mehrere Jahrhunderte früher, mitten im Mittelalter.

Im 12. Jahrhundert verfaßte der französische Philosoph Petrus Abaelardus (gestorben 1142) einen Dialog zwischen einem Christen, einem Juden und einem Philosophen, der im übrigen islamischer Herkunft ist. In einer Replik beklagt sich der Jude über die Erniedrigung, in der sein Volk unter der Herrschaft der Christen leben muß.[21] Bemerkenswert daran ist nicht der Inhalt dieser Rede, sondern die Tatsache, daß sie von einem Christen geschrieben worden ist. Abaelardus hatte übrigens selber unter einigen seiner Religionsgenossen zu leiden und hatte eine Erfahrung erster Hand von Verfolgung. In seiner Autobiographie gesteht er sogar, daß er mit der Idee gespielt hat, sich im Land der Heiden, d. h. der Mohammedaner, niederzulassen, um dort »als Christ unter den Feinden Christi« zu leben, wo er zwar die Kopfsteuer, die den geduldeten Nicht-Mohammedanern abverlangt wurde, hätte zahlen müssen, wo er jedoch auch mehr Freiheit hätte genießen können als in der Christenheit.[22]

Wir haben noch ein anderes Beispiel für einen Vergleich zwischen der Lebenssituation in der eigenen Gesellschaft und derjenigen in der Fremde, der ebenfalls für die zweite spricht: Ibn Jubayr, ein islamischer Reisender, der Palästina während der Kreuzzüge besuchte, vergleicht die Situation der Mohammedaner unter islamischer Herrschaft und unter der Herrschaft der »Franken« – ein Vergleich, der für die letzteren entschieden wird.[23] Das Außergewöhnliche bei Abaelardus ist jedoch die Fähigkeit, die Argumente gegen das eigene Lager in den Mund des Gegners zu legen.

---

20. Siehe mein Buch *Die Weisheit der Welt. Kosmos und Welterfahrung im westlichen Denken*, München 2005.
21. Abaelardus: *Dialogus inter Judaeum, Philosophum et Christianum*, in: Patrologia Latina 178, 1617d-1618d.
22. Abaelardus: *Historia calamitatum*, Kap. 12; Patrologia Latina 178, 164b.
23. Jubayr, Ibn: *Rihla*, Leyden 1907, S. 301.

Honoré Bouvet als Schlüssel-Beispiel

Ich möche etwas länger bei einem anderen mittelalterlichen Werk verweilen. Sein Autor, Honoré Bouvet, war Benediktinermönch, Experte im Kanonischen Recht, und lebte in der Abtei von Sélonnet (im heutigen Departement Alpes de Hautes Provence, unweit von dem Staudamm Serre-Ponçon). Geboren um 1340, starb er in der ersten Jahren des 15. Jahrhunderts. Er interessierte sich brennend für die militärischen Dinge und verfaßte unter dem Titel *L'Arbre des Batailles* (1387) ein Kompendium der Militärethik, eine Unterweisung für den vornehmen Soldaten, die sein populärstes Buch blieb und in viele Sprachen übersetzt wurde.

Hier spreche ich von einem anderen Werk, das im Jahre 1389 geschrieben wurde: *L'apparicion maistre Jean de Meung*.[24] Bouvet erzählt, daß der berühmte Autor des zweiten Teils des *Roman de la Rose* ihm im Traum erscheint. Der große Schriftsteller tritt in einen Dialog mit einem Arzt, einem Juden, einem Sarazenen und einem Jakobinermönch ein, lauter Personen, die seinerzeit in schlechtem Ruf standen.[25] Über ihre Ausführungen geißelt Bouvet die Sitten seiner Zeitgenossen. Manche Reden legt er den Anhängern anderer Religionen in den Mund, etwa dem Juden und dem Sarazenen. Wir werden sehen, daß sie ihre Worte nicht zügeln.

Der Jude hat sich verstecken müssen, um kommen zu können, denn er fällt unter einen Vertreibungsbefehl, der 1394 vom König erlassen worden ist und der die Juden aus dem Königreich Frankreich verbannt – wegen ihrer Verfehlungen und besonders wegen des Zinswuchers.[26] Er verlangt, daß der Ausweisungsbefehl rückgängig gemacht wird, denn die Christen, so berichtet er, sind noch schlimmer. Sie praktizieren den Wucher heimlich, indem sie so tun, als würden sie ehrenhafte Geschäfte betreiben. Warum sollten die Juden, die mit den Christen in Sachen Habsucht nicht mithalten können, im Exil bleiben? Würde man sie zurückkehren lassen, so würden sie niedrigere Zinssätze verlangen als die Christen: »Und wir wären viel freundlicher, wir würden weniger Zins nehmen.«[27]

Bouvet legt dann seinem Sarazenen eine viel längere Rede in den Mund als dem Juden. Der Sarazene ist Afrikaner, »schwarz wie Kohle«, er ist Dolmetsch, aus vornehmer Familie, und kennt sich in seiner muselmanischen Religion aus: »Ich bin ein freier Mann, wohl kundig im Sarazenismus; ich kann jede Sprache sprechen, bin ein Mann von hoher Abkunft, und gelehrt in unserem Gesetz.«[28] Er wurde entsandt, um die Franken zu studieren, um einen Bericht über deren Gewohnheiten, Glaubensartikel und politisches System zu verfassen: »Unsere Herren des Südens haben mich da hergeschickt, um den Zustand der Christen zu sehen... Dazu bin ich hergekommen, um das Leben der Franken zu sehen, ihre Taten und ihr Benehmen, welchen Glauben sie haben und welchen Staat.«[29]

---

24. *L'apparicion maistre Jehan de Meun* et le *Somnium super materia scismatis* d'Honoré Bonet [irrtümlich für Bouvet], Paris-Oxford 1926, S. 1-68 [im folgenden: Bouvet: *Apparicion*].
25. Bouvet: *Apparicion*, Einleitung von I. Arnold, S. XVII.
26. Ebd., v. 289-292, S. 17.
27. Ebd., v. 234, S. 15.
28. Ebd., v. 246-292, S. 16f.
29. Ebd., Prosa 116f., S. 9; v. 303-306, S. 17f.

Die Kritik, die er an den Christen Frankreichs übt, ist noch strenger als die des Juden. Der erste Anklagepunkt zeigt Bouvets Interesse für das Militärische: die Christen leben in Luxus und Verweichlichung, darum sind sie schlechte Soldaten.[30] Aber es kommt noch schlimmer. Bei den Sarazenen sagt man, daß das christliche Gesetz – das heißt die Religion – auf der Liebe gegründet sei. Doch sind die Sarazenen zueinander liebevoller als die Christen gegen ihren Nächsten: »Man erzählt bei uns eine Fabel, derzufolge euer Gesetz voller Liebe ist; ich sage euch jedoch in Wahrheit, daß wir Sarazenen uns gegenseitig mehr lieben als ihr eure Nachbarn.«[31] Vor allem kümmern sich die Christen überhaupt nicht um die traurige Situation ihrer Gefangenen in den muselmanischen Ländern. Nächstenliebe und Mitleid sind daher bei ihnen nur leere Wörter: »Daher sage ich, daß unter den Christen weder Nächstenliebe noch Mitleid ist.«[32] Die christlichen Händler legen Eide ab auf ihren Glauben und werden doch meineidig. Die Christen sind im allgemeinen Ehebrecher und Diebe. Ihre Soldaten plündern das Volk, das sie verteidigen sollten, usw.[33]

Der Inhalt dieser Kritik ist nicht uninteressant. Er ist aber nicht originell und findet sich in derselben Zeit etwa auch bei Eustache Descamps.[34] Noch interessanter ist das literarische Vorgehen. Der Sarazene wird von einem Christen vorgeführt, damit er die anderen Christen beschämt. Die Strategie wird sogar verdoppelt. Der Sarazene erinnert die lateinischen Christen an den Haß, den ihre Brüder von Byzanz ihnen entgegenbringen: »Ich habe mehrere Male die Romäer von den Franken reden hören; es war sehr schandvoll: sie schätzen sie für weniger als nichts, denn sie halten sie für Schismatiker.«[35] Der Kreis schließt sich: ein Schriftsteller der lateinischen Christenheit präsentiert eine muselmanische Persönlichkeit, welche die lateinischen Christen davon unterrichtet, was die byzantinischen Christen den lateinischen Christen vorwerfen.

Sinn und Grenzen eines Vorgehens

Man findet kaum Parallelen zu dieser Haltung außerhalb Europas. André Miquel behauptet, daß einige muselmanische Geographen fremde Sitten gelobt haben, besonders die des Fernen Ostens, um ihrer eigenen Welt den Spiegel vorzuhalten und ihr so die Chance zu geben, sich zu reformieren. Aber die Texte, die er in seinem Werk über die arabischen Geographen herbeizitiert, scheinen mir nicht sehr überzeugend zu sein.[36]

---

30. Ebd., v. 311-313, 319-322, S. 18.
31. Ebd., v. 420ff., S. 21ff.
32. Ebd., v. 631-636, S. 30. »Il est intéressant que la caractéristique musulmane du christianisme comme religion du seul amour n'est pas une invention de Bouvet. On la trouve, avec une direction critique, chez d'autres auteurs, parmi lesquels Al-Biruni« (»Es ist interessant, daß die muselmanische Charakterisierung des Christentums als Religion der Liebe nicht eine Erfindung von Bouvet ist. Man findet sie, mit kritischer Intention, auch bei anderen Autoren, darunter Al-Biruni«), ebd., S. 433.
33. Ebd., v. 665f., S. 31.
34. Ebd., v. 767-780, S. 36f.
35. Ebd., Einleitung von I. Arnold, S. XXV-XXVII.

Inzwischen ist klar, daß diese Berichte bei den europäischen Schriftstellern reine Fiktion sind. Die angeblichen Fremden werden, wenn sie beschrieben werden, aufgrund der Berichte von europäischen Reisenden geschildert. Und im übrigen artikulieren sie kaum mehr als die Überzeugungen ihrer Autoren. In gewissem Sinn könnte man sagen, daß diese Instrumentalisierung der Gipfel von Eurozentrismus ist.

Und die betreffenden Autoren sind nicht unbedingt frei von Vorurteilen gegenüber anderen europäischen Ländern. Wenn zum Beispiel der persische Reisende bei Montesquieu gegen Frankreich stichelt, so legt ihm der französische Autor so herbe Kritik gegen Rußland in den Mund, daß er sich eine Replik von seiten eines französisch schreibenden Deutschen zugezogen hat, der dieselbe Gattung der fiktiven Korrespondenz wählt, um einen Gegenangriff gegen Montesquieus *Geist der Gesetze* zu führen.[37]

Gleichwohl haben wir nicht das Recht, diese Texte auf reinen Eurozentrismus zu reduzieren. Sie wären nämlich nicht möglich gewesen ohne das, was ich in meinem zweiten Punkt erwähnt habe: die Tradition der Reiseliteratur und das Interesse für den anderen, das sie ermöglicht hat. Auch wenn der »andere« eine Konstruktion ist, so bleibt doch sein Platz eine Möglichkeit für das europäische Bewußtsein, zu sich selber Distanz einzunehmen. Dieser Platz mag ein imaginärer Brennpunkt sein – doch der genügt, um aus dem Kreis, der Europa ist, eine Ellipse zu machen, die Europa über sich hinausträgt.

Schlußfolgerung

Mit einem Wort: »Eurozentrismus« ist als Begriff zu weit und zu eng. Als besondere Spielart von »Zentrismus« ist er zu weit, um Europa zu erfassen und sagt uns nichts Spezifisches. Insofern der Begriff jedoch Europa als solches charakterisieren und von jedwedem anderen absetzen soll, verfehlt er sein Ziel gänzlich.

Ich könnte sogar weiter gehen und folgende Schlußthese formulieren: von Eurozentrismus sprechen, d.h. den Allgemeinbegriff »Zentrismus« auf Europa und allein auf Europa anwenden, das ist ein typisch europäischer Gestus. Nichts ist eurozentrischer als die Kritik des Eurozentrismus. Die Vorstellung, derzufolge so etwas wie der Eurozentrismus existiert, ist vielleicht die einzige wirklich eurozentrische Attitüde.

Aus: Rémi Brague
La Latinité en question, Paris, 2004, S. 249-259.
Aus dem Französischen von Walter Seitter

---

36. Miquel, A.: *L'Orient d'une vie*, Paris 1990, und *Géographie humaine du monde musulman*, Bd. 2, Paris 1975, S. 108-114.
37. Strube de Piermont, F.-H.: *Lettres russiennes*, Pisa 1978.

Wilhelm Blum

Die Rom-Idee im Zentrum und an den Rändern Europas

I. Die Romidee in der klassischen Antike

Es ist von höchstem Interesse, daß der erste Hymnus auf die Größe Roms in griechischer Sprache geschrieben ist: in der Zeit des Hellenismus, wohl im 2. Jahrhundert vor Christus, hat die Dichterin Melinno einen Hymnus auf Rom verfaßt.[1] Hierin wird Rom gepriesen als »Herrscherin«, als die »Allerehrwürdigste«, als »Führerin« und »Lenkerin« der Städte alle. Und in dem Fragment eines Paians, das uns Plutarch überliefert, scheut sich der anonyme Dichter nicht, Rom neben den Gott Zeus zu stellen und den Römer Flaminius geradezu als »Heiland« zu verehren.[2]

Von den römischen Dichtern sollen im folgenden erwähnt sein: Properz, geboren in Assisi, in Umbrien, der der Ansicht huldigt, alle Wunder der Welt müßten zurücktreten vor dem Land, das da Rom ist;[3] Vergil, geboren in dem kleinen Ort Mantua – also ebenfalls nicht in Rom! –, der für sein Rom ein »imperium sine fine« verspricht;[4] Ovid, auch er aus einem Ort im Hinterland stammend (aus Sulmo im Pälignerland, Mittelitalien), der Rom preist als das »Haupt des unermeßlichen Erdkreises«,[5] sowie Martial aus Bilbilis in Spanien, der von Rom spricht als von der »domina urbs«.[6]

Der Gedanke von Rom als der Beherrscherin der Welt war geboren, er wird nie mehr gänzlich aus der Welt verschwinden. So kann auch der große Professor und Dichter Giovanni Pascoli (1855-1912) in seinem im Februar 1911 veröffentlichten *Hymnus auf Rom* – in feierlichen lateinischen Hexametern – von der »Roma potens« sprechen und sagen, der Atem Roms sei ewig und immerdar stehe Rom in Blüte.[7]

II. Die Romidee in der Spätantike

Heidnische Autoren
Kaiser Constantius II. machte im Mai des Jahres 357 einen offiziellen Besuch, einen Staatsbesuch, in jener Stadt Rom, die schon seit langer Zeit nicht mehr der Sitz des Kaisers war. Nach dem Bericht des Ammianus Marcellinus[8] empfand der

---

1. Überliefert bei Stobaios: *Eklogai* 3, 7, 12.
2. Plutarch: *Vita T. Quinctii Flaminini* 16.
3. Properz: *Carmina* 3, 22, 17.
4. Vergil: *Aeneis* 1, 279. Das wird auch noch zu Ende des 5. Jahrhunderts der Dichter Blossius Aemilius Dracontius zitieren, und zwar in seinem Werk *De raptu Helenae* (Romulea 8, 199).
5. Ovid: *Metamorphosen* 15, 435.
6. Martial 3, 1, 5.
7. Giovanni Pascoli: *Hymnus in Romam*, V. 228, 444, 433: »Aeternum spiras, aeternum, Roma, viges!« Zit. nach ders.: *Tutte le poesie*, Rom 2002, S. 1130, 1135.
8. Ammianus Marcellinus 16, 10, 5.

Kaiser die Stadt als »Hochburg der ganzen Welt«,[9] er meinte auch, daß alles, was er hier in Rom sehe, »über alles andere hinausrage«.[10] Ammian sagt dazu noch, daß Kaiser Constantius II. schließlich beim Anblick des Forum des Trajan »wie vom Donner gerührt stehen blieb«.[11] Rom ist nach Meinung des Kaisers – und sicher auch nach der Meinung des Ammianus Marcellinus, eines aus Antiochia stammenden gebürtigen Griechen (!)[12] – der Gipfel alles Lebens, aller Kultur und Zivilisation, Rom ist für ihn der »Nabel der Welt«.[13] Deshalb nennt er die Stadt Rom unter anderem auch »caput mundi«, »urbs aeterna«, »urbs venerabilis« oder gar »urbs sacratissima«.[14]

Decimus Magnus Ausonius (ca. 310-ca. 395) eröffnet seinen *Katalog berühmter Städte* mit dem Vers:

Prima urbes inter, divum domus, aurea Roma.[15]

Die letzten Verse dieses Katalogs handeln ein zweites Mal von Rom, wobei er diese Stadt mit seinem Wohnort Bordeaux vergleicht:

Heimat ist mir Bordeaux, aber Rom übertrifft jede Heimat,
Während Bordeaux ich liebe, verehre und rühme ich Roma,
Bürgerrecht habe ich hier, doch Konsul, das war ich in beiden
Städten: Hier stand mir die Wiege, doch dort war der Sessel des Konsuls.[16]

Rom ist für Ausonius das Zentrum des Reiches und der Sitz des Konsuls. Im Jahre 379 hatte er das Konsulat innegehabt, die zitierten Verse stammen ziemlich sicher aus der Zeit nach 383, also aus den Tagen seines Lebensabends, den er in Bordeaux verbrachte.

Claudius Claudianus – ein Grieche, geboren in Alexandrien – hatte das Lateinische erst mühevoll erlernen müssen, ehe er im Jahre 395 »mit seinem ersten lateinischen Gedicht zur Feier des Konsulates der Brüder Olybrius und Probinus an die Öffentlichkeit«[17] trat. Das Jahr 395 ist ein Epochenjahr der Geschichte, es ist für unser Thema von herausragender Bedeutung: in diesem Jahr kam es zur faktischen Teilung des Reiches, die sich schon längere Zeit angebahnt hatte, in Ostrom und Westrom, wobei Honorius den Westen (mit der Residenz zumeist in Mailand) und Arcadius den Osten mit dem Sitz in Konstantinopel erhielten. Claudian entwickelt ein eigenes großes Bild von Rom, in vielen Facetten schildert er, der gebürtige Grieche, die Größe Roms. Nur ein Zitat möge zeigen, in welche Höhen Claudian die Stadt erhebt:

---

9. Ich schließe mich Andreas Alföldi an, der diesen Vorschlag zur Übersetzung des Ausdrucks »asylum mundi totius« gemacht hat: Alföldi, Andreas: *Die Kontorniaten*, Budapest-Leipzig 1942/1943, S. 51, Anm. 19.
10. Ammianus Marcellinus 16, 10, 14.
11. Ammianus Marcellinus 16, 10, 15.
12. Vgl. die Sphragis zu seinem Werk: Ammianus Marcellinus 31, 16, 9.
13. Der Ausdruck für das Zentrum stammt von Homer: *Odyssee* 1, 50.
14. Die Nachweise bei Demandt, Alexander: *Zeitkritik und Geschichtsbild im Werk Ammians*, Bonn 1965, S. 115.
15. Ausonius 11, 1.
16. Ausonius 11, 20, 39-41.
17. So Büchner, Karl: *Römische Literaturgeschichte*, Stuttgart 1962, S. 515.

Höheres nicht als Rom umfängt auf Erden der Äther,
Weder kann Romas Weite der Blick noch das Herz ihre Schönheit
Fassen noch auch ihren Preis eine Stimme je recht modulieren.[18]

Schließlich ist noch Rutilius Namatianus zu erwähnen, der in seinem Gedicht *Die Rückkehr* aus den Jahren 416/417 die Stadt Rom ebenfalls in den Himmel hebt.[19]

Christliche Autoren
In seinem Hymnus auf die Apostel Petrus und Paulus scheut sich Ambrosius, der Bischof von Mailand, der von ca. 339 bis 397 lebte, nicht, die Stadt Rom als »das Haupt der Völker« und als »den Sitz des Lehrers der Menschheit« zu rühmen.[20]

Der größte lateinische Dichter der christlichen Spätantike, Aurelius Clemens Prudentius (348 – nach 405), preist Rom als »erhabenste Hauptstadt der Welt« und als »Herrin der Welt«.[21] In seinem Hymnus auf den Martyrer Laurentius legt er dem Heiligen ein Gebet in den Mund, das nichts anderes ist als ein Preislied auf Rom. Zwar ist hier Christus als der Gründer der Stadt angesehen – Papst Leo I. der Große (Papst 440–461) wird später schreiben,[22] nicht Romulus und Remus seien die Gründer, sondern Petrus und Paulus! –, aber der Lobpreis der Stadt ist bei dem Christen nicht geringer als bei den Heiden:

Herr Christus, einz'ger Name du,
du Glanz des Vaters, seine Kraft,
du Schöpfer Himmels und der Welt
und Gründer dieser Mauern hier.
Du hast in höchste Höhn gebracht
das Szepter Roms, du hast gewollt,
daß alle Welt dem Quirinal
gehorche: Dessen Waffen flieh!
Mit einer einz'gen Satzung zwingst
die Völker alle du dazu,
daß sie in Sprache, Sitt' und Art
wie auch im Kult gehorchen dir.[23]

Der Gefolgsmann des Augustinus und spätere Sekretär des Papstes Leo I. des Großen namens Prosper Tiro von Aquitanien (ca. 390–ca. 455) sieht in Rom ebenfalls das Haupt der Welt, begründet dies aber mit der Religion:

---

18. Claudianus: *De consulatu Stilichonis* 3, 131-133.
19. Rutilius Namatianus: *De reditu suo* 1-10, 47-164. An dieser Stelle sei hingewiesen auf den schönen Sammelband, in dem alle Beiträge höchst lesenswert sind: Kytzler, B. (Hg.): *Rom als Idee*, Darmstadt 1993, darin auch die weiter unten zitierten Aufsätze von Fuhrmann und Beck.
20. Ambrosius: *Hymnus de SS. Petro et Paulo Apostolis*, 31-32.
21. Prudentius: *Peristephanon* 10, 167 und 9, 3.
22. Leo Magnus: *Sermo* 82, in: *Patrologia Latina* 54, 422CD.
23. Prudentius: *Peristephanon* 2, 413-424. Vgl. dazu Manfred Fuhrmann: »Die Romidee der Spätantike«, in: *Historische Zeitschrift* 207 (1968), S. 557f. mit Anm. 74.

Rom ist Sitz des Petrus, und Rom, zunächst Titel des Hirten,
Haupt für die Welt ist's geworden. Und was an Waffen ihr abgeht,
hält und besitzt die Stadt Rom allein durch den christlichen Glauben.[24]

Es ließe sich noch so manches zitieren, doch der Grundgedanke ist klar und eindeutig. Rom ist das Haupt der Welt, Rom ist zum Herrschen geboren, Rom ist auch Lehrerin der Völker.[25] Angesichts dieser Haltung ist auch jener Vers verständlich, der im Mittelalter immer wieder zitiert wurde:[26]

Roma, caput mundi, regit orbis frena rotundi.

III. Konstantinopel, das Neue Rom

Im Jahre 324 hatte Kaiser Konstantin seinen Konkurrenten Licinius aus Byzanz vertreiben können, schon im November dieses Jahres begann er mit dem Neubau der Stadt. Am 11. Mai 330 wurde die Stadt am Bosporus unter dem Namen »Stadt des Konstantin« (Konstantinoupolis) feierlich eingeweiht. Dies war gewiß eine der folgenreichsten Stadtgründungen der Weltgeschichte überhaupt, vergleichbar allenfalls mit der Gründung von Sankt Petersburg durch Zar Peter I. den Großen im Jahre 1703. Schon relativ bald trat die neue Stadt im Osten in Konkurrenz zu Rom und wurde als »Zweites Rom« oder als »Neues Rom« bezeichnet.

Optatianus Porphyrius, Themistios, Gregor von Nazianz
Publilius Optatianus Porphyrius, ein etwas manierierter Dichter aus dem 4. Jahrhundert, ist der erste, der den Ausdruck »Zweites Rom« für die Stadt am Bosporus verwendet. In seinem *Carmen* 4,6 spricht er ganz wörtlich von der »altera Roma«, dem »Zweiten Rom«.

Weit bedeutsamer aber ist das Zeugnis des Rhetors, Politikers und Philosophen Themistios, dessen Leben in die Jahre 317 bis 388 fällt. Er spricht in seiner dritten Rede – entweder persönlich in Rom 357 vor Kaiser Constantius gehalten oder aber brieflich nach Rom gesandt, nachdem sie in Konstantinopel vorgetragen worden war – wirklich von dem »Neuen Rom«.[27] Mag dies auch noch nicht eine offizielle Benennung, sondern nur eine rhetorische Umschreibung darstellen,[28] so ist die Rede doch insgesamt für unser Thema wichtig. Hier wird das alte Rom noch benannt als »die Herrin aller Städte«, und Konstantinopel ist diejenige Stadt, die wegen der Kaiser »den zweiten Rang innehat«.[29] Und doch, beide Städte haben viel

---

24. Prosper Tiro: *Carmen de ingratis* 1, 40-42, in: *Patrologia Latina* 51, 97A.
25. Thukydides 2, 41, 1 hatte im 5. Jh. vor Chr. die Stadt Athen als die »Erziehungsstätte von ganz Griechenland« gerühmt.
26. Seidlmayer, Michael: *Wege und Wandlungen des Humanismus*, Göttingen 1965, S. 18, zitiert den Vers in der Abwandlung: »Roma, caput mundi, tenet orbis frena rotundi«. In der dortigen Anm. 30 sagt er, der Vers sei seit dem Jahr 1033 nachweisbar.
27. Themistios: *Oratio* 3, 42c.
28. Vgl. dazu Hitchner, R. Bruce/Kazhdan, Alexander, in: *The Oxford Dictionary of Byzantium*, Oxford 1991, Bd. 3, S. 1809.
29. Themistios: a.a.O., 41c.

gemeinsam, seit den Zeiten des Pompejus bis in die eigenen Tage.[30] Die Verdienste des Kaisers Constantius um diese Stadt werden aufgezählt:[31] er habe, so der Redner, das väterliche Erbe gut verwaltet, ja sogar vermehrt, und er habe aus der eigenen kaiserlichen Schatulle noch sehr viel Geld für die neue Stadt gespendet.[32]

Gregor von Nazianz ist die Ehre zuteil geworden, als einer der vier großen Kirchenlehrer des Ostens anerkannt zu werden. Er lebte von ca. 329 bis ca. 390 und verfaßte eine Vielzahl von Schriften, darunter auch eine bedeutende Autobiographie.[33] In den Versen 12-15 dieser seiner Autobiographie erscheint die Stadt Konstantinopel als »das strahlende Auge der Erde«, als »der zweite Kosmos« und als das »neu geschaffene Rom«. Was Gregor zu den beiden *Romae* zu sagen hat, steht in den Versen 562-574:

> Zwei Sonnen hat uns nicht gegeben die Natur,
> doch zweimal Rom – der ganzen Erde leuchten sie – ,
> die alte und die neue Macht, die beide sich
> stark unterscheiden: Strahlt die eine über Ost,
> so muß die zweite leuchten über West. Und hier
> erstrahlt in edlem Wettstreit Schönheit mit der Pracht.
> Die eine ist seit alter Zeit und auch noch jetzt
> im rechten Glauben, bindet mit des Heilands Wort
> den ganzen Westen. Das ist recht, sitzt sie doch vor
> dem Ganzen und sie ehrt der Gottheit Harmonie.
> Die andre, früher war sie aufrecht, jetzt nicht mehr:
> das Rom, das einstmal mein, ist meines jetzt nicht mehr.

Gregor schreckt nicht davor zurück, diese Stadt Konstantinopel als die »allerunglücklichste«[34] zu benennen, ja zu beschimpfen. Natürlich steckt dahinter seine Ablehnung, vielleicht auch sein tief empfundener Haß auf Volk und Klerus der Stadt, hatten deren maßgebende Kreise doch seine Abdankung als Bischof und Patriarch nahezu erzwungen.[35] Allein, für unser Thema ist von Bedeutung die Nennung jener zwei Städte, die da Rom sind: die eine leuchtet im Westen, die andere im Osten, beide scheinen sie im Rang gleich, und doch ist das Rom im Westen mit einer höheren Ehre und einem größeren Gewicht versehen.[36] Gregor spricht hier nicht etwa von jenem kirchlichen Primat Roms, den die Päpste von Leo I. dem Großen über Nikolaus I., Gregor VII., Innozenz III. bis hin zu den Renaissancepäpsten und darüber hinaus beanspruchen werden, sondern er anerkennt den natürlichen, naturgegebenen Vorrang des italisch-westlichen Rom. Ganz wörtlich spricht Gregor von Nazianz von seiner Bischofsstadt als von dem »zweiten Rom«[37] und beweist damit, daß im Osten zu seiner Zeit der Ehrenvor-

---
30. Ebd., 42d.
31. Ebd., 47ab.
32. Zur Rede 3 des Themistios vgl. Fenster, Erwin: *Laudes Constantinopolitanae*, Diss. München 1968, S. 31-35.
33. Ich zitiere nach Gregor von Nazianz: *De vita sua*, hg. von C. Jungk, Heidelberg 1974.
34. Ebd., 583.
35. Man lese seine Rede zum Abschied: *Oratio 42*.
36. Vgl. hierzu auch Gregor von Nazianz: *Oratio 36*: 280B.
37. Gregor von Nazianz: *De vita sua*, a.a.O., 1510.

rang des alten Rom nahezu unbestritten war. Genau das wird sich in den folgenden Jahrhunderten wesentlich ändern.[38]

Die Kirche(n) und das »Neue Rom«
Der Ehrenvorrang Roms vor Konstantinopel (und vor den übrigen Patriarchaten im Osten, nämlich Alexandrien, Antiochien und Jerusalem) ist zum ersten Mal offiziell nachweisbar im Jahre 381, nämlich in dem *Canon* 3 der Akten des Zweiten Ökumenischen Konzils, also des Ersten Konzils von Konstantinopel.[39] Schon im Jahre 448 gehört der Name »Neues Rom« zur offiziellen Unterschrift des Patriarchen, und nach der Zeit des Patriarchen Manuel I. (Patriarch 1217-1222) unterschreibt der Patriarch mit »Erzbischof von Konstantinopel, dem Neuen Rom«.[40]

Paulinus von Nola, Corippus und das »Neue Rom«
Kaiser Konstantin der Große hatte seine Stadt gründen wollen als »eine Kollegin für die römische Kaisermacht, ja eben als eine Tochter von Rom selbst«, so sagt es Augustinus rund 90 Jahre nach der Gründung der neuen Stadt im Osten.[41] Was aber macht Paulinus von Nola (353-431), der Freund des Ausonius und spätere Bischof von Nola in Kampanien, daraus? Er spricht von Konstantinopel als von der »magnae caput aemula Romae«, also von der »Hauptstadt, die da dem großen Rom nacheifert«.[42] Wenn wir aber in das 6. Jahrhundert fortschreiten und in den Gedichten des Flavius Cresconius Corippus nachlesen, so fällt uns auf, daß hier Ausdrücke wie »sanctum imperium« oder »res Romana« nur mehr den Osten bezeichnen, das Reich des Kaisers Justinian, nicht mehr den Westen mit der Hauptstadt Rom.[43] Es ist klar, daß die Entfremdung der beiden Reichsteile voneinander immer größer wurde. Kaiser Justinian hat schließlich nach der Unterwerfung des lateinisch-vandalischen Nordafrika Italien selbst angegriffen, das unter der Herrschaft der germanischen Goten stand, und sein General Narses hat nach dem endgültigen Sieg über den Gotenkönig Teja 14 Jahre lang, von 554 bis 568, seine Residenz in Rom eingerichtet. Somit ist, sieht man von dem Bischof der Stadt (=Papst) ab, der Herr im Rom des Westens ein Vertreter des Kaisers des Ostens. Konstantinopel hat die Herrschaft über Rom angetreten. Dadurch aber mußte die wechselseitige Entfremdung in starkem Maße zunehmen.[44]

---

38. Fenster: *Laudes*, a.a.O., S. 60: »Bereits Gregor von Nazianz macht ohne Bedenken den Sprung von der ›neuen‹ zur ›besseren‹ Roma.«
39. Vgl. Hans-Georg Beck: *Kirche und theologische Literatur im byzantinischen Reich*, München 1959, S. 32, Anm. 3.
40. So ebd., S. 63f.
41. Augustinus: *De civitate Dei* 5, 25.
42. Paulinus von Nola: *Carm.* 19, 338.
43. Siehe z. B. Corippus: *Johannis* 4, 734 oder 8, 197; *In laudem Iustini* 3, 328 (Sanctum Imperium) oder 3, 333 (res Romana).
44. Hans-Georg Beck: »Konstantinopel – das neue Rom«, in: *Gymnasium* 71 (1964), S. 168, sagt zum Ausdruck des neuen Rom: »Dem Neuen gehört die Zukunft, und aus der Roma prima wird die Roma vetus, alt, veraltet und verfallend«, somit ist Konstantinopel jugendlich und überlegen.

Das Selbstverständnis des Kaisers Justinian

In der Vorrede zu seiner 47. Novelle aus dem Jahr 537 sagt Kaiser Justinian ganz klar, wie er seine Herrschaft begründet: »Blickt man auf die allerältesten Anfänge unseres Staatswesens, so ist Aeneas aus Troja der erste Kaiser dieses Staates, und wir nennen uns nach ihm Abkömmlinge des Aeneas. Betrachtet man aber die zweiten Anfänge seit jener Zeit, da der Name ›Römer‹ bei den Menschen zu leuchten begonnen hatte, so waren es die Könige Romulus und Numa, wobei der erste die Stadt überhaupt errichtet, der zweite hingegen sie mit Gesetzen geordnet und geschmückt hatte. Und zu guter letzt könnte man als dritten Anfang der Kaiserherrschaft den großen Caesar und den erhabenen Augustus heranziehen. Auf diese Weise wird man dann unser jetziges Staatswesen finden (und erkennen), daß dieses derzeit die Fülle der Macht besitzt – möge es unsterblich sein! – und daß es aus den genannten früheren Formen hervorgeht«. Kaiser Justinian sieht also sich und sein gesamtes Reich – wohlgemerkt: sein römisches Reich! – in der Nachfolge jenes Aeneas, von dem Vergil gesungen hatte, in der Nachfolge der alten etruskischen Könige[45] und schließlich in der Nachfolge des Caesar und des Augustus.

Dennoch aber ist für Justinian klar, daß es sich bei seinem Reich nicht nur um eine Fortentwicklung, sondern wirklich um etwas Neues handelt, eben um das »Neue Rom«.

Marcellinus Comes

Marcellinus Comes war als hoher Beamter einer der Privatsekretäre des Kaisers Justinian, er war von diesem mit dem Ehrentitel eines Patricius versehen worden.[46] In der von ihm verfaßten Chronik[47] sehen wir genau dieselbe Haltung, die wir bei Kaiser Justinian feststellen konnten. So heißen bei ihm die Bewohner der östlichen Reichshälfte durchgängig »Romani« – er bedient sich nicht etwa der griechischen Sprache, sondern der lateinischen. So heißt die Hauptstadt Konstantinopel »urbs regia«,[48] so wird der Bischof der Stadt, Patriarch Makedonios II., zum Jahre 511 eingeführt als »Macedonius augustae urbis episcopus«. Ganz besonders lehrreich ist das Beispiel zu den Jahren 527 und 528. Diese Jahre werden eingeführt mit der Angabe: »Im 197. (bzw. 198.) Jahre nach der Gründung der Stadt«. Der Chronist rechnet ausschließlich nach der Gründung des Neuen Rom, verwendet aber die seit alten Zeiten bekannte Formel »nach der Gründung der Stadt«, wie wir sie von den klassischen römischen Annalisten und insbesondere von Livius kennen.

---

45. Zur Person des Numa vgl. Cicero: *De rep.* 2, 14, 26-27, und Plutarch: *Numa*. Die Ordnung des Staates durch Gesetze war eines der Hauptanliegen Kaiser Justinians (vgl. aus dem Jahr 533 die Vorrede zu den *Institutiones* sowie die Constitutio *Tanta*), deswegen wird ihn Dante in das Paradies setzen (Dante: *Divina Commedia*, Paradiso 6).
46. In einem Gesetz aus dem Jahr 382 (*Cod. Theod.* 6, 6, 1) ist die Rede vom Glanz des Patricius-Titels.
47. Ausgabe: Marcellinus Comes: *Chronicon*, in: *Monumenta Germaniae Historica, Auctores Antiquissimi* XI, 2, Berlin 1894, S. 60-108.
48. Ebd. S. 92 (zum Jahr 480), 102 (zu den Jahren 527 und 528).

Die beiden klassischen Sprachen

Ein wesentlicher Punkt in der Entfremdung ist durch die Sprache gegeben. Schon im 1. Jahrhundert vor Christus war ein auch nur halbwegs gebildeter Römer zweisprachig, er verstand Latein und Griechisch. Daß das Griechische immer als die Sprache der Gebildeten angesehen wurde, beweisen Kaiser wie Mark Aurel im 2. oder Julian im 4. Jahrhundert, die ihre philosophischen und literarischen Erzeugnisse ausschließlich in griechischer Sprache niederlegten (was für Julian, einen Sohn der Stadt Konstantinopel, nicht weiter erstaunen mag, was aber für den in Rom selbst geborenen Mark Aurel doch ein wenig merkwürdig anmuten könnte). Noch im 6. Jahrhundert, wir sahen es bei Marcellinus Comes, Justinian und anderen, sprachen die Gebildeten im Osten auch noch Latein oder verstanden zumindest die Sprache des Westens – wohingegen im Westen die Griechischkenntnisse schon stark abgenommen hatten (ein berühmtes Beispiel ist Augustinus). Die Kenntnisse des Lateinischen aber nahmen im Osten rapide ab, wozu Ernst Bickel bemerkt: »Bei den späteren Byzantinern ist der lateinische Sprachunterricht zum Unterschied von den Verhältnissen, die vom 4. bis 6. Jahrhundert in Konstantinopel herrschten, von der Jugendbildung ausgeschlossen worden. Der Verfall der Latinität beginnt sogar bald nach Priscians Wirken dort im 6. Jahrhundert.«[49] Priscian, dessen *Institutiones grammaticae* in 18 Büchern das umfangreichste Werk eines uns erhaltenen lateinischen Grammatikers darstellen, war Lehrer und Professor in Konstantinopel, also dem Neuen Rom, gewesen. Sein Tod, etwa um 530, markiert das Ende der Kenntnisse der lateinischen Sprache im Osten (im Westen hingegen war das Griechische noch bis ins 9. Jahrhundert bekannt, wenn auch nur in Irland, dann versiegten die Kenntnisse völlig, bis im Jahre 1397 Manuel Chrysoloras in Florenz in einer grandiosen Initialzündung dem Griechischen und damit der Renaissance zum Sieg verhelfen sollte).

IV. Etappen der politischen Entfremdung zwischen Ost und West

Man könnte schon die Einweihung der neu gegründeten Stadt am Bosporus als einen unfreundlichen Akt des Kaisers gegenüber dem italischen Rom ansehen, zumal da sie nach eben diesem Kaiser benannt wurde. Doch im 4. Jahrhundert war die Entfremdung zwischen West und Ost noch nicht so stark wie in späteren Zeiten, es gab noch mehrere Herrscher, die als Kaiser des gesamten Imperiums agierten, also ohne eine Trennung in Ost und West. Und »so sehr Byzanz sich seiner Verbindung mit Alt-Rom auch immer bewußt ist und so zähe es – aus ideellen wie aus machtpolitischen Gründen – am römischen Erbe festhält, so entfernt es sich doch im Laufe der Zeit immer mehr von den ursprünglichen römischen Grundlagen«. So stellt Georg Ostrogorsky fest und zieht aus dieser Feststellung das Fazit: »Am Ende seiner geschichtlichen Entwicklung hat denn auch das Reich der Byzantiner mit dem einstigen römischen Imperium nichts mehr gemein außer dem Namen und den Traditionen mit ihren unerfüllbaren Ansprüchen.«[50] Im

---

49. Bickel, Ernst: *Lehrbuch der Geschichte der römischen Literatur*, Heidelberg 1961, S. 248.
50. Ostrogorsky, Georg: *Geschichte des byzantinischen Staates*, München 1963, S. 23.

Folgenden sollen einige Punkte der Entfremdung zwischen Ost und West aufgeführt werden, wobei nur die allerwichtigsten angegeben werden können.

Papst Gregor I. der Große
Papst Gregor I. der Große (Papst 590-604) kannte die Stadt Konstantinopel aus eigener Anschauung, hatte er doch in den Jahren 579-586 als päpstlicher Nuntius – Apokrisiar – dort gelebt. Dennoch – oder deswegen? – widersetzte er sich aufs schärfste dem Titel »Ökumenischer Patriarch«, den die Bischöfe der Stadt Konstantinopel seit geraumer Zeit für sich in Anspruch nahmen. Dieser Streit um den Titel war zunächst ein rein innerkirchlicher, aber er strahlte naturgemäß recht bald auch auf die reale Politik aus.

Die byzantinische Themenverfassung
Die »Präfekturenverfassung«, wie sie Ernst Stein so treffend benannt hat,[51] wurde unter Kaiser Herakleios I., also zu Beginn des 7. Jahrhunderts, durch die sogenannte Themenverfassung abgelöst. Das bedeutete nicht nur das Ende der *Praefecti Praetorio* als der höchsten Zivilbeamten des Reiches, sondern auch den endgültigen Untergang der gesamten spätrömischen Beamtenhierarchie, also einen wirklichen Neubeginn der griechisch-byzantinischen Reichsverwaltung.

Die Westbindung des Kaisers Konstans II. (641-668)
Kaiser Konstans II. ist der einzige Kaiser des Ostreichs, der, wenn auch nur für kurze Zeit (etwa 660/663-668), seine Residenz in den Westen verlegte, nämlich nach Syrakus auf der Insel Sizilien. »Sein Aufbruch nach dem Westen zeigt, wie viel dem byzantinischen Reich noch zu jener Zeit an der Erhaltung seines Besitzes im Westen lag«,[52] doch die Zeiten sollten sich ändern.

Die Kaiserkrönung Karls des Großen
Schon der Frankenkönig Theudebert I. (534-547) hatte den Versuch unternommen, den Kaiser des Ostens – damals immerhin Justinian – gewissermaßen als Kollegen von gleich zu gleich zu grüßen. Doch die Krönung Karls zum Kaiser am Weihnachtstag des Jahres 800 – die Initiative dazu ging vom Papst aus, nicht etwa von Karl – schuf erst eigentlich das Zwei-Kaiser-Problem: Karl mußte unbedingt darauf dringen, von dem Kaiser des griechischen Ostens Anerkennung zu erhalten. Es kam zu mehreren diplomatischen Aktivitäten, so im Jahre 802 zu einer Gesandtschaft nach Konstantinopel und 812 zu einer solchen nach Aachen. In diesem Jahr 812 begrüßten die Gesandten des Griechenkaisers Karl in seiner Kaiserpfalz als »Basileus«, sie anerkannten mithin Karl als Kollegen ihres Herrn, wenn auch nur als Basileus im Reiche der Franken. Aber umgekehrt ist zu merken, daß sich seit dem Jahr 812 der Kaiser des Ostens immer »Basileus ton Rhomaion« (Kaiser der Römer) nennen wird. Der Dichter Konstantin Manasses (ca.1130-ca.1187) wird dreieinhalb Jahrhunderte später sagen, gerade durch die Krönung Karls in Rom sei das ehedem bestehende Band, das die beiden Städte

---

51. Stein, Ernst: *Geschichte des spätrömischen Reiches*, Wien 1928, Bd. 1, S. 180.
52. Ostrogorsky: a.a.O., S. 101.

verbunden habe, zerrissen und zerstört worden.⁵³ Dieses Band war durch die Kaiserkrönung Karls nun wirklich zerrissen worden, zu Recht bemerkt Peter Thorau dazu: »In den Augen der Byzantiner stellte die Kaiserkrönung Karls des Großen nichts anderes als eine Usurpation dar, welche die göttliche Ordnung der Welt auf den Kopf zu stellen drohte.«⁵⁴ Spätestens zu Beginn des 9. Jahrhunderts ist die reale Entfremdung zwischen Ost und West, zwischen Alt-Rom und Neu-Rom, mit Händen zu greifen.

Die Gesandtschaft des Liutprand von Cremona
Bischof Liutprand von Cremona (ca. 920 bis ca. 973) war als offizieller Gesandter des Kaisers Otto I. des Großen vom 4. Juni bis zum 2. Oktober 968 in Konstantinopel, und er hat über diesen seinen Aufenthalt einen Bericht, eher ein Pamphlet, geschrieben: *Relatio de legatione Constantinopolitana*. Diese Schrift ist gerichtet an Kaiser Otto I. und dessen Sohn Otto II., sie ist sicher ernst gemeint und ist »von unschätzbarem kulturhistorischem Wert«,⁵⁵ aber sie ist von Haß und Abneigung gegen die Griechen und deren Kaiser erfüllt. So ist schon der griechische Wein für die Männer aus dem Westen »untrinkbar«,⁵⁶ so ist der Kaiser Nikephoros II. ein Mann, »dem man um Mitternacht nicht begegnen möchte«,⁵⁷ so hat der Kaiser nach Liutprands Ansicht seine Kaiserherrschaft nur »durch Eidbruch und Ehebruch« erreicht,⁵⁸ so sind die Äußerungen des Bruders von Kaiser Nikephoros namens Leon nichts anderes als ein »Gebell«.⁵⁹ Das Allerwichtigste aber ist, daß im Jahre 968, sechs Jahre nach der Kaiserkrönung Ottos I. in Rom durch Papst Johannes XII., Kaiser Nikephoros von Otto nicht als von dem Basileus, sondern nur von dem Rex, dem König spricht,⁶⁰ daß mithin der griechische Kaiser in dem westlich-lateinischen Kaiser nicht einen ebenbürtigen Kollegen sieht, sondern den Vorrang des Neuen Rom schon gänzlich verinnerlicht hat und nach außen trägt.

Das Schisma von 1054 und die Kirchenunion
Patriarch Michael I. Kerullarios, »der ehrgeizigste Kirchenfürst der byzantinischen Geschichte«,⁶¹ traf auf Kardinal Humbert von Silva Candida, einen der herrischsten, aber auch ungehobeltsten hohen Kirchenvertreter des Westens. Die theologischen Streitfragen waren die alten und altbekannten, doch das Auftreten des Lateiners machte ein Zusammengehen nahezu unmöglich. So kam es zum Eklat, zur Spaltung der Kirchen – die trotz aller Bemühungen bis zum heutigen Tag anhält. Am 16. Juli 1054 legte Kardinal Humbert eine Bannbulle gegen Michael Kerullarios auf dem Altar der Hagia Sophia nieder, doch kurz darauf bannte eine

---

53. Constantinus Manasses: *Synopsis Chronike*, in: *Patrologia Graeca* 127, 390A.
54. Thorau, Peter: »Von Karl dem Großen zum Frieden von Zsitva Torok«, in: *Historische Zeitschrift* 279 (2004), S. 311; siehe die dortigen Anm. 6 und 7.
55. So Ostrogorsky: a.a.O., S. 177.
56. Liutprand: *Relatio* 1.
57. Ebd., 3.
58. Ebd., 52.
59. Ebd., 19.
60. Ebd., 2.
61. Ostrogorsky: a.a.O., S. 278.

Synode unter Michaels Vorsitz Kardinal Humbert. Die Frage der Kirchenunion sollte auch die Folgezeit bestimmen. Besonders auf den Konzilien von Lyon 1274 und von Ferrara-Florenz 1438/1439 war sie ein, ja *das* Thema, doch eine wirkliche Union kam niemals zustande. Der in Griechenland, in Monemvasia auf der Peloponnes, geborene Bischof und Kardinal Isidor von Kiew hat am 12. Dezember 1452, also fünf Monate vor dem endgültigen Fall der Stadt, »in der Hagia Sophia die Union verkündet und die römische Messe zelebriert« – und das mit dem Erfolg, daß einer der höchsten Beamten des Kaisers sagte, es sei ihm der türkische Turban noch immer lieber als die lateinische Mitra.[62]

Das Jahr 1204 und das Lateinische Kaiserreich
Unter der Führung des über neunzigjährigen und fast völlig erblindeten Dogen von Venedig namens Enrico Dandolo waren die Heere des Westens im Jahre 1202 in See gestochen und hatten damit den sogenannten Vierten Kreuzzug eröffnet. Gegen das ausdrückliche Verbot des Papstes Innozenz III. hatten sie die Stadt Zara, das heutige Zadar an der Adriaküste Kroatiens, erobert. Am 13. April 1204 schließlich eroberten sie die Hauptstadt Konstantinopel und errichteten ein Lateinisches Kaiserreich, das bis zum 25. Juli 1261 Bestand haben sollte. Von Kreuzzug ist hier nicht eine Spur zu sehen, es handelt sich ausschließlich um Mord, Raub, Plünderung und Vergewaltigung.[63] Die Griechen zogen sich nach (Klein-) Asien, in das Reich von Nikaia-Nymphaion, zurück, das Zentrum und die europäischen Teile des ehemaligen griechischen Kaiserreiches hatten die Lateiner unter sich aufgeteilt.[64] Einerseits war durch diesen Überfall das griechische Reich auf Dauer geschwächt, andererseits ist der Haß der Griechen gegen die Westler stark gestiegen – und dieser Haß blieb andauernd bestehen...

V. Ausblick

Moskau, das »Dritte Rom«
Am 29. Mai 1453 ereilte Konstantinopel die Katastrophe, die Türken unter ihrem Sultan Mehmet II. konnten die Stadt nach langer Belagerung erobern, Kaiser Konstantin XI. Palaiologos fiel im Kampfe, das griechisch-byzantinische Reich des Ostens, das große Reich der Rhomäer, hat aufgehört zu bestehen,[65] das Neue oder Zweite Rom existierte nicht mehr. Da erhob sich eine andere Macht mit dem Anspruch, das Dritte Rom zu sein.[66] Die Begründung für Moskau als das Dritte Rom war eine doppelte, eine eher praktische und eine theoretische.

---

62. Ebd., S. 470.
63. Und dennoch sollte Enrico Dandolo sein Grab mitten in der Hauptkirche von Konstantinopel, in der Hagia Sophia, finden.
64. Zu den Ereignissen von 1203-1261 verweise ich auf meine Übersetzung von Georgios Akropolites (1217-1282): *Die Chronik*, Stuttgart 1989, S. 48-59.
65. Eine ganz besonders farbige Schilderung der Vorgänge um das Ende des griechisch-byzantinischen Reiches lesen wir bei Zweig, Stefan: »Die Eroberung von Byzanz«, in: ders.: *Sternstunden der Menschheit. Vierzehn historische Miniaturen*, Frankfurt am Main 2003, S. 36-65.
66. Vgl. dazu Lettenbauer, Wilhelm: *Moskau, das dritte Rom*, München 1961, daneben auch Meyendorff, Jean: *Byzantium and the Rise of Russia*, Cambridge 1981.

Einer der leiblichen Brüder des am Goldenen Tor in Konstantinopel gefallenen Kaisers aus dem Geschlecht der Palaiologen namens Thomas war verheiratet mit Katharina, der Tochter des Centurione Zaccaria, das Paar hatte eine Tochter namens Zoe-Sophia. Thomas und sein Bruder waren die Herren in der Morea, also auf der Peloponnes, mit Sitz in Mistra (die Peloponnes wurde erst im Jahre 1460 von den Türken eingenommen). Diese Zoe-Sophia, eine echte Palaiologina, sollte die Ehefrau Iwans III. werden, der als Zar von 1462 bis 1505 das Reich der Russen mit Sitz in Moskau regierte. Mag auch der Zar selber nicht unbedingt den Anspruch erhoben haben, als Herrscher in der Nachfolge des Kaisers von Konstantinopel zu stehen,[67] so ist doch diese Heirat im Jahre 1472 dazu angetan, eine geschichtlich kontinuierliche Abfolge und Weiterentwicklung vom Neuen Rom des 15. Jahrhunderts zu dem Moskau des ausgehenden 15. und beginnenden 16. Jahrhunderts anzunehmen – zumal da die kirchliche Bindung der Griechen dieselbe war wie die der Russen, die Orthodoxie, ein beide Völker einigendes Band.

Kurz nach dem Tod Iwans III. verkündete Filofej (Philotheos), ein Mönch im Kloster des Eleazar zu Pskov (Pleskau im Westen Rußlands unweit der Grenze zu Estland) die Theorie von Moskau als dem Dritten Rom: »Unser Herrscher ... ist auf der ganzen Erde der einzige Zar über die Christen, der Lenker der heiligen göttlichen Throne der Heiligen, Ökumenischen, Apostolischen Kirche, die anstelle der Römischen und der Konstantinopeler Kirche in der von Gott geretteten Stadt Moskau [...] ist [...]. Alle christlichen Reiche sind vergangen und sind zusammen übergegangen in das Eine Reich unseres Herrschers [...]. Das ist das russische Reich. Denn zwei *Rome* sind gefallen, aber das dritte steht, und ein viertes wird es nicht geben.«[68] Diese These vom Dritten Rom, das Moskau sein soll, fand in so manchen Kreisen Rußlands Anklang, ist aber im Laufe der Jahrhunderte doch nicht konstitutiv geworden für das Selbstverständnis der Zaren oder der Russen insgesamt,[69] nicht zuletzt aus Gründen der vehementen Ablehnung der katholischen Kirche und des Papstes durch die Orthodoxie sowie durch wechselseitiges Unverständnis füreinander.[70]

Wo stehen wir heute und morgen?
Gibt es, so ist man versucht zu fragen, zu Beginn des 21. Jahrhunderts noch Rom, sei es das Dritte, das Vierte oder gar das Fünfte? Und: wo sollte dieses liegen, in Rom oder Istanbul, in Moskau oder Washington, Peking oder Johannesburg, Paris oder London? Wir wagen keine allgemein gültige Antwort, möchten aber doch meinen, weder die USA noch Rußland oder China, weder ein Land in Afrika noch eines in Asien sei Nachfolger des Zweiten oder Dritten Rom. Da ist es nun von Interesse zu lesen – zumal im Hinblick auf eine etwaige Mitgliedschaft der Türkei in der Europäischen Union –, daß Jacques Chirac, der Staatspräsident von Frank-

---

67. Siehe hierzu Meyendorff: a.a.O., S. 274.
68. Stöcke, Günther: *Russische Geschichte von den Anfängen bis zur Gegenwart*, Stuttgart 1965, S. 227.
69. Die Theorie von den – nur! – drei Romae widerspricht einem großen Teil der Romidee im Mittelalter, denn dieses hatte – in Anlehnung an die Weissagungen des Propheten Daniel 2, 29-45 und 7, 2-27 – nahezu immer von Rom als der vierten (und letzten) Großmacht gesprochen. Man vergleiche dazu die immer noch höchst lesenswerte Dissertation von Adamek, Josef: *Vom römischen Endreich der mittelalterlichen Bibelerklärung*, München 1938.

reich, im November 2004 vor Jugendlichen in Marseille gesagt hat: »Wir sind alle Kinder von Byzanz!«[71] Der Protest der Türkei-Gegner in Frankreich ließ nicht lange auf sich warten, aber die Reaktionen in der Türkei selbst waren doch recht verschieden. Erinnerte der eine daran, daß im Jahre 1204 bei der scheußlichen Plünderung von Konstantinopel »Vorfahren von Franzosen und Deutschen« beteiligt waren, so las man auch Stimmen, wonach die heutige Türkei, weil auf dem Boden des ehemaligen griechisch-byzantinischen Reiches befindlich, nichts anderes sei als »eine natürliche Verlängerung Europas«, ja die Osmanen seien im Grunde »Moslems gewordene Byzantiner«. Hält man sich vor Augen, daß die heutigen Griechen sich keineswegs als die Nachfahren eines Perikles, Platon oder Demosthenes verstehen, sondern als legitime Erben der Byzantiner – sowohl der Sprache als auch der Zivilisation und Kultur nach – und weiß man von der seit dem Vertrag von Lausanne 1923 herrührenden wechselseitigen Ablehnung und Gegnerschaft der heutigen Türken und der heutigen Griechen, so wird man der letztgenannten These, die osmanischen Türken seien »Moslems gewordene Byzantiner«, doch nicht ganz zustimmen können, man wird ein großes Fragezeichen setzen müssen. Aber daß weder Athen noch Istanbul oder Ankara das Vierte oder Fünfte Rom sind – und leider gewiß auch nicht die heutige Stadt Rom –, das wird wohl ein jeder zugestehen. Vielleicht können wir zum Schluß die folgende Feststellung treffen: Seit dem Untergang der großen Monarchien nach dem Ersten Weltkrieg und mit dem Sieg des Gedankens der Demokratie in großen Teilen der Welt ist für eine Romidee im geschilderten Sinne eigentlich gar kein Platz mehr.

Wir wollen mit einer Betrachtung auf einer anderen Ebene schließen. In der sogenannten *Weissagung des Malachias* über die Päpste – sie stammt ziemlich sicher vom Ende des 16. Jahrhunderts – heißt es ganz zu Ende mit ausdrücklichem Bezug auf Rom, die Stadt der Päpste:

---

70. Dazu nur zwei Beispiele. Bei dem Konklave nach dem Tode des Papstes Nikolaus V. im Jahre 1455 war der eigentliche Favorit Kardinal Bessarion (1403-1472) gewesen, doch der war ein Grieche. Daher begann der Kardinal von Avignon namens Alain zu sticheln (das Folgende wörtlich übersetzt aus der Autobiographie des Papstes Pius II.: *Pius II: Commentaries*, hg. von M. Meserve/M. Simonetta, Bd. 1, Cambridge/Mass.-London 2003, S. 140): »Sollen wir wirklich der lateinischen Kirche einen Griechen voranstellen [...]? Bessarion hat noch nicht einmal seinen Bart abrasiert, und jetzt soll er unser Haupt werden? Was wissen wir denn, ob seine Konversion wirklich echt ist? Noch vor kurzem hat er den Glauben der Römischen Kirche bekämpft, und jetzt soll er unser Herr und Meister und Anführer des Christenheeres sein? [...] Ich und meine Anhänger, wir werden niemals für einen Griechen als Papst stimmen!«. Mit diesen Worten hatte Alain Erfolg: Bessarion wurde nicht zum Papst gewählt, sondern der greise Spanier, der sich Calixtus III. nannte. Und Leonid Fedorow (1879-1935), am 27. Juni 2001 vom Papst zum Seligen erhoben, hatte bei seinen Studien der Theologie in Anagni in Mittelitalien die schlimme Erfahrung machen müssen – so Fedorow wörtlich – von der »Ungerechtigkeit der Lateiner gegen die Orientalen, von deren allgemeiner Unkenntnis der östlichen spirituellen Kultur«. So war es im 15. und 16. Jahrhundert, *so war* es vom 6. bis zum 19. Jahrhundert und so ist es leider auch noch zu Beginn des 21. Jahrhunderts – woran die Rückgabe einiger Reliquien durch Papst Johannes Paul II. im Dezember 2004 nicht das Geringste zu ändern vermag.
71. Nach einem Bericht von Christiane Schlötzer in: *Süddeutsche Zeitung*, 19. November 2004, S. 14.

In persecutione extrema S. R. E. sedebit Petrus Romanus qui pascet oves in multis tribulationibus; quibus transactis civitas septicollis diruetur et Iudex tremendus iudicabit populum suum.

Während der letzten Verfolgung der Heiligen Römischen Kirche wird Petrus, ein Römer, das Amt des Papstes inne haben und seine Schafe in vielen Nöten weiden; wenn aber diese Drangsale vorüber sind, dann wird die Stadt mit den sieben Hügeln zerstört werden, und der furchterregende Richter wird sein Volk richten.[72]

Das Ende Roms ist das Ende der Welt. So hatte es schon im frühen Mittelalter geheißen: »Wenn Rom fällt, dann wird auch die Welt fallen.«[73] Sollte das die Romidee des 21. Jahrhunderts sein oder werden müssen? In dem Zusammenhang mit Rom stellt Hildebrand Troll die Frage, ob »Romanus« bedeuten könne, »daß nach einer Reihe von Nichtrömern wieder ein Papst aus der Ewigen Stadt die Cathedra Petri besteigen wird«.[74] Dem können wir mit einer Aussage und einer Frage antworten: »Romanus«, das ist ganz sicher keine Angabe des Geburtsortes, sondern drückt ganz allgemein aus, wo der Sitz des Papstes ist. Könnte »Petrus Romanus« nicht viel eher das Folgende bedeuten? Papst Petrus II. wird die Stadt Rom und damit die ganze Welt zu ihrem Ziel führen, nämlich zu Christus im Weltgericht.[75] Dann aber ist Rom noch und schon und wieder Roma Aeterna!

---

72. Zu dieser Weissagung siehe Thibaut, René: *La mystérieuse prophétie des Papes*, Namur-Paris 1951, und Troll, Hildebrand: *Die Papst-Weissagung des heiligen Malachias*, St. Ottilien 2002.
73. So Pseudo-Beda, in: *Patrologia Latina* 94, 543.
74. Troll: a.a.O., S. 106.
75. *Evangelium des Matthäus* 25, 31-46. In der Erzählung *Vom Antichrist* nennt der große russische Philosoph und Dichter Wladimir Solowjew (1853-1900) den letzten Papst ebenfalls Petrus II. Diese Erzählung ist der berühmteste Teil aus den *Drei Gesprächen*, die beste deutsche Ausgabe ist: Solowjew, Wladimir: *Kurze Erzählung vom Antichrist*, München 1981.

Massimo Cacciari
Über das Reich und das Römische

Vorbemerkung des Übersetzers:
Die folgenden Ausführungen Cacciaris sind seinem Beitrag »Digressioni su Impero e tre Rome« in: MicroMega 5 (2001), S. 43-63 entnommen. Die Auswahl der Passagen geht von dem Anliegen der engagiert vorgetragenen historischen Betrachtung des Autors aus, die Rom-Tradition der gegenwärtigen Auflösung der alten Staatenordnung und der sich abzeichnenden technisch-ökonomisch orchestrierten globalisierenden Vernetzung im Bereich der Politik entgegenzusetzen. Für den Autor ist dafür die römische Expansion im Zeichen einer Ausweitung rechtsverbindlicher Ordnung aufgrund von concordia im Rahmen einer translatio imperii maßgebend. Diese führt ins Offene freier Räume und ermöglicht eine dynamische Verbindung lokaler Gegebenheiten mit globalen Erfordernissen. In diesem Zusammenhang kommt die Bedeutung der Kirche in den Blick und wird die Berufung auf Rom in Konstantinopel und Moskau diskutiert, und damit auch die historische Verortung der europäischen Einigungsbestrebungen in der EU. Dem Autor geht es um eine Globalisierung, die kulturelle Differenzen respektiert – die sich nicht aufs Technisch-Ökonomische reduziert, das den einzelnen ins Netz hineinzieht und den »Anderen« erst gar nicht in Blick bekommt.

In einem Postskript zu den Ereignissen des 11. September 2001 warnt er vor einer Ausgrenzung des Islam, einer Sicht, die nur »einen Islam« kennt, und wirbt für einen pluralistisch verstandenen Religionsfrieden. Es gibt keine Verantwortungsethik, betont er, die von unwandelbaren Überzeugungen ausgeht.

Immer häufiger taucht in den Diskussionen über die Globalisierung der Begriff »Reich« auf[1]. Man könnte meinen, dies sei ein Begriff, der zu viel »Aura« habe, um in einem analytischen, genau definierten Sinne gebraucht werden zu können, doch hat er eine präzise Funktion: den kulturell-politischen Sinn der gegenwärtig stattfindenden Globalisierung zu erfassen und diese nicht auf die Analyse der technisch-ökonomischen Mechanismen zu beschränken. Es geht um folgende Fragen: Geht die Politik tatsächlich in den »Gesetzen« der technisch-ökonomischen Prozesse auf? Führt die Konvergenz der beiden Dimensionen unweigerlich zur perfekten Alleinherrschaft des Technisch-Ökonomischen? Wird die Welt künftig – wenn sie es nicht schon ist – vollständig »monarchisch« ausgerichtet sein? Der Begriff »Reich« verweist nicht allein auf vergleichbare Tendenzen in der Vergangenheit. Er geht auch davon aus, daß die moderne Form des Staats, die territorial begrenzte Souveränität und das »Völkerrecht« – im Sinn von Vereinbarungen und Pakten zwischen Staaten – irreversibel ihrem Ende entgegengehen. Der Begriff »Reich« setzt voraus, daß diese Prozesse nicht zu einem allgemeinen

---

1. Hardt/Negri: *Empire*, Cambridge/Mass. 2000; unsere Studie ist von der Auseinandersetzung mit diesem Buch bestimmt. Literaturangaben dazu aus dem amerikanischen Raum bei Di Leo, R.: *Il primato americano*, Bologna 2000.

Weltstaat führen, da die Staatsform auf eine Dialektik der Repräsentation zurückfällt, genauer auf ein Verhältnis von Regierung und »Öffentlichkeit«, das von den technisch-ökonomischen Globalisierungskräften schon überwunden ist. Das »Reich« könnte auch keinen Konsens für eine Ordnung nach »Großräumen«[2] des Planeten zuwege bringen, weil diese notwendig zu antagonistischen Polarisierungen führen, die im Widerspruch zur Logik dieser Mächte stehen. Das »Reich« könnte sich allerdings als eine Art Welt-Steuerung darstellen, weil es keine traditionelle politische Repräsentation und somit keine »autonomen« Orte des Politischen kennt und weil es eine Herrschaft ist, die auf »informelle« Weise die »Teile« engmaschig dem »Ganzen« unterordnet und die »Teile« in der einen Sprache des »Ganzen« »in-formiert«. In der Logik der Welt-Steuerung könnten auch die Orte, die zum Vehikel des Ganzen, Globalen geworden sind, angemessen zu ihrem Recht kommen... Eine Rhetorik des Lokalen ist mit der des »Reiches« in der Tat kompatibel – sei es das »geistige« Reich der Technik, sei es das amerikanische oder, realistischer, eine noch instabile Mischung aus beiden. [...]

»Reich« erinnert selbstredend an die römische Vorstellung vom Reich. Aber was sollen wir von dieser wirklich betonen und behalten? Oder – was davon könnten wir den gegenwärtigen »imperialen« Tendenzen entgegensetzen? Was denken wir, die wir eine solche Mythologie begründen wollen, von uns selbst, wenn wir heute über das Reich und das, wovon die Römer »generationenlang über sich selbst dachten«, sprechen?[3] Nie ist das Vergangene tot – wie schon die Begriffe selbst zeigen, deren wir uns bedienen müssen, ständig setzen wir uns damit auseinander, um unsere eigene Zeit in Griff zu bekommen.[4] Umso entscheidender wird es heute sein, sich mit der Vergangenheit »auseinanderzusetzen«, die unsere Kultur bestimmt hat, die in unserer Idee vom Recht weiterlebt, die unsere Kultur kennzeichnet, die ja unauflöslich mit der Christenheit verbunden ist. [...]

Ein *foedus* begründet die römische Macht, eine Gemeinsamkeit des Sinnes (*concordia*), die nicht auf irgendeiner Identität des *genos* basiert, sondern auf der Kraft der Gesetze, die in der Unverletzlichkeit der *iura* zum Ausdruck kommt. Die sprachlichen Zeugnisse bestätigen die »zusammengesetzte Natur der römischen Bevölkerung«[5] und den großen Einfluß von Etruskern und Griechen. Auch zeigt sich, daß die Blutsverwandtschaften und ethnischen Unterschiede keine Bedeutung für das entscheidende Element der altrömischen Institutionen, die Kurien, hatte. Wir sind hier bei den Antipoden der griechischen Polis – und die ganze Geschichte des Reiches zeigt diesen von Anfang an gegebenen Unterschied. Auf der einen Seite steht die Bedeutung der Autochthonie; auf der anderen Seite sind die »Aborigines ... sine legibus« und die Trojaner – die Erben des heiligen Troja! –, die gemeinsam *ihre* Stadt gründen. Auf der einen Seite die griechische *homonoia* als *Bewahrerin* des gegebenen Gleichgewichts, als Wache über die *organische* Struktur der *polis*; auf der anderen Seite die *concordia* als Prozeß, dem sich »ganz

---

2. M. E. muß beim Thema des »Großraums« (das hier nicht angemessen erörtert werden kann) auf Schmitt, Carl: *Der Nomos der Erde*, Berlin 1950, verwiesen werden, des weiteren auf Campi, A.: *L'unità del mondo*, Rom 1994; Jünger, Ernst: *Der gordische Knoten*, Frankfurt am Main 1953.
3. Momigliano, A.: *Storia e storiografia antica*, Bologna 1987, S. 201.
4. Ebd.
5. (Im Orig. = Anm. 9) Ebd., S. 183.

unterschiedliche Herzen« anschließen; Privilegien und Rechte breiten sich auf andere Völker aus.[6] Auf der einen Seite die große Furchtsamkeit, mit der die griechische *paideia* die Wachstumsvorgänge der Polis betrachtet, auf der anderen die *civitas Romana* als *civitas augescens*,[7] eine Stadt, die kraft ihrer Fähigkeit neue Völker und Gebiete, die nicht ohne das »imperium sine fine« überleben könnten, eingliedert.

Darum ist die Idee der »civitas augescens« der Schlüssel zum Verständnis des Mythos vom Universalreich. Weil die *civitas Romana* kein Gewächs ist, das aus Boden oder Blut hervortritt, hat sie keine Wurzeln und muß von Anfang an immer weiter wachsen. Sie kommt nicht zur Ruhe. Weil ihr Ursprung (*potissima pars!*) jede Reinheitsvorstellung ausschließt, kann sie jedes Volk und jedes Gebiet in sich einbeziehen, verwandeln, kann sie Ökumene, Orbis sein und für alle zum Asyl werden. [...]

Wie keine Beschränkung der Herkunft, des Blutes die Herrschaft der *civitas Romana* aufhalten kann, so kann auch keine besondere Form der Religion ihr Wesen zum Ausdruck bringen. *Religio civilis* bedeutet, daß alle Bürger, deren Einmütigkeit die *civitas* ihr Entstehen verdankt, sich eben als Mitglieder dieser Gemeinschaft anerkennen können, zu ihrem Geschick gehören, die Macht Roms als ihr eigenes höchstes Gut ansehen. Keineswegs kann man sie mit einer »Staatsreligion« gleichsetzen. Der »Kult« Roms garantiert das volle Recht jedes anderen Kultes oder jeder anderen Religion.[8] Minucius Felix erinnert daran, daß die Römer neben den eigenen Göttern immer auch »numina victa« verehrt haben. Es wäre abscheulicher Hochmut, den Sieg über ein feindliches Volk mit dem Niedergang oder, schlimmer noch, mit dem Tod seiner Götter gleichzusetzen. Die »besiegten Götter« bekommen neues Leben in Rom: Sie werden in Rom gastlich aufgenommen und mit Ehren bedacht, die sie offensichtlich bei dem besiegten Volk nicht erhielten. Nichts zeigt die römische Universalmacht mehr als die Anwesenheit solcher »Gastgötter« (sie sind nicht Götter im Exil). »Die aus ihrer Herkunftsstadt Herausgerufenen werden am Ende alle an der immerwährenden Renovatio der Stadt Rom teilhaben«.[9] Ein absolut pluralistischer Polytheismus kennzeichnet die Geschichte dieses Reiches mindestens bis zum Ende der Zeit

---

6. (= Anm. 10) Ebd., S. 272.
7. (= Anm. 11) Baccari, M. P.: »Il concetto giuridico di civitas augescens. Origine e continuità«, in: *Studia et documenta historiae et iuris* LXI (1995). Von dieser und anderen Studien, besonders von P. Catalano, übernahm ich Stichworte für meinen Aufsatz »Il mito della *civitas augescens*«, in: *Il Veltro* 2-4 (1997).
8. (= Anm. 12) Turcan, R.: »Lois romaines, dieux étrangers et ›religion d'Etat‹«, in: *Da Roma alla Terza Roma*, XI Seminario internazionale di studi storici, Rom 1991.
9. (= Anm. 13) Über *evocatio* vgl. Dumézil, G.: *L'oubli de l'homme et l'honneur des dieux*, Paris 1985, S. 135-150. Aus Livius stelle ich neben die Rede des Camillus, in der er versucht, die Aufgabe Roms nach dem gallischen Brand abzuwenden (Mazzarino, S.: *Il pensiero storico classico*, Bd. 3, Bari 1983, S. 44), die unserem Thema gewidmeten Seiten, wo Camillus im Vordergrund steht (V, 21-22). Vor dem letzten Angriff auf Veji ruft Camillus Juno Regina an, »quae nunc Vejos colis«, den Siegern in ihre Stadt zu folgen und eine Wohnstatt zu nehmen. Nach der Niederlage der Stadt, »als alle menschlichen Reichtümer schon von Veji weggeschafft worden waren«, und es darum ging, »deum dona ipsosque deos« mitzunehmen, treten die Römer nicht mehr als Plünderer, sondern als gottesfürchtige Leute auf. Reingewaschene junge Männer in weißen Gewändern erhalten den Auftrag, das Bild der Juno nach Rom zu bringen. Sie betreten den Tempel in Ehrfurcht. Ehe sie es wagen, das Bild zu berühren, sagt einer von ihnen: »Visne Romam ire, Juno?« Die *fabula*, so Livius, berichtet, daß eine Stimme zustimmend antwortete.

Konstantins. Kein Zweifel, die »Staatsreligion« ist ein Produkt der politischen Anerkennung des Christentums.

Auf der Basis dieser Prinzipien, dieser Idee der *concordia* und ebenso auf dem vollkommen römischen Begriff von *populus*[10] als »Vereinigung einer Menge *unita iuris consensu et utilitatis communione*« (Cicero, *De re publica* I, 39) weitet die *civitas augescens* das Bürgerrecht immer mehr aus – bis es mit der *Constitutio Antonina* beinahe alle freien Bewohner in den Grenzen des Reiches umfaßt. Rom ist jetzt wirklich Orbis, und der semantische Reichtum dieses Namens zeigt sich auch in der Sprache der neuen, über Jahrhunderte im Mittelmeer herrschenden Kultur des Islam. *Rum* werden weiterhin die Territorien des alten Reiches genannt.[11] *Rum* wird vom osmanischen Reich das Gebiet genannt, das einmal »römisch« war. Der große Ibn Battuta nennt *Rum* das Land der Römer, das jetzt zum Islam gehört. Kurzum: Rom bleibt der Name der Gegenden wo einmal *cives Romani* wohnten. [...]

Die Gründung von Konstantinopel steht noch ganz im Zeichen der *renovatio*. Rom teilt sich nicht, sondern wird *stärker*, indem es eine Schwester bekommt: *Roma soror*.[12] Die Teilung der Macht beseitigt nicht das »monarchische« Prinzip, sondern paßt es der Wirklichkeit an. »Zweites« Rom ist Konstantinopel wesentlich in chronologischer Sicht – nicht der Bedeutung nach, die sie mit der »potissima pars«, dem Beginn der *civitas*, verbindet – darum weist sie auch keine Charakterisitika einer griechischen Polis auf.[13] Ihre ökumenische Dimension kann vom Polytheismus Roms her verstanden werden. Das Gewohnte, der römische *mos*, vermischt sich mit den christlichen Riten, wird aber keineswegs unterdrückt. Durchaus wird »quid est divinitatis in sede caelesti« angerufen, um die Stadt zu schützen. Gewiß, weit fort sind jetzt die Zeiten der Stadt als Asyl der Menschen *und der Götter* – es kommen die Zeiten einer rigiden Staatsreligion.

Konstantinopel wird immer römisch bleiben, und die Byzantiner werden sich Römer nennen und sich so von den Lateinern absetzen – und doch zeigt die »Monarchie« von zwei Städten mit dem Namen Rom sofort eine eigentümliche Schwäche. Die *civitas augescens* bringt in ihrer »imperialen« Phase die *translatio imperii* mit sich. Diese Dynamik schadet der kulturellen und politischen Form des Reiches jedoch nicht. Bezeichnend für das Verständnis der Kraft des römischen Reiches ist es, daß vor allem die harte Konkurrenz der beiden Romstädte im Namen der *civitas augescens* schlußendlich zum Schisma geführt hat. Gewiß, dieses zeigt sich im Namen der Evangelisierung und der christlichen Ökumene, aber das *inquietum cor* der *civitas peregrinans* hätte nicht so stark schlagen können, wäre es nicht und wüßte es sich nicht als Erbe des Römischen. Die Bekehrung des Fürsten von Kiew und die Gründung der christlichen Rus sind entscheidende Daten der Universalgeschichte (Toynbee), denn in ihnen zeigt sich die Trennung der sich

---

10. (= Anm. 14) Catalano, P.: *Populus Romanus Quiritas*, Turin 1974; ders.: »Una civitas communis«, in: *Studia et Documenta Historiae et Juris* LXI (1995).
11. (= Anm. 15) Poggi, V.: »Rum, dalla prima alla seconda Roma«, in: *Da Roma alla Terza Roma*, XI Seminario, a.a.O.
12. (= Anm. 19) Siniscalco, P.: »Sur Constantinople et sa fondation«, in: *Da Roma alla Terza Roma*, XVII Seminario internazionale di studi storici, Roma 1997.
13. (= Anm. 20) Maisano, R.: »La fondazione della nuova Roma nella prospettiva politica e culturale di Temistio«, in: ebd.

Rom nennenden Städte, zugleich der Übergang der Rom-Idee auf einen neuen unermeßlichen Raum – und in diesem Paradox zeigt sich die unerschöpfte Kraft der Ausdehnung und Erneuerung.

Der Fürst von Kiew erkennt umgehend die Jurisdiktionsgewalt von Byzanz an, ebenso versteht er sich sofort als neuer Konstantin – nicht bloß als Nachfolger, sondern als *Auctor*, Augustus, Begründer und Stifter eines neuen Rom, das mit dem römischen Ursprung verbunden ist. Von der ersten Phase der Taufe der Russen an verbindet sich diese Sicht mit messianisch-eschatologischen Visionen: das dritte Rom ist der Arbeiter der letzten Stunde (vgl. Matthäus 20,12) – und der letzte, der der erste werden wird. Das letzte Rom hat die Kraft des Ursprungs, ist *arche*. Rußland ist berufen, sowohl die Rom-Idee zu »retten«, die das Schisma zum Scheitern gebracht zu haben schien, als auch unbeugsamer Wächter der Orthodoxie zu sein. Dieses doppelte Ziel, das anfangs ganz selbstverständlich zu sein schien, erweist sich zwischen dem 16. und 17. Jahrhundert als kein geringes Problem. Selbstredend setzt sich der Mythos von Moskau als drittem Rom erst nach dem Fall von Konstantinopel durch. Von der orthodoxen Kirche wird er vollkommen anerkannt, von der römischen nicht bekämpft, soweit es um Politik geht – nicht einmal nachdem der Metropolit von Moskau Iwan III. sich zum neuen Caesar, Zar, Konstantin des neuen Konstantinopel und die Rus zum ausschließlichen Gebiet der Orthodoxie erklärt. Ein Jahrhundert später vollendet sich dieser Prozeß mit Iwan dem Schrecklichen (der russische Begriff *grosny* erinnert auch an *auctoritas, maiestas*) und mit der Konstitution des Patriarchates der Kaiserstadt Moskau. Iwan IV. macht sich zum Kaiser aller orthodoxen Christen, übernimmt eisern alle politische Macht und bindet mit dieser unlöslich die Geschicke der Kirche. In dieser letzten *translatio* nimmt die imperiale römische »Monarchie« die Züge der rigidesten *Autokratie* an.

Um diese Ereignisse, deren Bedeutung für die europäische Geschichte man kaum unterschätzen kann, zu verstehen, genügt es nicht, wiederum mit Toynbee, daran zu erinnern, wie die Existenz der Rus – in der Zange von Ost und West – zwischen Angriffen aus den endlosen asiatischen Ebenen und der »hungrigen Wölfe« (wie Byzanz die Franken und Lateiner bis zur Eroberung durch die Osmanen zu bezeichnen gelernt hatte) ständig bedroht war. Die vollkommene Einheit von Kirche und Staat, die der »politischen Theologie« Westeuropas völlig fremd ist und die das eigentliche Fundament der Idee des »totalitären« Staates ist, kommt aus Byzanz, oder besser: aus einer Interpretation der Tragödie des zweiten Rom. Danach liegt der Grund für den Zusammenbruch in der Schwäche des *imperium*, in der feudalen Fragmentierung der politischen Macht. Sie wird zu einer Quelle von Korruption, so daß der Kaiser die Rolle des obersten Wächters der Orthodoxie verliert.[14] Die russische Autokratie bekommt dann eine ganz bestimmte politische Bedeutung – in der Perspektive des »Dritten Rom« oder einer eschatologischen Sicht, deren Heraufkunft sie schon ankündigt.

Doch entspricht diese *translatio* wirklich der Idee eines Reiches, das in der *civitas augescens* gründet? Denkt man an deren Expansionskraft, so bleibt der Wider-

---

14. (= Anm. 21) Ivan il Terribile: *Un buon governo nel Regno. Il carteggio con Andrej Kurbskij*, Mailand 2000.

stand gegen andere Mächte, als Selbstbeschränkung und Verteidigung, auch dann eine Anmaßung, wenn man sich dabei der traditionellen Sprachen, Techniken und Institutionen dieser Mächte bedient (wie es bei Peter dem Großen und noch später im 20. Jahrhundert der Fall ist). Die Autokratie widerspricht einer dynamisch als Ausbreitung der Rechte verstandenen Einheit, deren Idee in kaiserlicher Zeit keineswegs abnimmt. Die byzantinische »Symphonie« von Staat und Kirche, *imperium* und *sacerdotium*, ist jedoch durch eine ganz andere Auffassung ersetzt worden, welche die Kirche den Erfordernissen der politischen Machtkonzentration unterordnet. Das dritte Rom will wirklich als das *letzte* gelten, als der Ort, wo die *civitas augescens* zu ihrer Vollendung findet. Dieser Ort kann dann nur Ort des Endes, nicht Ort seiner Erneuerung sein. Das *letzte* Rom ist nicht mehr Rom – das Reich, das in sich selbst verharren will, seine eigene Orthodoxie verteidigt, keine anderen Völker und Götter kennt, ist nicht mehr ein Reich im römischen Sinn. Und doch besteht der Bezug gerade in dieser Entgegensetzung. Die Idee der *translatio* ist an sich nicht ganz klar – sie kann nachlassen –, wie es ihrem Beginn entspricht, im Ausdruck der »Mobilität« Roms, in der Fähigkeit, die eigene Kraft zu teilen, ohne sie zu verringern; in ihrer Verstärkung kann es aber auch ganz einfach zu einer Neuaufstellung, zu einer neuen räumlichen Ordnung kommen. Die römische *concordia*, die sich immer in Konflikten einstellt und die das Ergebnis von Abmachungen und politischen Verträgen ist, die solange bestehen bleiben, wie sie nicht erneuert werden, paßt nicht zu einer autokratischen Auffassung vom Reich – und doch ist der »Stillstand« Roms im Innern »staatlicher« Grenzen (die tatsächlich das Ziel jeder Reichsbildung sein können) ganz sicher auch eine Möglichkeit, die in der Idee der *translatio* liegt.

Die politische Utopie Solowjews, auch die nicht wenigen Zeilen von Berdjajew und Bulgakow über das »apokalyptische« Pferd, können als Aufforderung an die Rus zur Umkehr auf den römischen Weg gelesen werden. Rom ist das »unbewegliche Zentrum«, aber römisch bedeutet nicht lateinisch![15] Das »Zentrum« bringt ständig Veränderungen und Machtübertragungen mit sich, breitet sich aus auf neue Orte und Subjekte. Ein zur Festung gewordenes »Zentrum« bringt Schisma mit sich, die Einheit, die es verkündet, ist allgemeiner Zwang, eine Hundeleine für alle. Das römische »Zentrum«, von dem Solowjew spricht, ist dagegen eine universelle Vaterschaft, die nur dann in der Selbständigkeit ihrer Söhne lebt, die sich nie in autokratischen Formen verschließen könnte, wenn diese sich mit einem gemeinsamen Ursprung identifizieren würde – wenn sie sich in der *civitas communis* wiederfände, insofern diese keinem, keiner Ethnie, Kultur, Konfession, gehört, sondern das Leben eines jeden in Form bringt (»in-formiert«). Nur in einem solchen strahlenden und einladenden Rom kommt es nicht zur Verwüstung, zur Vereisung und zur Fragmentierung in Einzelstaaten, die sich dem *imperium populi Romani* umso mehr entgegensetzen, je mehr sie »imperialistisch« agieren.

Die Einheit des Reiches als Eintracht souveräner Mitglieder mit Russland – nicht als drittes und letztes Rom, sondern als Kraft der Erneuerung, Brücke, bewegli-

---

15. (= Anm. 22) Solowjew, V. S.: *Lettera a Strossmayer* (1886); *L'idea russa* (1888), in: *Il problema dell' ecumenismo*, übers. von V. P. Modesto, Mailand 1973. Vgl. T. Spidlik, *L'idea russa*, Rom 1996, bes. Kap. IV.

ches Scharnier, Grenz-Ort, den West und Ost im Wechsel »übertreten« sollen –: in diesen Begriffen wird die »Berufung zur Einheit«[16] bei den großen Russen des 19. und 20. Jahrhunderts zum Ausdruck gebracht – *im Gegensatz* zu jedem Panslawismus, jedem nationalistischen Imperialismus, jeder Form der Autokratie – und das heißt: in einer verwandlungsfähigen Entwicklung, wie sie dem römischen Erbe eigentümlich ist.[17] Diese Vision der Rus, diese russische Eschatologie, ist für ein Europa, das sich nicht im Westen »abschließen« will, das *civitas augescens* über jede *religio civilis* hinaus – und daher *augescens et peregrinans* – sein will, unentbehrlich. Rußland ist vielleicht der Ort, an dem diese Perspektive am meisten verraten worden ist. Vielleicht kann sie sich von dort mit stärkerer Kraft erneuern. Gewiß ist, Europa ohne Rußland kann sich keineswegs mit sich versöhnen (»sich seiner selbst erinnern«), kann keine Herkunft – und so auch keine Zukunft haben. [...]

Heute haben wir das Heidentum einer säkularisierten *religio civilis* – ohne den polytheistischen Pluralismus Roms. Die perfekte *religio civilis* ist die »amerikanische Religion«, die gegenüber anderen Religionen vollkommen pietätlos ist. Diese kommen ins »Zentrum« als leere Simulakren, *numina victa* im buchstäblichen Sinn. Wo sie herkommen, werden sie weiterhin unerbittlich bekämpft. Die Vereinigten Staaten sind nicht eine »normale« imperialistische Macht, nie können sie die römische Idee vom Reich erneuern.

Weniger noch wird dies ein allumfassendes und vereinheitlichendes »Netz« können. Für ein Netz ist ein »Bürgerrecht« gleichgültig, das die allgemeine *concordia* fordert. Keineswegs schließt Moment im »Netz« zu sein, das Moment ein, Bürger zu sein. Die *civitas* besteht im Konsens der Bürger, sie gründet die Legitimität der Gesetze. Im »Netz« kann Gleichheit in absolut von Freiheit getrennten Begriffen gedacht werden. Und die strukturelle Ideologie des Netzes besteht darin, sich als technisch-administrativen *Mechanismus* zu geben und die unleugbare hierarchische Ordnung nur als »naturgegebenes« Resultat dieses sich ganz unpolitisch gebenden Mechanismus zu präsentieren. Diese Ideologie steht wiederum im Gegensatz zu dem politischen Mythos der *civitas augescens* und ihrer Herrschaft. Doch ist die Universalität, die reale »Ökumenizität« des »Netzes« (als deren Protagonist gar die amerikanische Politik gilt) notwendig »offen« für grenzenlose Ausdehnung, für Individualität, die das »Netz« als die eigentliche Universalität und damit als allgemeinen Pakt ansieht – einen Pakt, den das Individuum braucht, um ganz allgemein zu sein. Im Blick der gegenwärtig abdankenden Einzelstaaten und ihrer supranationalen Organisationen wird diese Möglichkeit gespenstisch bleiben. Sie ist es aber nicht im Blick des sich – offensichtlich nur technisch – bestätigenden »Netzes« selbst. In der so verstandenen Ökumene können wir die Verwirklichung des politisch-institutionellen Paktes einer effizienten *concordia* sehen – die ins Politische gehende »Ausstrahlung« des Willens jedes einzelnen, in *philia* mit dem anderen zu sein und gleichzeitig Fremder zu bleiben.

16. (= Anm. 23) *Filosofia, religione, letteratura in Russia all' inizio del XX secolo*, Neapel 1993, bes. die Studien von I. Vinogradov über Dostojewskij und von A. Dell' Asta über Solowjew; R. Valle: *Dostoevskij politico e i suoi interpreti*, Rom 1990.
17. (= Anm. 24) Vgl. die große Synthese von Berdjajew, *Die russische Idee*, St. Augustin 1983.

Gegenwärtig scheint die Globalisierung fortzuschreiten, indem sie alle Polarität ausschaltet. Aber die Universalität des »Netzes« ist überhaupt als Pluralismus der Beziehungen zwischen Orten und zwischen Orten und »freien Räumen« in einem kulturellen Sinne zu verstehen, als Kommunikation lebendiger Erfahrungen. Die Idee der *renovatio* ist in diesen Kommunikationskontext eingeschrieben. In einem einfach strukturierten »Netz«, das also auf ganz bestimmte »Knoten« *zentriert* ist, kommt es nicht zu wirklich Neuem, sondern allenfalls zu neuen Produkten, in denen der eine Logos aufscheint, den kein *Novum* verändern und der von allem Neuen unberührt bleiben soll. Aber das Netz kann auch *umgekehrt* gesehen werden – als Zeitraum, in dem sich Polaritäten neu bilden (*renovatio*), die in allen Formen ihrer Beziehungen allgemeine Bedeutung bekommen – kulturelle und religiöse Polaritäten, Polaritäten zwischen politischen Systemen, Polaritäten, die am Ende die Freund-Feind-Logik überwinden können, weil sie eben global vernetzt sind, weil sie schon verbunden sind – und in dieser Konföderation Interesse und Willen eines jeden zum Ausdruck kommt.

Aber welches politische Subjekt könnte heute in der Lage sein, die Form der Globalisierung mit dieser Idee des Reiches zu »kontaminieren«? Nur ein Europa, das fähig ist, auf seine »beweglichen Wurzeln« zurückzukommen, das sein eigenes »Wachsen« als anverwandelnde und einladende Kraft versteht – und die eigene Macht als Macht der Rechte, die es fördert und der Subjekte, denen dies zusagt. Aber um *dieses* Europa zu werden, muß es sich verändern. Um nicht bloß Westen zu sein, muß Europa zurück zu seinem Ursprung. Der Niedergang dieses Europa der Einzelstaaten, dieses Europa, das Rom nur in einem absolutistischen oder autokratischen oder imperialistischen Sinne zur »Metapher« werden ließ, des Europa, das heute den Osten, wie er ist, als Annexionsgebiet betrachtet, dem die Welt des Mittelmeers eigentlich fremd ist, dieser Niedergang ist nur zu denken als ein Europa, das Subjekt einer neuen Form der Globalisierung wird. Es ist nicht möglich zu sagen, ob und wie dies Wirklichkeit werden kann, aber gewiß möglich, dies zu denken – weil dies ganz deutlich dem Sinn der europäischen Vergangenheit entspricht, der in unserer Geschichte, obschon mißverstanden, verraten, verleugnet, lebt.

Postscriptum. Nach dem 11. September

[…]

Unter den großen Reichsideen dominiert nicht die simplifizierende »reductio ad unum«, sondern der Bezug aller Organismen auf das allgemeine Gute, das sich notwendigerweise in einer allgemeinen Amtsgewalt inkarniert. In den letzten Jahren haben wir jede Art blasser säkularisierter Abbilder dieser großen Ideen zu sehen bekommen. Wie oft wurde der Große Schiedsrichter aufgerufen, der die Souveränität der Einzelstaaten, die ihre eigenen Interessen verfolgen, in Schranken weisen soll! Scheint es nicht vielen klar, daß ein Monarch der erste Verteidiger der Untertanen jedes Staates wäre, da er von jedem Eigeninteresse frei ist? Die Perspektive (die letztlich auf die Bejahung einer von Gott hergeleiteten Herrschaft hinausläuft) ist unzählige Male indirekt während der neueren Konflikte zum Ausdruck gekommen. Wird es dieses vierte Rom geben? Oder ist es möglich, dieser Idee (die sich letztlich in ihrer Radikalität ohne jede Heuchelei zeigen muß), die Idee einer Globalisierung im Kontext von freien Räumen und authentischen Polaritäten entgegenzusetzen, wie sie in dieser Untersuchung angedeutet wurde? Ich glaube, daß die neue Weltordnung entweder authentisch föderativ sein wird, oder sie wird notwendigerweise dieses apokalyptische Szenario werden, das einige der großen Realisten des 20. Jahrhunderts vor Jahrzehnten schon vorgezeichnet haben – eine einzige große Macht, ein einziges Reich, das in unübersehbar viele »lokale« Konflikte verwickelt ist. Dies ist der natürliche Nährboden für einen von Verzweiflung geprägten und globalen Terrorismus. [...]

Die Notwendigkeit, die Unterschiede zur Geltung zu bringen und Simplifizierungen und Klischees auch der Gegner abzuweisen, führt logisch zu einer Politik und zu einem internationalen Recht, das auf der Idee der weiten Räume und der kulturellen Identitäten aufbaut, die miteinander in gegenseitiger Anerkennung bei voller Autonomie der einzelnen verbunden sind. Wenn der Westen sich nicht in diese Richtung bewegen wird, muß man wieder einmal Musils »erschreckendem« Wort recht geben, der sagte, daß die europäische Welt den Teufel schuf, und Gott wolle, daß sein Konkurrent zeige, was er kann.

Aus dem Italienischen von Helmut Kohlenberger

Barbara Vinken

Rom – Paris

> Hegel bemerkt irgendwo, daß alle großen weltgeschichtlichen Tatsachen und Personen sich sozusagen zweimal ereignen. Er hat vergessen hinzuzufügen: das eine Mal als große Tragödie, das andere Mal als lumpige Farce.
> (Karl Marx)[1]

> Un arbre est une édifice, une forêt est une cité, et entre toutes, la forêt de Fontainebleau est un monument.
> (Victor Hugo)[2]

Prolog

Beginnen wir, Paris-Rom, Rom-Paris, nein, nicht mit Butor, sondern mit Lacan. Und stellen wir gleich zu Anfang fest, daß Rom auch heute im französischen Kontext nicht irgendeine Stadt ist. Stadt der Städte bleibt Rom für Lacan in einem sehr spezifischen Sinne. Hier tritt das schlechthin Unfaßbare, das Unverfügbare, das Reale, in Erscheinung. Lacans kurzer Essay über Rom, der vielleicht besser mit »Römische Orgien« betitelt wäre, heißt schlicht »Du Baroque«.[3] Es geht, in Rom-Termini, um das zweite Rom auf seinem Höhepunkt, um das Rom der Päpste, das Lacan zum Ort einer ganz eigenen Offenbarung wird. Das Rom der Märtyrer wird zum Ort der Epiphanie des Unsichtbaren, Unvorstellbaren, weil Verdrängten: zur Epiphanie des Realen. Was sich in Rom zeigt, ist der ins Unbewußte, auf eine andere Szene abgedrängte Körper, an dessen Stelle dann im Spiegelstadium die Gestaltwahrnehmung eines geschlossenen und koordinierten Körpers mitsamt Ichbewußtsein tritt. Der literal ungestalte, unkontrollierte Körper, dessen Verwerfung, Verdrängung und Verstellung Bedingung für das Ich ist – dieser Körper tritt im Rom des Barock beherrschend in Erscheinung. Die Kunst des Barock fasziniert Lacan, weil sie das Reale paradox zeigt: kein geschlossenes Körperbild – gerade keine Figur – sondern das Abjekte, als gestaltlos Verworfene: einen »corps ruisselant«, einen offenen, durchlöcherten, durchbohrten, geschundenen, von Blut und anderen Flüssigkeiten tropfenden, fließenden Körper, Figur der Figurlosigkeit. Lacans Rom ist die Orgie des Realen in der Kunst des Barock – eine römische Offenbarung eigener Art.

---

1. Marx, Karl: *Der 18. Brumaire des Louis Bonaparte*, hg. von J. Weydemeyer, Frankfurt am Main 1965, S. 9.
2. Victor Hugo, zitiert nach Hausmann, Frank-Rutger: »Im Wald von Fontainebleau – Sehnsuchtsort oder Metapher des Erzählens?«, in: Bremer, Thomas/Heymann, Jochen (Hg.): *Sehnsuchtsorte. Festschrift zum 60. Geburtstag von Titus Heydenreich*, Tübingen 1999, S. 135-144, hier: S. 136, der hier wiederum Loiseau, Jean: *Le Massif de Fontainebleau*, Paris 1970, zitiert.
3. Lacan, Jacques: »Du Baroque«, in: *Le Séminaire de Jacques Lacan XX: Encore*, Paris 1975, S. 133-148.

Glorreich:
Varianten von *restauratio* und *translatio* zwischen Rom und Paris

Im Jahre 410, unmittelbar nach dem Fall Roms, schrieb Augustinus einen kleinen Brief: *De excidio urbi Romae*. Während der sich zu dieser Zeit in Bethlehem aufhaltende Hieronymus im Fall dieser *einen* Stadt das Ende der *ganzen* Menschheit sah,[4] bleibt Augustinus erstaunlich kühl. Den Fall der Stadt sieht er nicht als einmaliges, geschweige denn apokalyptisches Ereignis, sondern er reiht ihn in die lange Folge der im Alten Testament bestraften oder zerstörten Städte ein: nichts als ein weiteres Sodom und Gomorrha. Die Stadt Rom wird für Augustinus entgegen der ihr verheißenen Grenzenlosigkeit und Ewigkeit – gemäß der Prophezeiung Vergils »His ego nec metas rerum nec tempora pono / imperium sine fine dedi«[5] – zum Emblem der *vanitas*, an dem die Instabilität und Vergänglichkeit, der Trug alles Irdischen nur einmal mehr illustriert wird.[6] Später, in der *Civitas Dei*, ist Rom und sein Fall nicht mehr eines unter vielen Beispielen, sondern das Beispiel der Beispiele für die *vanitas* alles Irdischen. Es bleibt in dieser Hinsicht auch für Augustinus Stadt der Städte, das Emblem par excellence für die durch *concupiscentia* zerrissenen politischen Körper, der Inbegriff irdischer, und das heißt nicht mehr heilsfähiger, heilsindifferenter Geschichte.[7]

Für diejenigen, die mit den Reichen dieser Welt befaßt waren, hatte Rom einen anderen Stellenwert. An die Fortschreibung römischer Geschichte knüpften sich fast immer heilsgeschichtliche Dimensionen. Wo ist das wahre Rom? Was ist das wahre Rom? Europäische Geschichte ist im Verhältnis zum römischen Imperium oder zur römischen Republik von Kontinuitätsdenken bestimmt: von *restauratio* und *renovatio* auf der italienischen, von *translatio* auf der französischen und auf der deutsch-spanisch-österreichischen Seite.

Petrarcas Wunsch war die eine Zeitenwende herbeiführende, wieder Licht in die verdunkelte Welt bringende *renovatio Romae*, seine Wiedergeburt aus den Steinen und Buchstaben seiner Geschichte, die er für einige Monate bereits in dem Revolutionär Cola di Rienzo, der in Rom die römische Republik restaurierte, wahr gemacht sah. Lorenzo da Valla, der italienische Humanist, sollte diese Steine und diese Buchstaben später als »latina litteratura aeterna«, als »sacrosancta vetustas«, als »magnum numen« und »magnum sacramentum« feiern. Nach Mussolinis Wunsch – einen großen Sprung zu wagen – sollte der Faschismus die »romanità«, die mit der Vereinigung Italiens zu einer Art Staatsreligion avanciert war, als geistiges und geschichtliches Schicksal Italiens verwirklichen. Das Rom Mussolinis sollte dem Rom der Caesaren in nichts nachstehen. Mussolini figurierte in diesem neuen Rom als neuer Augustus, Gesetzgeber und Friedensbringer, Reichserbauer in einem vereinigten, gerechten Italien. Er sah sich schließlich

---

4. Hieronymus: *Epistolae* 125, 12 (*Patrologia latina* 30).
5. Vergil: *Aeneis* 1, 278f.
6. Vgl. Augustinus, Aurelius: *De excidio urbis Romae sermo. A Critical Text and Translation with Introduction and Commentary*, hg. von Sister Marie Vianney O'Reilly, Washington/DC 1955, Bd. 8, S. 1-4.
7. Ders.: *De Civitate Dei*, in: *Aurelii Augustini Opera*, Bd. 14/1-2, hg. von Bernhard Dombart/ Alphons Kalb, Turnhout 1955.

als Erbauer eines dritten Rom, das dann jedoch zu einer kläglichen Ruinenstadt wurde. Beider Held, Petrarcas und Mussolinis, war Scipio Africanus, der Karthago, den ewigen, weiblich-versucherisch-barbarisch konnotierten Gegner vernichtete.[8]

Auf französischer Seite wurde aus verständlichen Gründen nicht das Modell der *renovatio* oder der *restauratio*, sondern das der *translatio* favorisiert. *Translatio imperii* und *studii* haben französische Geschichte in der Konfiguration Rom-Paris geprägt. Bis zur Französischen Revolution hatte Augustus das Übergewicht, um mit Napoleon wieder aus den Wirren der Republiken hervorzugehen: Heinrich II. als Augustus, Ludwig XIV. als Augustus, Napoleon schließlich als Augustus.[9] Die Aufklärung und die Revolution spielten lieber die tugendhafte Republik gegen das dekadente Imperium aus und hatten ihre Helden in Cato dem Älteren und im Rebellen gegen die Tyrannei, in Brutus. Cato der Ältere war Rousseaus Held, Robespierre sah sich in der Rolle des Brutus. Zweimal kommt die Geschichte wieder: einmal als Tragödie und einmal als Farce, schrieb Marx und meinte die Revolution von '89, eine Tragödie, die die Revolution von '48 als Schmierenkomödie nachspielt, beide in antike Roben gehüllt, als Römer verkleidet.[10] Europa ist das ungezählte Wiederkommen aller möglichen Varianten Roms – und man kann für diese variantenreiche Wiederkehr keinen treffenderen Ausdruck finden als den reizenden Pleonasmus eines amerikanischen Baseballtrainers: »Déjà vu all over again.« »Play it again«, unter dieses Motto könnte man europäische Geschichte in ihrem Verhältnis zur Antike und insbesondere zum Römischen Reich stellen. Da hatte Petrarca schon recht: Denn was ist die Geschichte anders als das Lob Roms? »Quid est enim aliud omnis historia, quam romana laus?« Fragt sich, was da und ob zurecht gelobt wurde. Jedenfalls ist europäische Geschichte als Wiederholung Roms gedacht worden.[11]

Die Dichter sekundieren der Politik oder schreiben die Skripte der verschiedenen Renaissancen Roms gar vor. Petrarca versucht, das zeitgenössische Rom an Ort und Stelle zu alter Glorie zu erwecken, indem er die Antithese von Barbaren und Römern neubelebt. Nur in Rom ist geschichtswürdige Geschichte gemacht worden. Deswegen muß Geschichte wieder ihr *fundamentum in res* haben, in den Steinen und Buchstaben der Stadt Rom. Sonst ist sie es nicht wert, Geschichte im emphatischen Sinne des Wortes genannt zu werden. Grundlos auf faulen Zauber gebaut bleibt jede *translatio*: siehe Kaiser Karl – das Attribut der Größe spricht Petrarca ihm gleich ab – in seiner Pfalz in Aachen, der mitten im stinkenden, ihn magisch anziehenden Sumpf ganz buchstäblich völlig grundlos beansprucht, Nachfolger der römischen Kaiser zu sein.[12] Genauso pervers die Idee einer *trans-*

---

8. Vgl. Stone, Marla: »A flexible Rome: Fascism and the cult of romanità«, in: Edwards, Catharine (Hg.): *Roman Presences – Receptions of Rome in European Culture, 1789-1945*, Cambridge 1999, S. 205-220.
9. Huet, Valérie: »Napoleon I: a new Augustus?«, in: Edwards (Hg.): *Roman Presences*, a.a.O., S. 53-69.
10. Marx, *Der 18. Brumaire*, a.a.O., S. 9.
11. Petrarca, Francesco: *Invectiva contra eum qui maledixit Italiae*, zitiert nach *Prose*, hg. von Guido Martelletti u.a., Mailand-Neapel 1955, S. 790f. Alle weiteren Zitate im Text nach dieser Ausgabe.
12. Ders.: *Le Familiari* I, 4 , nach: ebd., S. 810ff.

latio nach Paris als neuem Rom.[13] Petrarca beginnt ein abgebrochenes Epos, die *Africa*, Geschichte der punischen Kriege, die das Lob Roms singen und ihn zu einem besseren Vergil machen soll.

Ronsard, auch als neuer Vergil, will für Heinrich II. tun, was Vergil für Augustus getan hat: ihm eine neue *Aeneis* schreiben, seine *Franciade*, in der nicht Rom, sondern Paris als neues Troja firmiert.[14] Deswegen, führt später Racine im Vorwort seiner *Andromaque* aus, habe Ronsard den von den Griechen umgebrachten trojanischen Thronfolger Astyanax, Sohn Hektors und der Andromache, überleben lassen. Ronsard macht Astyanax zum Gründer von Paris und damit zum Vorfahren des französischen Königshauses; so wird Paris, in eine direkte genealogische Linie mit Troja gestellt, wahre Nachfolgerin Trojas, endlich wahres Rom.[15] Die *Franciade* steht unter einem ähnlich unglücklichen Stern wie Petrarcas großes Romepos und bleibt unvollendet. Racine, der in einer Zeit lebt, in der Paris auch in den *Lettres* und den *Arts* den Glanz des römischen Vorbildes erreicht hat und den Geist der Klassik französisch verbessert auferstehen läßt, lehrt den absolutistischen Herrscher wie Corneille am römischem Beispiel die Staatstugenden: Selbstbeschränkung und *clementia*. Paris ist neues Rom.

Hugo bescheinigt Napoleon als abermals neuer Vergil post festum schließlich, daß das Paris des Empire ein wahreres, besseres Rom geworden ist. Mit Napoleon, präfiguriert von Alexander, Cäsar und Karl dem Großen, hat nicht nur die französische, sondern die europäische Geschichte in Paris ihre Apotheose erreicht. Der Kaiser als Erfüller des Vorhergesagten vollendet die quasi heilsgeschichtliche Dimension europäischer Geschichte, die in der Dichtung Hugos als eine solche, vollendete lesbar wird. Laut Hugo hat Napoleon aus Paris das gemacht, was Du Bellay Heinrich II. nur wünschen konnte: ein neues, größeres Rom, mit Triumphbögen, Siegessäulen und Obelisken.[16] Die glücksverheißenden Vorhersagen – »bienheureux présages«, heißt es bei Du Bellay – eines Rom ebenbürtigen Paris sind von der Wirklichkeit des neuen, napoleonisch-imperialen Paris überboten worden. Im Gegensatz zu den römischen Ruinen, deren Gründungsmauern von Blut bespritzt sind, werden die Pariser Ruinen, unbefleckt von Greueln, die Qualifikation makelloser Heiligkeit verdienen, kündet Hugo, der Seher. Was nach Napoleon, nach der Erfüllung der Geschichte und das heißt nach der Überbietung Roms kommt, verdient auch in Hugos Augen nicht, Geschichte genannt zu werden. Es ist nichts als unbedeutendes Geschehen, sinnloses Gewimmel, das sang- und klanglos vergeht, ohne Spuren zu hinterlassen.

Emile Zola hingegen sah Geschichte noch nicht erfüllt, sondern erst in einem französischen Imperium zu erfüllen, dessen Antithese, das zweite Kaiserreich, in

---

13. Ders.: *Invectiva*, a.a.O., S. 768ff., und *Sine nomine: lettere polemiche e politiche*, hg. von Ugo Dotti, Rom-Bari 1974.
14. de Ronsard, Pierre: *La Franciade*, in: *Œuvres Complètes*, hg. von Jean Céard/Daniel Ménager/Michel Simonin, Paris 1993, Bd. 1, S. 113ff.
15. Racine, Jean: Préface zur *Andromaque*, in: *Œuvres*, hg. von Edmond Pilon/René Groos, Paris 1940, S. 124.
16. Vgl. Hugo, Victor: »A l'Arc de Triomphe«, in: *Les voix intérieures*, in: *Œuvres complètes*, hg. von Jean Massin, Paris 1967, Bd. 5, S. 559. Vgl. zu Rom und Paris Vinken, Barbara: »Zeichenspur, Wortlaut: Paris als Gedächtnisraum. Hugos *A l'Arc de Triomphe*, Baudelaires *Le Cygne*«, in: Haverkamp, Anselm/Lachmann Renate (Hg.): *Gedächtniskunst: Raum – Bild – Schrift. Studien zur Mnemotechnik*, Frankfurt am Main 1991, S. 231-262.

jeder Hinsicht ruinös war. Paris erträumte er als ein drittes, endlich wahres Rom, von dem seine unvollendet gebliebenen *Quatre Evangiles* künden. Paris als drittes Rom erfüllt weder das Rom der Cäsaren, noch das der Päpste, die für Zola beide vom römischen Dämon eines maßlosen Herrschaftsanspruches beherrscht werden. Es soll vielmehr als Anti-Rom deren sterile Perversion in fruchtbare Menschlichkeit verkehren. Diese Segnungen soll Paris imperial über die ganze Welt verbreiten – so Zolas frohe Botschaft der Verkündigung eines französischen, heilbringenden Imperiums. Und auch er wünscht diesem Imperium, was Jupiter bei Vergil dem römischen vergeblich versprochen hatte: grenzenlos in Raum und Zeit zu sein.

Verheerende Anfänge: Flauberts römische Wiederkehr

Gegen diese Variationen der eusebischen Tradition, die Heil und Reich zusammenschließt und für die diese theologisch-politische Fundierung von Politik an das Paradigma Rom gebunden bleibt – selbst wenn sie sich, wie etwa bei Zola, in die Tradition des *contro Roma* einschreibt –, gab es in Frankreich seit der Renaissance eine andere *translatio Romae*, die vielleicht ebenso prägend war, aber weitgehend verkannt worden ist. Ihr liegt ein zutiefst skeptischer Geschichtsbegriff zu Grunde. Es ist die der *translatio* des verheerenden Anfanges römischer Geschichte: die Figur des Brudermordes, die in der römischen Literatur mit dem Mord von Romulus an Remus vorgeprägt ist. In dieser Perspektive ist die *translatio* nichts als die *translatio* römischen Fluches. Sie verdammt alle Geschichte dazu, blind immer wieder das römische Fatum, Brudermord und Bürgerkrieg, auszuagieren. Es war Lucan, der römische Geschichte in seiner *Pharsalia* in Brudermord gegründet und in dessen *amplificatio*, dem Bürgerkrieg, erfüllt sah. Diese »Erfüllung« stellt er gegen die Vergilsche Erfüllung eines götterbeschützten, grenzen- und endlosen Reiches. Die *Pharsalia* durchkreuzt und widerlegt die *Aeneis*. Das Bild des zerrissenen Körpers ist ihr Leitbild; es repräsentiert den gespaltenen politischen Körper und den römischen Bürgerkrieg. Römische Geschichte erscheint in der *Pharsalia* nicht als Heils- sondern als Unheilsgeschichte, als blutiger Schrecken ohne Ende. Ihre Urszene ist eine aus Herrschsucht begangene Gewalttat: »Fraterno primi manduerunt sanguine muri.« / »Unsere Gründungsmauern wurden von Bruderblut bespritzt.«[17] Geschichte heißt die blutige Entfaltung dieses ersten Verbrechens. Der Frevel liegt wie ein Fluch über der römischen Geschichte und erfüllt sich im Grauen der Gefilde von Emathia.

Es ist Lucans Rom, das Rom der Bürgerkriege, beschrieben im Rom der frühen Kaiserzeit unter Nero im Jahre 60, das den Bruch des Augustinus mit der eusebischen Reichstheorie, den die *Civitas Dei* vollführt, profiliert. Der eusebischen Reichstheorie zufolge, die selbst eine *interpretatio christiana* Vergils vollzieht, ermöglicht das irdische römische Reich sowohl die Ausbreitung des christlichen Glaubens (*praeparatio evangelica*) und ist in Gestalt der Pax Romana – Figur des

---

17. Lucanus: *Bellum civile. Der Bürgerkrieg*, hg. und übers. von Wilhelm Ehlers, München 1973, I, 95. Alle Zitate nach dieser Ausgabe (= BC).

himmlischen Reiches. Die großen vergilschen Prophezeiungen versprechen ein den Erdball umspannendes ewiges Reich, das ein Reich göttlicher Vorherbestimmung ist. Die theologisch-politische *interpretatio christiana* macht dieses Reich zur Bedingung für die allumfassende Katholizität der römischen Kirche. Augustinus trennt scharf in *civitas terrena* und *civitas Dei*.[18] Er trennt politische Geschichte und Heilsgeschichte radikal voneinander. Von Anfang an steht seine *Civitas* jeder politischen Theologie entgegen. Die *civitas Dei*, deren Figur die Kirche ist, ist nicht ganz von dieser Welt und bleibt auf der Erde im Exil einer *ecclesia peregrinans*, die der himmlischen Heimat entgegen pilgert. Die römische Geschichte, an der Augustinus seine Theorie des Politischen aporetisch entwickelt, bleibt mit Augustinus und gegen ihn auf den Konflikt fixiert, den er im literarischen Widerspiel von Vergil und Lucan vorgefunden hatte.

Augustinus sieht in seinem großen geschichtsphilosophischen Werk den von Lucan als Urszene aller römischen Geschichte gesetzten Brudermord in der Bibel vorgeprägt. Er macht den Brudermord zum Urtypus irdischer Geschichte und gleichzeitig zur Figur des gesellschaftlichen Körpers, der immer ein zerrissener, entzweiter ist. Diese Zerrissenheit findet ihre klarste Figur im Bürgerkrieg. Mit Kain, dem Städtegründer, nimmt die *civitas terrena* ihren irdischen Lauf, die in dem Jäger wider den Herrn, Nimrod, in Babel ihren ersten und schrecklichen Höhepunkt findet. Die mächtigste Ausprägung des Paradigmas der *civitas terrena* ist für Augustinus Rom.[19] Denn dessen Anfänge, führt er im Blick auf Lucans Epos aus, folgen dem von Kain vorgezeichneten Muster des Brudermords blind. Vom Ende her betrachtet, fallen die Menschen in zwei Geschlechter, in die Rasse Abels und die Rasse Kains auseinander. Bei Augustinus ist die *civitas terrena*, in der nicht die »caritas consulandi«, sondern die »cupiditas dominandi« herrscht, in sich und mit sich selbst entzweit: Jeder ist ausschließlich auf den eigenen Vorteil bedacht und so kommt es zu einem Krieg aller gegen alle. Augustins Profangeschichte ist eine »series calamitatum«.

Als eine alle irdische Geschichte grundierende Figur findet Augustinus die Zwietracht exemplarisch, und das heißt hier im buchstäblichen Sinne: geschichtsbildend für die *civitas terrena*, im Rom des Lucan. »Kaum errichtet, ertroffen die Mauern vom Blute des Bruders«, hatte Lucan den Gründungsakt Roms auf den entscheidenden, für Augustins christliche Interpretation vorbildlichen Punkt gebracht: »Fraterno primi manduerent sanguine muri« (BC I, 95) kann Augustinus Wort für Wort den Brudermord der Gründung Roms aus der heidnischen Formulierung des römischen Verhängnisses übernehmen.[20] Die Gründung Roms entspricht dem biblischen Archetyp, dem Mord von Kain an Abel. »Der erste Gründer des irdischen Staates also war ein Brudermörder, denn er tötete, von Neid übermannt, seinen Bruder, der als Bürger des ewigen Staates auf dieser Erde ein Fremdling war«, kommentiert Augustinus (CD XV, 5). Der Unterschied zwischen den beiden primordialen Brudermorden liegt darin, daß Romulus und Re-

---

18. Vgl. Funkenstein, Amos: *Heilsplan und natürliche Entwicklung. Formen der Gegenwartsbestimmung im Geschichtsdenken des hohen Mittelalters*, München 1965.
19. Vgl. ebd.
20. Augustinus: *Vom Gottesstaat*, übers. von Wilhelm Thimme, eingel. und erl. von Carl Andresen, Zürich-München 1978, XV, 5. Alle weiteren Zitate nach dieser Ausgabe (= CD).

mus Bürger der irdischen *civitas* waren. Abel hingegen gründete im Gegensatz zu Kain keinen Staat, sondern »aus Gnaden ein Fremdling hier unten« blieb er »in Gnaden ein Bürger droben«, *civis* der *civitas Dei* (CD XV, 1). In Rom exemplarisch für die *civitas terrena*, ist der Brudermord irreduzible Hypothek der Weltgeschichte.

Lucan versus Vergil – und damit die Frage nach welcher römischen *translatio* – bleibt eines der dominanten Muster der Selbstinterpretation französischer Geschichte. Du Bellay ist, soweit ich sehe, der erste Dichter, der wirkungsmächtig an diese Lucansche Konstruktion in der augustinischen Interpretation anknüpft. *Translatio Romae* heißt für ihn blinde Wiederholung des römischen Fluchs, der den politischen und gesellschaftlichen Körper immer als gespaltenen konstituiert. Damit wiederholt sich gleichzeitig, stark vergröbernd gesagt, eine für den französischen Kontext überraschend stabile Dichterkonstellation: die nämlich von Ovid oder Lucan gegen Vergil, die bis ins 19. Jahrhundert, ja mit Simon bis ins 20. Jahrhundert prägend bleibt.[21] Gegen den neuen Vergil, Ronsard, schreibt Du Bellay mit Lucan von den verheerenden Folgen römischer *translatio*. Ich will dieser Konstellation am Fall Flaubert nachgehen, in dessen Paris bisher noch niemand das Rom Lucans gesehen hat.

Die *Education sentimentale*, die im Paris der zweiten Hälfte des 19. Jahrhunderts zwischen 48er Revolution und Staatsstreich spielt, ist Flauberts großer Roman zur Politik seiner Zeit.[22] Immer und immer wieder ist die Frage nach Flauberts politischem Engagement gestellt worden – reaktionär oder progressiv, links oder rechts, für die Bürgerlichen oder für die Arbeiter? Und irgendwie enttäuscht stellte man meistens fest, Flaubert habe das Rendezvous mit der Geschichte – der *Histoire* mit großem »H« – verpaßt. Für Flaubert stellt sich die Frage anders. Sie stellt sich ihm – wie im übrigen auch Hugo und noch Zola – als eine Frage nach der *translatio Romae*. Der durchgängige Rombezug, die Konstellation der *translatio* bleibt für das 19. Jahrhundert zwischen Revolution, Republik und Kaiserreich, zwischen 48er Revolution und zweitem Kaiserreich ungebrochen. Für Flaubert ist es ein *basso continuo*, der alles Geschichtsdenken grundiert. Flaubert schreibt die *Education* gegen die romantische Geschichtskonstruktion, wie Hugo sie als neuer Vergil im *Arc de Triomphe* vertritt. Er wendet sich grundsätzlich gegen einen Begriff von Politik, der glaubt, hier auf Erden heilsfähige Geschichte machen zu können oder gemacht zu haben.

Die Revolutionäre werden bei Flaubert als die Partei dargestellt, die auf das Anbrechen eines Neuen Reiches der Liebe auf Erden, einer Ära der Gleichheit und der Brüderlichkeit hofft. In diesem neuen Reich sollen die menschlich-irdisch-historischen Verhältnisse in einem Neuen Bund der Gerechtigkeit und der brüderlichen Nächstenliebe aufgehoben sein, der weder eine Hierarchie der Klassen, noch eine Hierarchie der Geschlechter kennt. Der neue Zustand allumfassender, brüderlicher Liebe hängt an einer neuen Regierungsform, der sozialistischen Re-

---

21. Hier als Indiz nur die Titel: *La bataille de Pharsale* und *Les Géorgiques*.
22. Flaubert, Gustave: *L'éducation sentimentale. Histoire d'un jeune homme*, Paris 1969. Alle französischen Zitate nach dieser Ausgabe (= ES). Die deutschen Zitate nach: *Die Erziehung des Herzens. Der Roman eines jungen Mannes*, Leipzig 1969 (= EH).

publik. Im Club de l'Intelligence wird diese frohe, revolutionäre Botschaft verkündet: »Die Zeit sei nun gekommen, das Reich Gottes aufzurichten. Das Evangelium führe geradewegs auf das Jahr 1789 zu. Auf die Abschaffung der Sklaverei müsse nun die Abschaffung des Proletariats folgen. Nach dem Zeitalter des Hasses beginne jetzt das Zeitalter der Liebe« (EH 453), vertritt einer der Redner die Position Proudhons und der Saint-Simonisten am reinsten. Flaubert desavouiert diese Hoffnung auf eine Verknüpfung von Politik und Heil, von Republik und Liebe hier auf Erden subtil: er läßt die Revolutionäre Nächstenliebe verkünden und blindeste und taubste Eigenliebe praktizieren. Sie predigen Brüderlichkeit und praktizieren Bruderkampf: Sénécal würgt die Kandidatur Frédérics gezielt ab.

Gegen den Glauben der Heraufkunft eines neuen Bundes der Liebe und der Brüderlichkeit in einer wiedergeborenen Republik steht in der *Education* eine andere Wiederkunft römischer Geschichte. Diese allerdings war schon immer zyklisch gedacht und unterwirft alle Menschheitsgeschichte, trotz oder vielleicht gerade in der Illusion, Heils- oder Erlösungsgeschichte zu schreiben, fatal der ewigen Wiederkehr. Die ewige Verdammung zur Zerrissenheit kommt verkleidet wieder als tragische Farce im Gewande der Erlösung. Im angeblichen Vorantreiben des Reiches der Liebe breitet sich das Reich des Hasses aus, um in Bürgerkrieg und Brudermord zu gipfeln. Der Brudermord, als der sich die Geschichte am Ende entpuppt, ist hinwiederum Figur – und hier liegt die eigentliche Arbeit der *Education*, die insofern eine Illustration von Augustinus' *civitas terrena* ist – einer nur am Eigenen interessierten, sich ganz der *cupiditas dominandi* verschrieben habenden Welt, die nicht von Liebe, sondern von Zorn und Wut, Hochmut, Herrschsucht, Genußsucht, Habgier, Rachsucht, Lüge und Betrug, Langeweile und Neid, Eifersucht und Haß regiert wird.

Kompromißlos zerschreibt Flaubert alle theologisch-politischen Begründungen irdischer Politik, wie sie am Römischen Imperium entwickelt wurden, durchkreuzt er die Geschichte des vermeintlichen Vorherbestimmtseins, der Erfüllungen, der Legitimationen, der Heilsversprechungen irdischer Reiche. Er stellt sich damit, skeptisch, gegen die romantische Generation, die an die Verknüpfung von Reich und Heil, von Politik und Weltverbesserung glaubte. Es ist gerade dieser Glaube, der den Bürgerkrieg immer wieder ausbrechen läßt. Die Einsicht in die nicht-hintergehbare Bürgerkriegskonstitution – und eben das heißt für Flaubert Geschichte – die das römische Imperium als Hypothek der römischen Gloria mitbringt, ist politisch allerdings auch schwer zu verkraften. Explizit hat Flaubert anders als Hugo oder Zola sein Paris nie in den römischen Kontext gestellt. Sucht man solche expliziten Parallelen zwischen Paris und Rom, muß man sich den Briefwechsel ansehen.

Nach dem Krieg von 1871, in dem Paris von den Preußen besetzt wurde, und nach dem unter dem Namen »Commune« bekannten Bürgerkrieg, der blutig in Paris wütete, schrieb Flaubert im November 1872, drei Jahre nach dem Erscheinen der *Education sentimentale*, an Turgenjew: »Der Gesellschaftszustand drückt mich nieder [...]. 1870 hat mich zum Patrioten gemacht. Als ich mein Land untergehen sah, spürte ich, daß ich es liebte. Preußen kann seine Gewehre niederlegen.

Wir bedürfen seiner nicht, um uns umzubringen. [...] Ich fühle die Trauer, die die römischen Patrizier im IV. Jahrhundert empfanden. Ich spüre eine unausweichliche Barbarei aus dem Boden aufsteigen.«[23] Wie Rom, so geht Paris nicht durch barbarische Besetzer, die Rom im Jahre 410 eroberten, sondern durch sich selbst zugrunde. Die Barbarei droht nicht außen, sie steigt herauf aus dem Boden der Stadt selbst. Flaubert errichtet seine Zeitdiagnostik auf einem römischen Topos.

»Suis et ipsa Roma viribus ruit« schrieb Horaz nach dem Ende des ersten römischen Bürgerkriegs, der die Republik vernichtet hatte und eine fortwährende Bedrohung der Folgeformationen des römischen Imperiums bleibt: »Selbst und aus seiner eigenen Kraft heraus zerstört Rom sich« (16. Epode, 2).[24] Das Rom der nachrepublikanischen Ära steht unter den bleibenden Vorzeichen dieser selbstzerstörerischen Möglichkeit. Das in überstandener Vorzeit wurzelnde Epos Vergils tritt in den Schatten des blutigen Nachfolgers Lucan, der das Schicksal Roms von Anfang an auf Bürgerkrieg begründet und sich im Bürgerkrieg vollenden sieht: Rom fällt, von der eigenen Macht erdrückt (vgl. BC I, 71f.). Wie den Fall Roms, sieht Flaubert den Fall von Paris nicht durch die äußeren Feinde, die Preußen, sondern durch Bürgerkrieg bedroht. Als Bürgerkrieg sah er die 48er Revolution in der *Education*, und so sieht er die Commune, zu der es, wie er in einem anderen Brief schreibt, nicht hätte kommen müssen, hätte man seinen Roman zu lesen verstanden.

Rom kommt in der *Education* nur am Rande vor. Erwähnt wird der Name ein einziges Mal: als der letzte Wohnort von Mme Arnoux, der großen Leidenschaft Frédérics.[25] Aber schon in Paris führen alle Wege zu ihr, »toutes les rues conduisaient vers sa maison« (ES 101),[26] und so hat Flaubert, bei dem nichts zufällig ist, auch alle diese Wege nach Rom zurückgeführt. Er hat sie an der Quelle des zivilisatorischen Verhängnisses der Geschichte, die in Paris kulminiert, enden lassen. Dieses Verhängnis aller Geschichte – Brudermord, Bürgerkrieg, Selbstzerstörung – ist in Rom von Lucan diagnostiziert und von Augustinus dem christlichen Heilsplan eingezeichnet worden. Es bestimmt in der christlichen Geschichte der *translatio* dieses Imperiums noch das Paris des 19. Jahrhunderts.[27]

Flaubert interpretiert die Ereignisse der 48er Revolution auf der Folie von Lucans *Pharsalia* und deren Rezeption in Augustinus' *Civitas Dei*.[28] Flauberts *Education* steht in einer Linie des perpetuierten Räsonnements *De bello civile*, der

---

23. Flaubert, Gustave: *Correspondance IV (janvier 1869 - décembre 1875)*, hg. von Jean Bruneau, Paris 1998, S. 604. Alle weiteren Zitatnachweise nach dieser Ausgabe. Meine Übersetzung.
24. Horatius Flaccus, Q.: *Oden und Epoden*, hg. von Adolf Kiessling/Richard Heinze, 7. Aufl., Berlin 1930.
25. »Elle doit être à Rome, avec son fils, lieutenant des chasseurs« (ES 443). »Die muß mit ihrem Sohn, der Lieutenant bei den Jägern ist, in Rom sein« (EH 629). Dussardier zieht einmal einen expliziten politischen Vergleich zwischen römischer und französischer Republik: »Jetzt bringen sie unsere Republik um, wie sie die römische umgebracht haben« (EH 592).
26. »Alle Straßen führten zu ihrem Haus« (EH 103).
27. Sylvie Laüt-Berrs positivistischer Untersuchung zur *Flaubert et l'Antiquité* ist dieser Zusammenhang allerdings entgangen. Vgl. Laüt-Berr, Sylvie: *Flaubert et l'Antiquité. Itinéraires d'une passion*, Paris 2001. Lucan kommt hier nur ganz am Rande und nie als Intertext vor.
28. Er hat darin zumindest einen Vorläufer, Joachim Du Bellay nämlich in seinen *Antiquitez de Rome*, der zwar nicht die französische Geschichte, wohl aber die römische in diesem Schema interpretiert. Vgl. Vinken, Barbara: *Du Bellay und Petrarca. Das Rom der Renaissance*, Tübingen 2001.

verdorbenen Grundlagen aller Politik im Bürgerkrieg als Bruderkrieg. Augustinus' weitreichende geschichtsphilosophische Entfaltung dieses Topos vertieft der Roman, gibt darauf aber auch die radikalste anti-augustinische Antwort. Mit Augustinus verfliegt bei Flaubert die Möglichkeit, den *état social*, der sich im Staat manifestiert, als Vorstufe oder Erfüllung des Reiches Gottes zu sehen. Alle irdischen Heilserwartungen werden blind durchkreuzt in der grundlegenden, ewig wiederkehrenden Zwietracht der *civitas terrena*. Der *état social*, beherrscht von Eigen- statt Nächstenliebe, ist nichts anderes als die Wiederkehr der immergleichen, todesverfallenen Zwietracht der *civitas terrena*. Schlimmer als bei Augustinus gibt es in Flauberts *Education* keine *civitas Dei peregrinans* mehr, die in terra der himmlischen Heimat entgegenpilgerte.

Die Wahrheit der Geschichte – das revolutionäre Paris als das heillos vom Bürgerkrieg zerrissene Rom des Lucan – enthüllt Flaubert hinter dem Rücken seines Helden Frédéric und dessen Geliebter Rosanette, die von dem, was sie sehen, nichts begreifen, durch raffinierteste Intertextualität. Das Desaster der Geschichte gibt er dem zu lesen, der zu lesen versteht. Sein Rombezug ist insofern esoterisch. Paris enthüllt sich als das bürgerkriegszerstörte Rom des Lucan nicht in der Stadt selbst, sondern in einem *à part*, im Schloß und im Wald von Fontainebleau. Fontainebleau – Schloß und Wald – sind kein beliebiger Ort. Französische Geschichte vollendet zwischen Franz I. und Louis Napoleon die *translatio imperii* und die *translatio studii* von Rom auf Paris. Paradigmatisch für diese *translatio* ist Fontainebleau. Mit Franz I., dem Erbauer von Fontainebleau, wollte Frankreich hier ein neues Italien werden und vollzog die *translatio* in der Schloßdekoration erfolgreich;[29] hier dankte 1814 Napoleon I. zugunsten seines Neffen, des Kaisers von Rom ab – und beendete damit den Traum von Frankreich als einem neuen weltumspannenden Reich, den Napoleon als Caesar Augustus geträumt hatte.[30] Der Wald von Fontainebleau ist hingegen Ort der französischen Romantik par excellence.

Die *escapade* von Rosanette und Frédéric findet in den Junitagen statt, als Cavaignac, in der zweiten Phase der 48er Revolution, die aufständischen Arbeiter, Waffenbrüder der Februartage, von der Garde Nationale blutig niedermetzeln läßt. Der Kontrast, in dem das von Erschießungen widerhallende, von Schlachten zerrissene Paris zu der ländlichen Idylle von Fontainebleau steht, bricht durch den eingespielten Intertext des *Bellum civile* zusammen. Ohne daß Frédéric oder Rosanette die Zeichen zu deuten wüßten: in objektiver, dramatischer Ironie, die hinter ihrem Rücken spielt, schreibt die Beschreibung des Waldes von Fontainebleau dem brüdermordenden Furor, der zur selben Zeit in Paris wütet, das vom Bürgerkrieg ruinierte Rom auf den Leib, das sich im ruinierten Paris der Gegenwart erneut erfüllt: im Ruin, der das Ergebnis des vom Bürgerkrieg entstellten Paris vorwegnimmt und der heilsgeschichtlichen Realprophetie der Revolutionäre den Spiegel vorhält.

---

29. Vgl. Tauber, Christine: »*Arcana imperii et artis*. Die *Grande Galérie* und die königliche Deutungshoheit«, in: *Manierismus und Herrschaftspraxis*, Habil.-Schr. Konstanz 2005 (zit. nach dem Manuskript).
30. Vgl. Huet: »Napoleon I«, a.a.O.

Die Fontainebleau-Episode ist vielleicht die berühmteste Passage der *Education*. Ihre Schönheit, ja Erhabenheit, verdankt sie einem der pathosgeladensten antiken Texte, der *Pharsalia* Lucans. Denn Flaubert – das ist bisher in der Hitze der Pariser Gefechte übersehen worden – unterlegt der Beschreibung des Waldes von Fontainebleau das Exordium des Lucan, das das ruinierte Rom vor Augen führt: »Bruderkrieg ist mein Lied«, übersetzte Hölderlin mit Sinn für die Perversion des epischen Eingangs.[31]

Im Schloß zu Fontainebleau stand Frédéric und Rosanette das Ideal der französischen Renaissance, Frankreich zu einem antiken Italien zu machen, vor Augen. Dieser Traum Hesperiens kehrt im Wald zu Fontainebleau als Alptraum wieder. Im Wald zeigen sich nicht wie in den Bildern des Schlosses blau-goldene Liebesspiele, sondern von Dornengestrüpp starrende Gefilde – Ergebnis des römischen Bürgerkrieges. Das verlassene Hesperien, hieß es bei Lucan, starrt »von Gestrüpp« (BC I, 28/29). Der Wald bei Fontainebleau ist mehr als ein Wald: er gibt nicht nur das Bild einer toten Stadt; er stellt das Bild des vom Bürgerkrieg ruinierten Rom. In Paris bewahrheitet sich in eben diesem Moment – so will es die verhängnisvolle *translatio* Flauberts – das grauenhafte Verhängnis augustinischer Weltgeschichte als römischer Fluch, als Fluch des römischen Brudermords. Paris, der Wiedergänger Roms, wird in eben diesem Moment »von Bruderblut bespritzt« (BC I, 95).

In der Schilderung des Waldes durchschreibt Flaubert, *en passant*, die romantischen Topoi, wie sie von Hugo oder Chateaubriand geprägt wurden. Während sich dort Geschichte melancholisch in der ästhetisch genießbaren Ruine vollendete, die die Vergänglichkeit alles Irdischen in versöhnlichem Licht aufhob und Paris zum besseren Rom machte, ist der Wald von Fontainebleau ein Wald voll der unerlösbaren Zeichen blutig-tragischer, sich fatal wiederholender Geschichte. In einer berückenden Engführung antiker Topoi ist er vom Bild einer antiken Stadt im Zeichen des maßlosen Hochmutes und des schließlichen Ruins überblendet. Die Bäume, ungeheuer hoch, sehen wie Patriarchen oder Kaiser aus, ihre Stämme sind Triumphbögen. Andere gleichen in sich zusammenstürzenden Säulen (ES 346; EH 483). Die maßlose Höhe der Kaiser, die langen Schäfte der Triumphbögen, die vor dem Zusammensturz stehenden Säulen: was hätte besser die Analyse Lucans vor Augen stellen können? Der Fall Roms »geschah, weil dem Hohen langer Bestand versagt ist, übermächtiges Gewicht zu schweren Stürzen führt und Rom seine eigene Größe nicht mehr tragen konnte« (BC I, 71-72). Die Eichen des Waldes, die sich, wie im Krampf verzerrt, vom Boden aufrecken, gleichen einer im Zorn erstarrten Gruppe von Titanen, die sich rasende Drohungen zuschleudern und sich gegenseitig umfassend erdrücken. Mit diesen Titanen zitiert Flaubert den vorzeitlichen Gründungsmythos der Stadt Rom. In himmelstürmender Wut, in wildem Aufbegehren stellten sich die Giganten gegen die Götter; diese schmetterten sie nieder. Die sieben Hügel Roms sind die Gräber der Giganten. Lucan parallelisiert die Gigantenkämpfe mit dem Bürgerkrieg (BC I, 37) – beides rechtswidrige, monströse, alles ins Chaos stürzende, ungeheuerliche

---

31. Hölderlin, Friedrich: *Sämtliche Werke*, hg. von Friedrich Beißner, Stuttgart 1944-1959, Bd. 5, S. 319.

Kriege. Flaubert arbeitet über die Doppeldeutigkeit des sich umfassenden Erdrückens das Motiv des Brudermordes heraus. Der Sieg der Götter über die Giganten, der von Vergil bis Horaz die Ordnung des Universums garantiert, ist Vorbild für die *pax romana*. In Lucans Text hingegen steht Rom nicht gegen das Chaos, sondern auf seinem Grund ereignet es sich immer neu: »Pharsalia nostra vivet« (BC VII,61). Während die panegyrische Romdichtung der goldenen *latinitas* die Weltherrschaft des Augustus als Sieg gegen die Kräfte des Chaos feiert, stellt sich Rom in der *Pharsalia* als das lebendige Reich des Chaos und des Bösen dar – und als eben dieses gibt Flaubert das zeitgenössische Paris zu lesen.

Im Eingang seines Epos stellt Lucan das Ergebnis der Tragödie vor, das sich in der *Pharsalia* entrollt: übrig bleibt das vom Bürgerkrieg verwüstete Rom, bleibt Rom als Verwüstung. Als solches Gefilde enthüllt sich der Wald bei Fontainebleau mit dem sich dort befindlichen Steinbruch. Flaubert verwandelt ihn in eine Ruinenlandschaft, in der nur vereinzelte Menschen herumlaufen und die wilden Tiere hausen. Er läßt ihn das Bild des verwüsteten Hesperien darstellen, wie Lucan es als Resultat des Bürgerkrieges beschreibt: ein fast entvölkerter, von Dornengestrüpp überwucherter Landstrich mit halbzerstörten Häusern und seinen riesigen Trümmern am Fuße zerfallener Festungswerke (BD I, 24-30). Mit Furie und Chaos schließlich fallen die beiden Schlüsselwörter der *Pharsalia*: denn es war der Furor, der Schwiegervater gegen Schwiegersohn aufhetzte, um alles ins Chaos stürzen zu lassen. Flaubert nimmt die Lucansche Analogie zwischen dem Chaos der römischen Geschichte und dem ursprünglichen Chaos der Natur auf. Für Lucan ist das in blindem Zorn und wilder Wut zerstörte Rom Bild der Zwietracht des Urchaos. »So wird es kommen, wenn im Weltuntergang die letze Stunde all die Jahrhunderte zum Stillstand bringt und das Urchaos erneuern will: Zwietracht im ganzen Gefüge der Welt wird ihre Harmonie verwirren, bis sie auseinanderbricht« (BC I, 72-81). Auch Flaubert vergleicht den sich zu einer Ruinenlandschaft ausweitenden Steinbruch mit den großen Naturkatastrophen und schließt Reichsgeschichte und Naturgeschichte als Geschichte einer ewig sich erneuernden Katastrophe in dieser kosmischen Ausweitung kurz. Chaos, mit Lucan via Flaubert formuliert, als Bild des Mit-sich-selbst-entzweit-im-Kampf-Seins, gestellt von und in der Geschichte als Bild der brudermordenden, zerstörerischen Zwietracht, ist nach Flaubert wie nach Lucan Anfang und Ende der Geschichte, ist Geschichte, blutig tragisch. Rosanette, die sich von diesem Spectaculum abwendet, weil »es sie verrückt macht« hat recht, ohne es zu wissen.

Der lärmerfüllte Steinbruch im Wald von Fontainebleau sei, hat man gesagt, Sinnbild für das Paris, in dem Flaubert in den 60er Jahren seinen Roman schreibt: tatsächlich ruinöser Kommentar auf das neue, das hausmannisierte Paris.[32] Entscheidend scheint mir, daß hinter dem *Second Empire* ein anderes Kaiserreich als permanente *condition humaine* des Augustinus hervorscheint: die römisch-ruinierte Kondition der *civitas terrena*, deren Erbin Paris ist.

Der für die *Pharsalia* typische Vergleich von politischer Geschichte als Naturgeschichte, von Revolution oder Bürgerkrieg und Naturkatastrophe ist in der *Edu-*

---

32. Vgl. zum Topos der mortifizierten Stadt Warning, Rainer: »Der Chronotopos Paris bei den ›Realisten‹«, in: ders.: *Die Phantasie der Realisten*, München 1999, S. 269-312, hier: S. 308f.

cation durchgängig; schon die Machtergreifung des Volkes in den Tuilerien im Februar ist in der Metapher der Sintflut als Naturkatastrophe stilisiert und weist voraus auf die »Auflösung« des Vergleichs durch den Intertext der *Pharsalia,* der in der Beschreibung des Waldes von Fontainebleau als manifester Untergrund faßbar ist. Der berühmte Vergleich, mit dem die *Pharsalia* den Untergang des Reiches und den Untergang des Kosmos parallelisiert, nimmt die Vergilsche Analogie zwischen Kosmos und Imperium auf – und wendet sie in eine ironische, negative Typologie. Rom ist Bild des Kosmos, insofern es den Ort der Urzwistigkeit darstellt (BC 73-81). Unter der ideologischen Oberfläche der teleologischen Vollkommenheit und Erfüllung tritt bei Lucan die Tiefendimension zyklischer Auflösung und Zerstörung hervor, die Augustinus der allegorischen *interpretatio christiana* zuführt. Sie erfährt bei Flaubert nicht die Wiederkehr, an der die Zeitgenossen sich erbauten, sondern, in Überbietung des Augustinus, deren abgründige, ironische Gegenzeichnung und Enthüllung.

Ganz unabhängig von ihrer politischen Couleur partizipieren in der *Education* fast alle brudermörderisch am Bürgerkrieg. Am widerlich grausamsten aber sind nicht die Arbeiter, sondern die Bürger, die Gewinner, die die Besiegten brutal abschlachten. Und so liegt in der *Education* nicht das Recht, sicher aber das Mitleid bei den Besiegten, bei den Aufständischen der Junitage, bei den Republikanern. Den das zweite Kaiserreich begründenden Staatsstreich von 1851 stellt die *Education* nicht nur als Bürgerkrieg und Brudermord, sondern als System dar, in dem der Brudermord für rechtmäßig erklärt wird – eine härtere Verdammung der politischen Zustände findet man weder bei Marx noch bei Hugo. Mit Lucan singt Flauberts *Education* ein Lied vom Bruderkrieg, »der mehr war als nur Bürgerkrieg«, sagt Lucan, »denn das Verbrechen des Brudermordes bekommt Rechtsgültigkeit« (BC I, 2).

Die Rage und der Furor – »ira ferox« als treibende Kraft des römischen Bürgerkrieges bei Lucan (BC IV, 211) – manifestierte sich kurz vor der *escapade* von Frédéric und Rosanette im Paar des künftigen Schwiegervaters und Schwiegersohns: Hauptpersonal der *Pharsalia.* Die beiden stehen auf Seiten von Recht und Ordnung gegen den Aufstand der Arbeiter. Zwar sind Schwiegervater und -sohn in spe nicht in bürgerkriegerischer Wut ineinander verbissen wie Pompeius und Caesar bei Lucan, sondern in Raserei vereint. Der scheinbar so kultivierte Großbürger Dambreuse, Großspekulant, Bankier und schwerreicher Kapitalist, ist so wütend, daß er mit einem Totschläger in der Tasche in Paris herumläuft, und sein Schwiegersohn in spe, Martinon, steht ihm in nichts nach: er hat auch einen dabei. Die brudermörderische Gewalt werden Schwiegervater und -sohn nicht in eigener Person, sondern durch Delegation ins Werk setzen. Der Vollstrecker, der »regisseur« Monsieur Rocque, wird das Begehren seines Herrn Dambreuse in die Tat umsetzen. Zeitgleich mit der *escapade* von Frédéric und Rosanette nach Fontainebleau ermordet in Paris der Père Roque im antikischen Gewand der Garde Nationale einen der besiegten Aufständischen. Dies ist nicht Erfüllung allegorischer Prophetie, sondern ironische Iteration des politischen Urzwistes.

In der Szene, die synchron zum Lesbarwerden der Geschichte im Wald von Fontainebleau stattfindet, werden die von der Garde Nationale und der Armee – ihren Waffenbrüdern in der Februarrevolution – Besiegten in den Tuilerien eingepfercht und bestialisch umgebracht. Verrückt vor Hunger, in ihren eigenen Exkrementen von Fieber geschüttelt, zwischen verwesenden Leichen, sticht man mit Bajonetten auf sie ein, wenn sie sich, um Luft zu schöpfen, dem Gitter nähern. Obwohl die Revolution niedergeschlagen wurde, hat sie, meint Flaubert, gesiegt: ihr Ziel, die Gleichheit aller, ist erreicht. Allerdings in einem radikal anderen Sinne, als diese Gleichheit im Sinne von *égalité* und *faternité* ursprünglich gemeint war. Gleich nämlich sind die Menschen geworden, gleich als unbarmherzige, gewalttätige »bêtes brutes«, blutrünstiger als die wilden Tiere. Erschüttert und zusammengebrochen ist alle Vernunft in vollkommener Verrohung. Kaltblütig erschießt der Père Roque einen jungen Mann, fast noch ein Kind, das nach Brot schreit. Durch das entsetzte Aufheulen der Menge wird diese Szene zur Figur des Brudermordes von Sénécal an Dussardier im Moment des Staatsstreiches. In einem Kommentar, wie er auktorialer und ironiefreier gar nicht sein könnte, zieht Flaubert die Sentenz aus den Ereignissen von 1848 auf der durchgehenden Folie der *Pharsalia*. Wie Lucan stellt er *furor* gegen *ratio/pietas*, vergleicht er die Menschen in ihrem Blutdurst mit wilden Tieren und den Bürgerkrieg mit einer kosmisch-natürlichen Katastrophe (BC I, 73-82; IV, 240).

Die Geschichte, die die *Education* crescendoartig entwickelt, ist die Geschichte einer Revolution, die nicht re-volutioniert, sondern bedingungslos wiederholt – die Revolution von 1789 – das sagt Flaubert im Klartext,[33] aber schon die ist nur die Wiederholung des römischen Bürger- und Bruderkrieges, die Urszene aller irdischen Geschichte. Der Fluch des Brudermordes erfüllt sich ganz wörtlich – und wird rechtsschaffend rechtskräftig – vor den Augen des entsetzten Frédéric nicht in der Junirevolution, sondern im Moment des Staatsstreiches des Napoleon Bonaparte 1851. Die Protagonisten sind Sénécal und Dussardier, ursprünglich einmal enge Freunde. Sénécal, der sich nach dem Putschisten Blanqui stilisiert, wechselt vom Radikalsozialisten und terroristischen Bombenleger zum Verteidiger des Staatsstreiches Napoleons III., der das Scheitern der Revolution und das Ende der Republik besiegelt. Er ersticht Dussardier, die einzig heroische Figur der ganzen *Education*, die nicht von Eigennutz, sondern von Nächstenliebe bestimmt wird und die für die Sache der Republik stirbt. Der Brudermord spielt sich *à l'antique*, im Gewand der Antike nämlich, ab. Dussardier erscheint hier als Kariatide, während Sénécal den Dreispitz über den Augen hat. Blind, »le tricorne sur les yeux«, bewegungslos statuarisch, »sans bouger«, erfüllt sich die Tragödie, *trans-*

---

33. Das Theatralische, Gespielte der 48er Revolution ist das die Beschreibung der Revolution bestimmende Motiv. Deswegen ist einer ihrer Helden, Delmar, Schauspieler. Vgl: »[...] et, comme chaque personnage se réglait alors sur un modèle, l'un copiant Saint-Just, l'autre Danton, l'autre Marat, lui, il tâchait de ressembler à Blanqui, lequel imitait Robespierre. Ses gants noirs et ses cheveux en brosse lui donnaient un aspect rigide, extrêmement convenable« (ES 325). »Und da damals sich jeder irgend jemand zum Vorbild nahm, so daß der eine Saint-Just, ein anderer Danton, wieder ein anderer Marat nachahmte, versuchte er, es Blanqui gleichzutun, dessen Vorbild Robespierre war. Seine schwarzen Handschuhe und seine wie eine Bürste kurzgeschnittenen Haare gaben ihm ein strenges Aussehen, das außerordentlich gut zu ihm paßte« (EH 450).

latio Romae, durch sie und an ihnen. In dieser Szene erfüllt sich, was der Roman stufenweise vorbildet; die Menge sieht nur den Mord, Frédéric erkennt den Brudermord.

Was tut Flaubert, wenn er das Paris der Ereignisse von 1848, die mit dem Staatsstreich beendet werden, durch raffinierte intertextuelle Montage als das vom Bürgerkrieg zerrissene Rom des Lucan darstellt? Was tut er, wenn er die Revolution, vor allem aber das Niederschlagen der Revolution und den Staatsstreich als blinde Wiederholung der Urszene aller heilsunfähigen irdischen Geschichte, der Urszene der *civitas terrena*, des Fluches des römischen Brudermordes inszeniert? Er gibt zunächst zu lesen. Er enthüllt das, was ihm als Wahrheit der Geschichte erscheint, in die alle Beteiligten blind und verblendet von *concupiscentia* verstrickt sind. Er entzieht außerdem, politisch, dem Niederschlagen der Revolution in den Junitagen und dem zweiten Kaiserreich jegliche Legitimation. Durch sie, in ihnen, wird das schlimmste Verbrechen rechtmäßig. Das heißt aber nicht, daß er sich auf die Seite der Revolutionäre stellt. Es sind deren Ideologen, die sich von einer politischen Form das Heil der Brüderlichkeit versprechen, die Republik und Heil verknüpfen, dabei aber nicht von Nächstenliebe, sondern von Eigenliebe angetrieben handeln und damit das Unheil ins Rollen bringen. Sie sind genauso unheilsverfallen. Durch diese Parteinahme entzieht er allen politischen Ideologien – auch der Ideologie der Republik, wie sie in Frankreich heute noch als laizistische Religion vertreten wird – den Boden. Er erkennt in ihr reine Hypokrisie zum eigenen Vorteil. Flaubert hat das Rendezvous mit der Geschichte nicht verpaßt; wie Augustinus hält er schlicht und einfach nichts von dieser Geschichte, hält er sie für eine »éternelle misère de tout«, eine »series calamitatum«. Ihren Opfern setzt er in seinen Werken ein Denkmal.

Flaubert schreibt sich in den Konflikt der Interpretationen ein, der an Rom und an der *translatio* Rom – Paris immer wieder neu ausgetragen wird. In diesem Konflikt geht es immer wieder um folgende Fragen: Sind irdische Geschichte und Heilsgeschichte zu vereinbaren oder zu trennen? Und wie verhält sich die Literatur zur Politik? Die romantische und die republikanische Geschichtsauffassung kommt in der 48er Revolution zum Zuge. Sie wird von Leuten wie Michelet und Hugo vertreten. Sie legitimiert Regierungsformen theologisch oder – genauer – in Übertragung theologischer Muster. Flaubert hält es dagegen mit Augustinus – ohne daß irgendeine *civitas Dei* in Aussicht stünde. Das Verhältnis der Literatur zur Politik kann deswegen bei Flaubert auch nicht wie bei Hugo oder Michelet ein verherrlichendes sein; Literatur kann immer wieder nur diese theologisch-politische Verblendung illustrieren, inszenieren, als verheerende Verblendung enttäuschend zu lesen geben. Beides, Verherrlichung wie Enttäuschung – einzig darin ist sich das französische 19. Jahrhundert einig – ist nirgends so eindrücklich geschehen wie am Paradigma Rom. In Rom, seinen Buchstaben und Steinen, offenbart sich vielleicht nicht die Realität und auch nicht der Ruhm, aber die Wahrheit der Geschichte.

Für Lacan wie für Flaubert wird in Rom die Wahrheit oder das Reale lesbar – einmal kollektiv, einmal individuell. Stellt Rom für Flaubert das Urbild des zerrissenen politischen Körpers, wie er sich im Brudermord manifestiert und als römischer Fluch die ererbte Katastrophe aller irdischen Geschichte ist, so offenbart Rom für Lacan in den gemarterten Körpern der Heiligen das Reale des ins Unbewußte abgedrängten wirklichen Körpers.

Hanns Zischler

Rejoyce and Despise the Roman Colours: bruno, brown, schwarz und weiß

> Die Jesuiten versorgen die Oberschicht, sagte Mr. M'Coy.
> James Joyce, *Gnade* (1905)

Am 2. September 1906 taucht in Rom, an ungewöhnlicher Stelle, ein Text auf – je nach Lesart eine kurze Predigt oder ein Pamphlet –, den einzuordnen bereits den zeitgenössischen Lesern einiges Kopfzerbrechen bereitet haben dürfte. »Es hat sich hier eine neue Gesellschaft gegründet, ihre Mitglieder nennen sich Jesuiten, deren Sitten ähneln denen der biblischen Schriftgelehrten und Pharisäer und sie verführen viel Volks. Nicht anders als die Juden werden sie sich bemühen, die Wahrheit des göttlichen Wortes zu vernichten und über kurz oder lang wird ihnen dies gelingen. Sie werden ihre Gewohnheiten und ihre Worte den jeweiligen Umständen anpassen: mit den Heiden werden sie Heiden sein, Atheisten mit den Atheisten, Juden mit den Juden, Protestanten mit den Protestanten, und dies alles, um Eure Absichten, Eure Gedanken, Euer Herz und Eure Neigungen auszuforschen. Mit ihren Kunstgriffen werden sie Euch zum Toren machen, der aus tiefstem Herzen behauptet: Es gibt keinen Gott! Sie werden sich über die ganze Welt verstreuen, sie werden zu Ratgebern der Fürsten aufsteigen und diese so stark bedrängen und blöde machen, daß sie jenen ihre Herzen öffnen und ihre geheimsten Gedanken verraten werden. Geschmeichelt durch die Maxime dieser Mönche machen die Großen und Fürsten sie zu ihren engsten Vertrauten, welche – nachdem sie einmal den Weg des Herrn verlassen haben – auch Ausreden für ihre Sünden ersinnen. Dann aber wird Gott, so vieler Niedertracht überdrüssig und um sein heiliges Gesetz zu rechtfertigen, diese Gesellschaft (angeblich schläft er ja, weil er nichts zerstört hat) genau mittels jener Menschen zerstören, die sie am stärksten beschützt oder zu ihrem eigenen Vorteil ausgenutzt oder sich ihres Wissens bedient hatte. Und diese Gesellschaft wird *allen Völkern verhaßt sein.*«[1]

In einem Nachsatz bemerkt die Redaktion: »Ja, Monsignore Brown hatte Recht, das Wort Jesuit ist mittlerweile bei allen Völkern zu einem Synonym für heuchlerisch, falsch und kriminell geworden – nichtsdestoweniger beherrscht der Jesuit immer noch die katholische Welt. Dies beweist, daß man kriminell sein muß, um unter Katholiken zu herrschen. Und nun, Herren der Konklaven, laßt uns wissen, wer der neue Chef der Bande ist.«

Es war die Zeitschrift *L'Asino* – ein Blatt mit offensiv anarchistischer und zunehmend antiklerikaler Richtung – die diese zeitlich wie räumlich weit entlegene »Predigt« des Dubliner Priesters anläßlich der Neuwahl eines Jesuitengenerals eingerückt und ihren Lesern zur ewigen Mahnung ins Gedächtnis gerufen hatte.

---

1. Monsignore G[eorge] Brown: Predigten, London, British Museum, Harlejan, Miscellany, Bd. 5 (aus dem Italienischen von Giovanni Ciani.)

L'Asino – der Esel – war 1892 gegründet worden; sein Motto – »Der Esel ist das Volk: nützlich, geduldig und geprügelt« – stammte von dem Romancier F. D. Guerrazzi. L'Asino führte im vereinigten Italien einen unerbittlichen, schrillen Kampf gegen das Wiedererstarken der römischen Kirche: durchaus »ein Kampf um Rom« unter ganz anderen Vorzeichen, schließlich gehörte die strikte laizistische Ausrichtung des neuen Italien zu den Grundpfeilern der liberalen, vom papistischen Rom stets angefeindeten Gesellschaft. (Die Trennung von Kirche und Staat ging immerhin so weit, daß ein italienischer Katholik bis 1903 nicht für politische Ämter kandidieren durfte!)

Zu den begierigen Lesern der Zeitschrift gehörte auch James Joyce. Dem notorischen Zeitungsfresser, der immer wieder von seinem Bruder mit irischen und englischen Zeitungen versorgt zu werden wünschte, boten L'Asino und die seriösere Avanti! ein Raster, durch das er das aktuelle Rom »lesen« konnte. Von August 1906 bis März 1907 war er in Rom bei der Bank Nast, Kolb & Schumacher in der Via San Claudio 87 als Briefsteller für Auslandskorrespondenz angestellt. Er verband diese Arbeit mit der Hoffnung, in der großen Stadt sehr viel mehr Anregungen und bessere Einkünfte als während seines gut einjährigen Aufenthalts an der Triester Berlitz School zu erhalten. Doch beide Hoffnungen trogen, wie es auf den ersten Blick scheint.

Das Kampfblatt L'Asino hatte – wie auch die sozialistische Tageszeitung Avanti! – seine Redaktion in derselben Straße wie Joyce' Bank. Vom polemischen, aggressiven Ton des Blattes und den grellen, ganzseitigen Titellithos des Asino-Zeichners Gabriele Galantara war Joyce so angetan, daß er von dem in und um die Stadt tobenden Machtkampf seinem Bruder in einem lebhaften Brief nach Dublin berichtete: »Ich für mein Teil glaube, wenn man der Kirche in Europa wieder ihre Machstellung einräumte, würde das eine Erneuerung der Inquisition bedeuten – wenn die Jesuiten uns natürlich auch erzählen, die Dominikaner hätten die Menschen nie aufs Rad geflochten«.[2]

Mit den Jesuiten hat es bei Joyce eine eigene Bewandtnis. Nicht nur tauchen sie wie ein phantomhafter Gesprächsgegenstand in der 1905 entstandenen Erzählung Gnade (Grace) auf, wo der vormals protestantische, durch Heirat konvertierte Dubliner Handelsvertreter Kernan »mit einem Ausdruck ruhiger Feindseligkeit (zu)hörte, wie seine Freunde über die Jesuiten diskutierten«.[3] Und aus Rom schreibt James an den Bruder Stanislaus, er »lese jetzt den Sebastien Roch von Mirbeau« – ein Roman (von 1890), in dem die Jesuitenschule von Vannes Gegenstand schrecklicher Erinnerungen des jugendlichen Helden ist.

Die 1906 anstehende Wahl des »schwarzen Papstes« aber, wie L'Asino den Jesuitengeneral nennt, ist ein Ereignis nicht nur von kirchengeschichtlicher Bedeutung. Eine eigenartige, zwischen Abscheu und Neugierde schwankende Erregung bemächtigt sich Joyce, als er seinem Bruder von der Wahl berichtet: »Letzten Samstag [8. Sept.] ging ich zum Hauptquartier der schwarzen Läuse, um festzu-

---

2. Joyce, James: Werke 5: Briefe 1: 1900-1916, hg. von Richard Ellman, übersetzt von Kurt Heinrich Hansen, Frankfurt am Main 1969, S. 290.
3. Ders.: Werke 1: Dubliner, hg. von Klaus Reichert unter Mitwirkung von Fritz Senn, übers. von Dieter E. Zimmer, Frankfurt am Main 1969, S. 166.

Links: »Der schwarze Papst« [Franz Xaver Wiernz] bringt dem weißen Papst – Pius X – das Laufen bei. L'Asino 7. Oktober 1906.

Rechts: Luthers Rache: Der weiße Papst und der schwarze Papst in den Händen des Anführers der Protestanten: Kaiser Wilhelm II. L'Asino 23. Sept. 1906.

stellen, ob sie ihren General gewählt hätten. Ein Schaffner erzählte mir, sie hätten einen Deutschen gewählt und säßen jetzt bei ihrem pranzo. Leider habe ich letzten Abend den *Avanti!* nicht gekauft. Ich würde gern einen Artikel in dieser Sache lesen. Als nächstes werden wir hören, daß Kaiser Wilhelm ins braune Skapulier [Karmeliterkloster] aufgenommen wurde«.[4] Genau dieser leicht übersteigerten Bedrohungsphantasie leistet der Karikaturist des *L'Asino* Vorschub: Nicht nur wird die Trennung von Kirche und Staat innerhalb Italiens unterminiert, sondern die Nation selbst liefert sich durch einen deutschen Jesuitengeneral einer fremden, feindlichen Macht aus.

Das »Ungeziefer«, die »tyrannischen schwarzen Läuse«, wie Joyce die Jesuiten in *Stephen Hero* tituliert, treten in Rom in Scharen auf – und als eine fast unbezwingbare Übermacht sieht auch die Redaktion des *L'Asino* diesen gewissermaßen natürlichen Feind der Freisinnigen.

Doch für den freiwilligen irischen Exilanten Joyce eröffnet sich durch die intensive Betrachtung und polemische Auseinandersetzung mit der kirchlichen Gewalt noch eine weitere Perspektive. Wie von selbst bietet Rom einen verblüffenden Kulissenwechsel zu Dublin an. Was in Irland die schier unerträgliche, erstickende Doppelmacht der Kirche und des britischen Empire (vulgo: Besatzung) war, sind in dem mächtigen Rom, den Worten von *L'Asino* zufolge, jene »zwei kolossalen Gendarme – das Quirinal und der Vatikan – die die Stadt bewachen.«[5]

4. *Briefe I*, a.a.O., S. 308.

Zumutungen und Bedrückungen sind es, die Joyce mit der kirchlichen Macht allenthalben verbindet. Deshalb auch die Drastik, mit der er das anmaßende Dogma von der Unfehlbarkeit *ex cathedra* durch Papst Leo XIII. schildert. (Tatsächlich war dies eine kirchenpolitische Extravaganz sondergleichen, ein verzweifelter Versuch, die unweigerlich drohende, kirchenabstinente nationale Einheit durch einen Akt übersteigerter Selbstherrschaft im letzten Augenblick zu verhindern): »Ich war heute [13. Nov. 1906] in der *Biblioteca Vittorio Emanuele*, um die Akte vom Vatikanischen Konzil von 1870 nachzuschlagen, auf dem die Unfehlbarkeit des Papstes verkündet wurde. Hatte keine Zeit, sie ganz durchzulesen. Vor der abschließenden Verkündigung verließen viele Geistliche Rom aus Protest. Als das Dogma bei der Verkündigung verlesen wurde, sagte der Papst: ›Ist das jetzt klar, meine Herrn?‹ Alle Herrn sagten: ›Placet‹, zwei aber sagten ›Non placet‹. Darauf der Papst: ›Fluch über euch! LecktmichamArsch! Ich bin unfehlbar!‹«.[6] In der bereits erwähnten Erzählung *Gnade* wird derselbe Sachverhalt in etwas milderer Form ausgedrückt – andernfalls hätte diese Erzählung vermutlich nie das Licht der Buchwelt erblickt.

Es wurde gelegentlich bemerkt, Joyce habe in Rom so gut wie nichts geschrieben, die äußerlich bedrückende Situation der Arbeit in der Bank und die verwirrende Fata Morgana eines nach Rom hereingespiegelten katholisch-oppressiven Dublin habe seinen schreibenden Elan gelähmt. Doch weder vorher noch nachher hat er in diesen neun harten Monaten derart ausführlich und dicht seine Welt geschildert. 45 Briefe sind ein beredtes Zeugnis von Joyce' nachgerade überwacher, aggressiver Wahrnehmung und seiner vitalen Auseinandersetzung mit den alten Mächten. Es ist eher die fast erdrückende Vielfalt und Übermacht dieser maroden, ihre eigene Geschichte ständig wiederkäuenden, von keinem Industrieproletariat aufgescheuchten, behäbigen Stadt, die Joyce in ihren Extremen – den alten Riten wie den polemischen Attacken – begierig aufnehmen läßt, seinen Appetit steigert und ihn mit Bildern bedrängt, wie er sie nirgendwo sonst hätte erhaschen können. Nach einem ermüdenden Besuch des Kolosseums heißt es: »Rom kommt mir vor wie ein Mann, der davon lebt, daß er die Leiche seiner Großmutter zur Schau stellt.«[7]

Eine kleine Digression, eine vage Spekulation sei noch gestattet. Durch welche eigentümlichen Wege der Lektüre – Wege, die an einen eklektischen Essay von Borges aus der *Geschichte der Ewigkeit* denken lassen – kann es geschehen, daß ein antiklerikales, fast ausschließlich mit römischen, vatikanischen Verhältnissen in Fehde liegendes Blatt wie *L'Asino* sich des polemischen Einwurfs eines längst vergessenen Dubliner Priesters George Brown aus dem Jahr 1551 erinnert? Die politischen Redakteure hatten sich in den Jahren des Kirchenkampfes gewiß mit mannigfacher häretischer Literatur munitioniert, doch wirkt der Rückgriff auf ein ebenso entlegenes wie passendes Zitat nach wie vor sehr überraschend. Als habe eine fremde Hand, eine fremde Feder nachgeholfen. In seiner detaillierten Untersuchung *Joyce and the Italian Press* spielt Carlo Bigazzi[8] mit der Mutma-

---

5. *L'Asino*, 14. Okt. 1906.
6. Joyce: *Werke 5: Briefe 1*, a.a.O., S. 357.
7. Ebd., S. 315.

ßung, in Joyce selbst den Lieferanten dieses Presse-Kassibers zu sehen – schließlich führte ihn sein täglicher Weg zur Bank an den Redaktionsbüros der beiden radikalen Blätter vorbei. Auch die Tatsache, daß die Dubliner Predigt in einem gewundenen Italienisch vorliegt, gibt zu denken. Bei den Harlejan (oder Harleian) Manuskripten handelt es sich um vornehmlich mit britischen Genealogien befaßte Papiere, die von dem ersten und dem zweiten Count of Oxford angelegt und 1753 dem British Museum vermacht wurden. Wie die Predigt eines Dubliner Bischofs dort hinein geraten ist, bleibt rätselhaft.

In *Finnegans Wake* firmiert der »Schutzheilige«, der Märtyrer der Anarchisten und Antiklerikalen – Giordano Bruno – unter anderem als »Brown« (englisch für *bruno*); und einen – fiktiven – Dubliner Verlag namens Brown & Nolan gibt Joyce in *FW* als den Ort seines 1901 verfaßten Essay *Der Tag des Pöbels* an. In diesem und in dem Essay *Die Philosophie des Giordano Bruno* (1903) wird des Häresiarchen aus Nola, des Nolaners in besonderer, verehrender Weise gedacht: »Dieses Leben liest sich in unserer Millionärszeit wie eine heroische Fabel. Dominikanermönch, vagabundierender Professor, Kommentator alter und Erfinder neuer Philosophien, Stückeschreiber und Polemiker, vor Gericht Verteidiger in eigener Sache und schließlich Märtyrer auf dem Scheiterhaufen am Campo dei Fiori – Bruno bleibt durch alle diese Seinsweisen und Akzidentien (wie er sie genannt hätte) eine konsistente geistige Einheit«.[9]

Bruno geistert durch das Werk von Joyce wie eine Instanz der Übertretung (eines Gesetzes), des Einspruchs (gegen das Bestehende), des zurückgenommenen Widerrufs und der demutsvollen Hybris. (Thornton Wilder hat in einem großen Essay der Erscheinung Brunos in *Finnegans Wake* gedacht. Die Analyse der Metamorphose des Nolaners im Circe-Kapitel des *Ulysses* – Bruno selbst hat einen häretisch-polytheistischen *Cantus Circaeus*, einen Zaubergesang verfaßt – steht noch aus.)

Die Begeisterung für die Sache der römischen Antiklerikalen weicht jedoch bald einer deutlichen Ernüchterung. Joyce bewahrt sich *seinen* Bruno gegen die Vereinnahmung durch eine bestimmte Partei. In einem letzten, langen, heftig räsonnierenden Brief aus Rom an seinen Bruder (vom 1. März 1907) schreibt er: »Ich habe nicht den Wunsch, mich selbst als Anarchisten oder Sozialisten oder Reaktionär zu kodifizieren. Das Schauspiel, das die Prozession zu Ehren des Nolaners bot, ließ mich ganz kalt. Ich begreife, daß die Antikirchengeschichte wahrscheinlich zu einem großen Prozentsatz aus Lügen besteht, aber das genügt nicht, mich heulend zu meinen Göttern zurückzutreiben. Dieser Zustand der Gleichgültigkeit sollte eigentlich eine Vorstufe künstlerischer Betätigung sein, aber das ist nicht der Fall.«[10]

Doch dann gelingt, im selben Brief, dem Schreiber – fast scheint es ihm nicht bewußt oder zumindest nicht geheuer zu sein – eine Schilderung, die einen Ausweg

---

8. *Joyce in Rome. The Genesis of Ulysses*, hg. von Giorgio Melchiori, Rom 1984.
9. Joyce: *Kleine Schriften*, übs. v. Hiltrud Marschall und Klaus Reichert, Frankfurt a. M. 1987, S. 162.
10. Ders.: *Werke 5: Briefe 1*, a.a.O., S. 394.

aus der Niedergeschlagenheit und der Kälte und durchaus eine Vorstufe künstlerischer Betrachtung bezeichnet. Von einem Detail angezogen, dessen erotischer und obszöner Aspekt ihm zunächst verrätselt vor Augen tritt, wendet er seinen (ungläubigen) Blick und seine ganze Aufmerksamkeit von der großen Manifestation des anarchistischen Umzuges zu Ehren Giordono Brunos ab und verliert sich, ja vergafft sich in die Erscheinung von zwei Frauen, die mit einem kleinen Accessoire ausgestattet sind, dessen Betrachtung und Deutung seine gesamte Energie beansprucht und das große »Accessoire« der Bruno-Statue aus seinem Blickwinkel und seinem Interesse schiebt. (In der Grammatik des Kinos könnte man von einem Schwenk sprechen, der zu einem extremen Close-up verdichtet wird und darin verharrt): Der Anblick von zwei entrückten Frauen inmitten des großen Gedränges und des pathetischen Umzugs genügt, um Joyce aus der Erstarrung zu lösen, ihn für irdische Reize empfänglich und vor allem diese für uns begreiflich zu machen: »Am Tage der Prozession zum Gedenken an Bruno stand ich in der Menge und wartete auf die Ankunft des Umzugs. Es war ein düsterer Tag, und ich hatte mich, da Sonntag war, nicht gewaschen. Ich trug einen weißen, von heftigen Regenfällen verwaschenen Filzhut. Scholzens Fünf-Kronen-Umhang hing arschwärts an mir herab. Meine Stiefel waren, da Sonntag war, vom Dreck einer Woche verkrustet, und eine Rasur hatte ich auch nötig. Ich war in der Tat ein gräuliches Exempel der Freidenkerei. Nicht weit von mir standen zwei gut aussehende junge Frauen, Mädchen aus dem Volke, besser gesagt. Sie befanden sich in der Obhut eines Mannes mittleren Alters. Sie waren nicht groß, hatten quittengelbe Gesichter und liebenswerte Hundeaugen. Eine von ihnen trug an einer langen Kette einen Anhänger, und den hob sie fortwährend langsam an die Lippen und ließ ihn dort eine Weile, während sie ihre Lippen langsam öffnete und die ganze Zeit gelassen um sich blickte. Ich sah dabei ziemlich lange zu, bis ich entdeckte, daß der Anhänger ein Miniaturrevolver war! Ich versuchte einigen Italienern zu erklären, was ich dabei empfand, und erzählte ihnen die Geschichte, so gut ich konnte. Sie sahen darin nichts Seltsames oder Typisches oder Bezeichnendes. Einer von ihnen erzählte mir, daß viele Italienerinnen einen Cazzo als Anhänger trügen, und daraufhin redeten sie nach Herzenslust über Cazzo und Co – ein Thema, das in irgendeiner Form interessant zu gestalten meiner Meinung auch großes Talent oder andernfalls großen Mut erfordert.«[11]

Joyce kann Rom verlassen, es hinter sich lassen. Den Nolaner hat er aus dem Kontext ausschließlich antiklerikaler Begehrlichkeiten herausgelöst und bei sich verwahrt. Er wird als Schibboleth im *Ulysses* und in *Finnegans Wake* fortleben.

---

11. Ebd., S. 395f.

Erich Hörl

Heidegger und die Römer

Griechenland zu finden, hieß für Heidegger zuallererst Rom verwinden. Wer Griechenland ›schauen‹ wollte, hatte durch die Übersetzungen zu dringen, die die griechische Erfahrung bis zur Unkenntlichkeit verstellten, allen voran durch die erste und so folgenschwere Übersetzung durch die Römer.

Heideggers Sicht auf Rom steht im Einklang mit der deutschen Griechenlandfaszination. Denn in der deutsch-griechischen Psyche wohnt seit jeher eine anti-römische Fiktion. Helmuth Plessner hat vom »römischen Komplex« gesprochen, dem die Idee eines deutschen Volkes entstieg. »Am Gegensatz des römischen Katholizismus, der römischen Rechts- und Reichsidee, der lateinischen Bildungssprache vertieft sich der Volksgedanke.«[1] Hegel zeichnete die Römer als das »zertrümmernde Schicksal« und das geschichtsphilosophisch freilich notwendige »Verderben des griechischen Geistes«. Rom selbst erschien ihm als »von Hause aus etwas Gemachtes, Gewaltsames, nichts Ursprüngliches«, dessen »äußerste Prosa des Geistes« sich in der »Ausbildung des römischen Rechts und in der römischen Religion«[2] angezeigt habe.

Der anti-römische Affekt entstieg der Poesie der Griechensehnsucht selber. Wenn die Griechen seit Winckelmann zur Obsession geworden waren und die Deutschen in der Nachahmung lebten, so konfrontierte sie gerade die »mimetische Maschine« (Lacoue-Labarthe) mit dem Problem Rom. Denn das Nachahmen Griechenlands war durchweg eine römische Erfindung. Rom selbst hatte die Griechenlandfaszination ins Werk gesetzt, und sein Programm wurde in verschiedenen mimetischen Abenteuern lateinischen Typs wiederaufgenommen. Auszugraben war ein anderes Griechenland, ein Griechenland jenseits der mimetischen Mühlen Roms, ein Griechenland, das niemals Teil war römisch-lateinischer Imitation. Die Unterscheidung der zwei Griechenländer, die sich von Hölderlin, Hegel und Friedrich Schlegel über Nietzsche bis zu Heidegger zieht, war das Herzstück der spezifisch deutschen, und das heißt anti-römischen, nicht-lateinischen Nachahmungsmaschinerie. Es galt, »die Griechen nachzuahmen, ohne sie nachzuahmen oder, genauer, die Griechen nur bis dorthin nachzuahmen, wo sie aufhörten, unnachahmlich zu sein, und verantwortlich für die *imitatio* der Alten wurden«[3]. Das war der deutsch-griechische *double bind*.

Über die römische Prägung der Nachahmungsfrage war sich Heidegger durchaus im klaren. Seit der römischen Übersetzung Griechenlands, so hieß es, »ist alle abendländische Geschichte [...] in einem mehrfachen Sinne römisch und niemals mehr griechisch. Jede nachkommende Wiedererweckung des griechischen Altertums ist eine römische Erneuerung des bereits römisch umgedeuteten Griechen-

---

1. Plessner, Helmuth: »Die verspätete Nation. Über die politische Verführbarkeit bürgerlichen Geistes« (1935/1959), in: ders.: *Gesammelte Schriften* 6, Frankfurt am Main 2003, S. 63.
2. Hegel, G. W. F.: *Vorlesungen über die Philosophie der Geschichte*, Werke, Bd. 12, Frankfurt am Main 1986, S. 338, 340, 344 bzw. 351.

tums.«[4] Wenn es, wie Erwin Panofsky[5] gezeigt hat, Anfang des 20. Jahrhunderts und insbesondere in den dreißiger Jahren eine starke Reaktionsbildung gegen die Verherrlichung der Renaissance als Rückkehr zu den Alten gab, so formulierte Heidegger eine kaum zu überbietende Destruktion des durch und durch lateinischen Renaissancegedankens. Die abendländische Geschichte erschien als eine einzige Verkettung von Renaissancen, die das, was sie wiederzubeleben suchten, als Folge einer ursprünglichen, für das Projekt der Renaissancen selber konstitutiven römisch-lateinischen Umdeutung immer schon und unhintergehbar verfehlten. Gegen jeden Nachahmungs- und Wiederbelebungsversuch und als Suspension jedweder Rückkehr zu den griechischen Ursprüngen, gegen diese zutiefst römischen Figuren der Bezugnahme aufs Alte setzte Heidegger die geschichtliche Aufgabe und Losung einer Wiederholung Griechenlands.

Heidegger selbst destillierte sein *anderes*, unnachahmliches Griechenland, das als anderer Anfang des Abendländischen zu wiederholen war, aus jenen Texten, die Hermann Diels 1903 unter dem Titel *Fragmente der Vorsokratiker* edierte. Das Spezifikum dieser Ausgabe lag darin, daß die Texte erstmals zugänglich und vom wuchernden Überlieferungskontext befreit waren.[6] Unter Heideggers Blick erschien ein Griechenland der anfänglichen Denker, das das Außen römisch-lateinischen Griechentums und dessen unhintergehbare Grenze markierte, ja am Ende das geschichtliche Außen des historischen Griechenlandes selber. Wir, die »wir heute noch«, als Effekt der »Romanisierung des Griechentums und der römischen Wiedergeburt der Antike [...] das Griechentum mit römischen Augen sehen«, so hieß es in der Parmenides-Vorlesung, sollten »unsere gewohnten Grundvorstellungen, nämlich die römischen, christlichen, neuzeitlichen, am anfänglichen Wesen des Griechentums elend zerbrechen«[7] sehen. Selbst Nietzsche, der doch wie kaum ein anderer die falsche Antike der römisch-lateinischen Nachahmungskultur zerschlug, hatte es nach Heideggers Ansicht nicht vermocht, dem römischen Elend zu entgehen: »Nietzsche, den man gern als modernen Wiederentdecker des Griechentums auffaßt, sieht die griechische ›Welt‹ durchaus römisch, und d.h. zugleich neuzeitlich und ungriechisch.«[8]

3. Lacoue-Labarthe, Philippe: *Die Nachahmung der Modernen. Typographien II*, Basel-Weil am Rhein-Wien 2003, S. 108. Zum Problem der zwei Griechenländer vgl. die aufregenden Ausführungen ebd., S. 71-133. Unverzichtbar für diese Frage sind auch Szondi, Peter: »Antike und Moderne in der Ästhetik der Goethezeit«, in: ders.: *Poetik und Geschichtsphilosophie I*, Studienausgabe der Vorlesungen, Bd. 2., hg. von Metz, S./Hildebrandt, H.-H., Frankfurt am Main 1974, S. 11-265, und Cancik, Hubert: *Nietzsches Antike*, Stuttgart-Weimar 1995. Ein herausragendes Beispiel für die mimetische Maschine Roms stellt Ciceros *Imitatio Platonis* dar. Cicero verstand sich selbst als Übermittler der *vetus Graecia* als Quelle der *humanitas* Roms. Vgl. dazu Knoche, Ulrich: »Cicero: Ein Mittler griechischer Geisteskultur« (1959), in: *Römische Philosophie*, hg. von G. Maurach, Darmstadt 1976, S. 118-141. Zum Nachleben von Winckelmanns Griechenland vgl. Sünderhauf, Esther: *Griechensehnsucht und Kulturkritik. Die deutsche Rezeption von Winckelmanns Antikenideal 1840-1945*, Berlin 2004.
4. Heidegger, Martin: »Die Metaphysik als Geschichte des Seins« (1941), in: ders.: *Nietzsche II*, GA, Bd. 6/2, Frankfurt am Main 1997, S. 376.
5. Vgl. Panofsky, Erwin: *Die Renaissancen der europäischen Kunst* (1960), Frankfurt am Main 1990, insb. S. 20ff.
6. Vgl. Most, Glenn W.: »Pólemos – Pánton – Patér. Die Vorsokratiker in der Forschung der Zwanziger Jahre«, in: *Altertumswissenschaft in den 20er Jahren*, hg. von H. Flashar, Stuttgart 1995, S. 87-114.
7. Heidegger, Martin: *Parmenides* (WS 1942/43), GA, Bd. 54, Frankfurt am Main 1982, S. 63.
8. Ebd.

Heidegger hatte eine präzise Vorstellung von der geschichtlichen Funktion Roms und der Romanisierung der griechischen Erfahrung. »Seit den Griechen«, so war das in seiner Vorlesung von 1937/38 zu hören, »muß sich [...] im Verlauf der abendländischen Geschichte ein Umschwung in der Auffassung des ›Seins‹ vollzogen haben, dessen Tragweite wir immer noch nicht ahnen und ermessen, weil wir ganz gedankenlos nur in den Folgen dieses Umschwungs weitertaumeln.«[9] Die griechische Auffassung des Seienden war »als solche verloren«, »unbestimmt, gewöhnlich und verwaschen« geworden, »zumal durch die ›Übersetzung‹ in das Römische«.[10] Die Romanität hatte »die griechische Welt verschüttet«.[11] Mit dieser seinsgeschichtlich signifikanten Übersetzungsleistung – und nicht etwa mit den Griechen – hob das Abendländische, und zwar als Geschichte einer Verstellung, an. Die »abendländische Auslegung des Seins des Seienden« mit ihrer Bestimmung der Dingheit des Dinges als Substanz mit ihren Akzidenzien – so steht es im Kunstwerk-Aufsatz, dem Manifest Heideggers gegen das Prinzip der Nachahmung überhaupt – »beginnt mit der Übernahme der griechischen Wörter in das römisch-lateinische Denken. *Hypokeímenon* wird zu *subiectum*; *hypóstasis* wird zu *substanzia*; *symbebekós* wird zu *accidens*. Diese Übersetzung der griechischen Namen in die lateinische Sprache ist keineswegs der folgenlose Vorgang, für den er noch heutigentags gehalten wird. Vielmehr verbirgt sich hinter der anscheinend wörtlichen und somit bewahrenden Übersetzung ein *Übersetzen* griechischer Erfahrung in eine andere Denkungsart. *Das römische Denken übernimmt die griechischen Wörter ohne die entsprechende gleichursprüngliche Erfahrung dessen, was sie sagen, ohne das griechische Wort. Die Bodenlosigkeit des abendländischen Denkens beginnt mit diesem Übersetzen.*«[12]

Diese Lektüre, die die Wörter vom Wort schied, gab dem macht- und medienpolitischen Kern von Rom, der *translatio imperii*, eine seinsgeschichtliche Dimension. Rom selbst geriet zu einem nicht bloß historischen, sondern geschichtlichen Gebilde wesentlicher Sekundarität. Die römische Übersetzungsmaschine, die als »administrativ-linguistischer Verbund von Boten-Dolmetschern«[13] machtpolitisch so effektiv funktionierte, sie sollte nachträglich besehen immer schon an der Übersetzung des Griechischen gescheitert sein. Weil Römer nämlich von je her nur Wörter übersetzen können, da, wo es um die ins griechische Wort eingegangene und die aus ihm sprechende Erfahrung ging, können auch römische Dichter und Denker das griechische Denken immer nur verfehlen und es in eine der griechischen ganz unangemessene Denkart ziehen. Daß nur Botschaften und Befehle übersetzt wurden, aber keine Lebensstile und Erfahrungswelten, war

---

9. Ders.: *Grundfragen der Philosophie. Ausgewählte »Probleme« der »Logik«* (WS 1937/38), GA, Bd. 45, Frankfurt am Main 1984, S. 70.
10. Ebd., S. 68.
11. Ders.: »Vom Wesen und Begriff der physis« (1939), in: ders.: *Wegmarken*, Frankfurt am Main 1967, S. 356.
12. Ders.: »Der Ursprung des Kunstwerkes« (1935/36), in: ders.: *Holzwege*, GA, Bd. 5, Frankfurt am Main 1977, S. 8.
13. Vismann, Cornelia: *Akten. Medientechnik und Recht*, Frankfurt am Main 2000, S. 82f. Zur postalischen Basis Roms und deren Entfaltung als »imperium/Reich-Metonymie« vgl. Siegert, Bernhard: »Der Untergang des römischen Reiches«, in: *Paradoxien, Dissonanzen, Zusammenbrüche. Situationen offener Epistemologie*, hg. von Gumbrecht, H. U./Pfeiffer, K. L., Frankfurt am Main 1991, S. 495-514.

der Motor der imperialen Leistung und deren ganzes Genie. Aus dem bloßen Übersetzen aber resultierte das geschichtliche *Über*setzen vom Griechenland nach Rom, das Heidegger inkriminierte. Wenn, wie Cornelia Vismann schreibt, »am Kreuzungspunkt der Sprachen, im Akt der Übersetzung, [...] alles Nicht-Römische und alle Nicht-Römer romförmig und romgefügig«[14] gemacht wurden, so geschah dies nach Heidegger insbesondere und mit weitreichenden Konsequenzen auch mit jenem nicht-römischen Denken, dem ursprünglich das Sein selbst als Problem und zu Denkendes aufging. Mit einem kapitalen Übersetzungsfehler, der gleichsam aus dem Prinzip der *translatio imperii* stammt, sollte das, was nach Heidegger abendländisches Denken heißt, seinen Lauf nehmen.

Heideggers Einsicht ins Übersetzen als folgenreiches, das Abendländische als solches konstituierendes römisches Übernahmeverfahren steht auf dem Boden einer Übersetzungslehre, die auch seine eigene philologische Politik legitimierte. Erst der Unterschied zwischen einem bloßen Übersetzen der Wörter und einem *Über*setzen in den Erfahrungsgrund des Wortes selbst machte es möglich, alle Übersetzungs- auf Seinsgeschichte zurückzubringen und scheinbar harmlose Übersetzungsfragen als Seinsfragen zu dechiffrieren, in die sich Auseinandersetzungen und Entscheidungen über die Grundstellung zum Seienden begeben. Die »Übersetzung und die Kenntnis derselben (verbürgt) noch keineswegs das Verstehen der Worte des Denkens«,[15] so Heidegger 1942 an seine Hörer. Übersetzen hieß, daß einen das übersetzte Wort »*über*setzt in den Erfahrungsbereich und die Erfahrungsart«,[16] aus dem es gesagt ist. Nur so waren die Worte des Denkens zu hören. Heidegger selbst hat unablässig übersetzt. Er suchte qua Übersetzung zum Hörenden zu werden und aus seinen Hörern Hörende zu machen, will sagen, das Unerhörte und bislang Überhörte der Überlieferung sich selbst und anderen zu Gehör zu bringen. Die Ohren für das Überlieferte zu öffnen, das heißt zuallererst die römisch-lateinische Taubheit durch Neuübersetzung der griechischen Worte des Denkens zu destruieren, das war der Einsatz seiner philologischen Politik.[17]

Die geschichtliche Funktion, die Heidegger der Übersetzung zuerkannte, hing am Sprachverständnis, das er seit den dreißiger Jahren in seiner Auseinandersetzung mit der Dichtung eines anderen deutschen Griechenlandfaszinierten, nämlich Hölderlin, prägte. Gegen ihren überlieferten Begriff als Aussage, Ausdruck und Mitteilung und mithin gegen alle bloß technische, d.h. rhetorische, logisch-grammatische und juridische Auslegung wurde die Sprache zum Sprachgeschehen, das dem Menschen nicht weniger als den Zugang zum Sein eröffnet. »Die Sprache als solche macht das ursprüngliche Wesen des geschichtlichen Seins des Menschen aus. Wir können nicht zuerst das Wesen des Seins des Menschen be-

---

14. Vismann: *Akten*, a.a.O., S. 83.
15. Heidegger, Martin: *Parmenides*, a.a.O., S. 12.
16. Ebd., S. 16. Zu Heideggers Begriff der Übersetzung vgl. Heidbrink, Ludger: »Das Eigene im Fremden: Martin Heideggers Begriff der Übersetzung«, in: *Übersetzung und Dekonstruktion*, hg. von A. Hirsch, Frankfurt am Main 1997, S. 349-372.
17. Zur gewaltigen Bedeutung des Hörens für Heidegger vgl. Derrida, Jacques: »Heideggers Ohr. Philopolemologie (Geschlecht IV)«, in: ders.: *Politik der Freundschaft*, Frankfurt am Main 2002, S. 413-492. Als signifikantes Beispiel für die Ratlosigkeit eines Altphilologen angesichts von Heideggers philologischer Politik vgl. Most, Glenn W.: »Heideggers Griechen«, in: *Merkur* 2/2002, S. 113-123.

stimmen und dann außerdem und hinterher ihm noch die Sprache als Angebinde zuteilen, sondern das ursprüngliche Wesen seines Seins ist die Sprache selbst.«[18] Nur weil Sprache dem Menschen sein geschichtliches Sein erschließt, nur weil, mit anderen Worten, in der »jeweiligen Sprache [...] geschichtlich einem Volk seine Welt aufgeht«,[19] kann das Übersetzen mitunter selbst zu einer echten geschichtlichen Aktion werden und im Übersetzen der Übergang von einer seinsgeschichtlichen Lage in eine andere stattfinden.

In der Parmenides-Vorlesung zeigte Heidegger im Detail, daß den Römern ihre Welt im und als Walten des Befehls erschien. Das »römische Grundverhältnis zum Seienden überhaupt« wurde »durch das Walten des Imperiums verwaltet«.[20] Auch und gerade ihr Sprachverständnis, das sich als gewaltiges Übersetzungsregime ausdrückte, trug die Züge des imperialen Zugangs zum Sein. In einer geduldigen Lektüre versuchte er die Einschreibung »des römisch imperialen ›Oberbefehls‹« und mithin des römischen Seinsverständnisses aus dem Geiste des imperialen Einrichtens und Besetzens von Welt in den Begriff der Wahrheit zu entziffern. Der »Wandel des Wesens der Wahrheit und des Seins«, der sich als Destruktion des griechischen Seinsverständnisses als Aufgehen, Eröffnen, Erscheinen durch die Implementierung von Befehlen und das Verwalten des Seienden bestimmen ließ, war »das eigentliche Ereignis der Geschichte«.[21] Die damit auf die Bahn gebrachte Umformung der *alétheia* zur *veritas* und sodann zur *certitudo*, *rectitudo*, *justitia*, Wahrheit und Gerechtigkeit reichte seiner Lektüre zufolge bis herauf in die Gegenwart. Um es in aller Kürze zu sagen: Die Oberhoheit des Denkens über das Sein, die Heidegger als Grundzug der Neuzeit diagnostiziert hatte und auf deren Destruktion seine Wiederholung der Seinsfrage und seine Reformulierung der Aufgabe des Denkens abzielte, wurde zur Endgestalt der langen Dauer des zunächst und zumeist von Rom ins Werk gesetzten abendländischen Juridismus.[22]

Am Grund der geophilosophischen Konstellation der Seinsgeschichte, die mit den imperialen Translationen Roms das entscheidende Ereignis einer Archäologie der Wahrheit zu benennen suchte, zeigte sich eine geopolitische Frage, die aufs engste mit der deutsch-griechischen Psyche verknüpft war. Heidegger hat sie zum Beispiel 1936 in Rom, der Hauptstadt des damaligen Bündnispartners, benannt: »Unser geschichtliches Dasein erfährt mit gesteigerter Bedrängnis und Deutlichkeit, daß seine Zukunft gleichkommt dem nackten Entweder-Oder einer Rettung Europas oder seiner Zerstörung. Die Möglichkeit der Rettung aber verlangt ein Doppeltes: 1. Die Bewahrung der europäischen Völker vor dem Asiatischen. 2. Die Überwindung ihrer eigenen Entwurzelung und Aufsplitterung.«[23]

---

18. Heidegger, Martin: *Hölderlins Hymnen »Germanien« und »Der Rhein«* (WS 1934/35), GA, Bd. 39, Frankfurt am Main 1980, S. 67f.
19. Ders.: »Der Ursprung des Kunstwerks«, a.a.O., S. 76.
20. Ders.: *Parmenides*, a.a.O., S. 65.
21. Ebd., S. 62.
22. Eben diese Auseinandersetzung Heideggers mit dem abendländischen Juridismus habe ich genauer untersucht in: »Römische Machenschaften. Heideggers Archäologie des Juridismus«, in: *Urteilen/Entscheiden*, hg. von C. Vismann/Th. Weitin, München 2005, S. 236-253.
23. Ders.: »Europa und die deutsche Philosophie« (1936), in: *Europa und die Philosophie*, hg. von H.-H. Gander, Frankfurt am Main 1993, S. 31.

Wenn auf diese Sätze eine Abrechnung mit dem Denken als »*Gerichtshof* über das Sein«[24] folgte, wie es aus der »Umgestaltung« des »ersten Anfangs des abendländischen Denkens« hervorgegangen war, so wurde wohl aus Rücksicht auf die römische Zuhörerschaft und die politische Konstellation der maßgebliche Anteil Roms an der europäischen Krise verschwiegen. Ungesagt blieb auch, daß »*die* Aufgabe, die wir als Rettung des Abendlandes«[25] bezeichnen, zuallererst eine deutsche Aufgabe war, genauer gesagt eine deutsch-griechische Operation.

Rom hatte die ganze Last der aus vielen Quellen sich speisenden abendländischen Entfernung vom direkten Bezug zum Griechenland zu tragen. Dies war die Funktion Roms: das geschichtliche Verschwinden Griechenlands zu verantworten und zugleich stets daran zu erinnern, daß das Abendländische nichts als der Effekt dieses Verschwindens ist. Rom ist der Signifikant des geschichtlichen Rückzugs vom Griechenland. Und zwar noch bis hinein in die im Griechenland selbst stattfindende Abkehr von sich, die als dessen »anfängliches Ende« daherkommt. Das Griechenland war rein zu halten von den in ihm selbst aufsteigenden Entfremdungstendenzen, von der Entfernung vom Anfänglichen und Frühen, die eben dort bereits in der Vollendung und im Abschluß durch die klassische Philosophie Platons und Aristoteles' Gestalt annahm. In unzähligen Variationen hat Heidegger die Preisgabe des Seins als Element des Denkens beschrieben, die mit der rein technischen Auslegung des Denkens als Logik noch in Griechenland anhob. Er war dabei freilich stets von einer tiefen Ambivalenz gegenüber dem »anfängliche(n) Ende« des Griechischen im Griechenland erfüllt. Er sprach von einem »Abfall«, zugleich aber galt es »fest(zu)halten, daß dieser Abfall trotz allem in der Höhe bleibt, nicht in Niederes absinkt«.[26] Weil der Anfang groß war, blieb auch das anfängliche Ende noch groß, obwohl es »gleichzeitig« die Größe des Anfangs »verdeckte«.[27] Rom wird noch diese innergriechische Distanznahme vom anfänglich Griechischen als seine Tat zu übernehmen haben und so die Ambivalenz im Rahmen einer großen Erzählung vom Abendländischen auflösen. Denn Rom, so ließ sich diese komplizierte Umschuldungsaktion ins Werk setzen, kam »von sich aus der Entfaltung« eines gewissen seinsgeschichtlichen Wandlungsprozesses entgegen, der »sich bereits innerhalb des Griechentums anbahnt«.[28] Rom verfestigte, was bei den Griechen an Ungriechischem bloß im Kommen war. Der erste Anfang strebte auf Rom zu und bestand dann als »römische Prägung« alles Abendländischen bis in die Gegenwart fort.

---

24. Ebd., S. 38.
25. Ebd., S. 40.
26. Ders.: *Einführung in die Metaphysik* (SS 1935), Tübingen 1953, S. 141.
27. Vgl. ebd., S. 137. Hier kommt die ganze Ambivalenz Heideggers zum Ausdruck, deshalb zitiere ich die Passage in extenso: »Wir bewältigen die griechische Philosophie als den Anfang der abendländischen Philosophie erst dann, wenn wir diesen Anfang zugleich in seinem anfänglichen Ende begreifen; denn erst dieses und nur dieses wurde für die Folgezeit zum ›Anfang‹ und zwar derart, daß er den anfänglichen Anfang zugleich verdeckte. Aber dieses anfängliche Ende des großen Anfangs, die Philosophie *Platons* und die des *Aristoteles*, bleibt groß, auch wenn wir die Größe ihrer abendländischen Auswirkung noch ganz abrechnen«. In dieser Passage fehlt, wie in der ganzen Vorlesung, noch die Referenz auf Rom. Deshalb muß Heidegger hier immer wieder um die Doppeldeutigkeit des Ereignisses kreisen. Erst durch die Einführung Roms läßt sich diese ein Stück weit geschichtlich ausfalten.
28. Ders.: *Parmenides*, a.a.O., S. 71f.

Noch Heideggers eigene Romlektüre, und mit ihr letztlich die ganze darin ihre Vollendung findende deutsche Griechenlandfaszination, gehorchten dieser ausgeklügelten geschichtlichen Ökonomie. Weil nämlich »der Anfang, der Ursprung« allererst »im Geschehen zum Vorschein« kommt und »voll da (ist) erst an seinem Ende«,[29] wurde »im Ende des ersten Anfanges«, in dem »wir stehen«[30] – und eben keinen Deut früher – die Besinnung auf diesen ersten Anfang als Möglichkeit und Aufgabe überhaupt denkbar. Diese Besinnung hatte den »anderen Anfang« vorzubereiten, der nie geschehen, aber dennoch als Möglichkeit gegeben war. Besinnung war in gewissem Sinn der Gegenbegriff zur *imitatio* und das Paßwort von Heideggers eigener anti-mimetischer Übersetzungsmaschine, deren Grundeinstellung der Unterschied von erstem und anderem Anfang darstellte.

Das Übernehmen dieser Aufgabe war Heideggers große anti-römische Mission. Der Einsatz war gewaltig: »Wäre nicht, was seine [des alten Griechenlandes, E. H.] Denker bei beginnender Flucht der Götter gedacht haben, in einer gewachsenen Sprache gesagt, wäre das Gesagte in der Folge nicht zum Instrument einer fremdartigen Weltsicht umgeformt worden, dann herrschte jetzt nicht die in ihrem Eigenen noch verborgene Macht der alles durchdringenden modernen Technik und der ihr zugeordneten Wissenschaft und Industriegesellschaft.«[31] Die Umformung des Griechischen, genauerhin die Umformung des griechischen Sagens durch Rom, die die darin eingegangene griechische Erfahrung verlor, hatte bis zur logistischen Kalkülisierung und zur informationstheoretischen Modellierung von Sprache, zur kybernetischen Kontrolle und Steuerung alles Seienden und damit zur Vorherrschaft des rechnenden Denkens mit dem ihm entsprechenden Sein in der industriegesellschaftlichen Welt der Automation geführt.[32] Letztere waren allesamt äußerstes Zeugnis eines Erfahrungsverlustes, nämlich die Konsequenz des in der Folge Roms unablässig wiederholten und vorangetriebenen Auszugs aus dem griechischen »Erfahrungsbereich«, der offen war für das Ungeheuerliche und Unberechenbare, das nicht zu Steuernde, das Ungedachte und das Undenkbare.

Heidegger bewegt sich selbst auf eigentümliche Weise im Bann der römischen Erfahrung. Die gewaltige geschichtliche Macht, die er der Übersetzung zuerkannte – sowohl, was die große römische Fehlleistung und deren Folgen bis zur modernen Technik, als auch deren Korrektur betraf, die in Gestalt einer *anderen* Übersetzung den Auszug aus der römisch verschuldeten Krise ins Werk setzen sollte – ist ihrerseits noch Erbe und Zeugnis Roms. Denn was wäre die römische Erfahrung anderes als eben die Erfahrung der Macht des Übersetzens? Heideggers Griechenland ist so gesehen in erster Linie eine nicht-römische Konstruktion. Ihr

---

29. Ders.: *Hölderlins Hymnen*, a.a.O., S. 3.
30. Ders.: *Grundfragen der Philosophie*, a.a.O., S. 125; zum Unterschied von erstem und anderem Anfang bzw. von Beginn und Anfang vgl. Dastur, Françoise: »Europa und der ›andere Anfang‹«, in: *Europa und die Philosophie*, a.a.O., S. 185-196.
31. Ders.: »Aufenthalte«, in: ders.: *Zu Hölderlin/Griechenlandreisen*, GA, Bd. 75, Frankfurt am Main 2000, S. 216.
32. Vgl. zur kybernetischen Frage bei Heidegger meinen Aufsatz »Parmenideische Variationen. McCulloch, Heidegger und das kybernetische Ende der Philosophie«, in: *Cybernetics – Kybernetik. The Macy-Conferences 1946-1953*, Bd. 2: *Essays & Dokumente*, hg. von C. Pias, Zürich-Berlin 2004, S. 209-225.

Herzstück ist das Privileg zweier nicht-lateinischer Sprachen, die als solche jeweils die Grenzen der römischen Epoche markieren, sie als ihr Anderes einfassen und flankieren und sich so deren langem Übersetzungsatem entziehen. Sie bilden die deutsch-griechische Achsenmacht des Denkens und Seins.[33] Das *pneuma* des Griechischen und der Geist des Deutschen, die sich so nahestehen und direkt, ohne Umweg über Rom, kommunizieren, sind der Inbegriff dessen, was der unpneumatische und geistlose *spiritus* des Lateinischen je schon verfehlt. Ihre Signatur und Eigentümlichkeit ist – nach Maßgabe wohlgemerkt von Heideggers philologischer Politik – die wesentliche Nicht-Übersetzbarkeit und damit der schlußendlich unbeugsame Widerstand gegen das Imperium der Latinität.

---

33. Zum deutsch-griechischen Sprachprivileg vgl. Derrida, Jacques: *Vom Geist. Heidegger und die Frage*, Frankfurt am Main 1992, S. 82ff.

Katherina Zakravsky

Exemplarische Imperatoren
Rom in Hollywood

1. Rom in Hollywood: Imperium, Katechon und Dekadenz

Das Nachleben Roms im Hollywoodfilm ist notwendig ambivalent, da der Zauber der Analogie stets durchkreuzt wird vom Gewicht der Kontinuität. Ohne sie wäre Rom nur eine Dystopie des Verfalls. Rom wäre nur ein unspezifisch ferner und fremder Modellfall, aus dessen negativen Merkmalen ein klarer didaktischer Auftrag für das amerikanische Publikum folgt, nur ein Schauplatz für große Gesellschaftsparabeln, der ebenso gut einem fremden und erfundenen Planeten entsprungen sein könnte. Die so fruchtbare und mythenbildende Poetik der Analogie wird aber durchkreuzt durch ein historisches Kontinuum, das seinerseits einer »erfundenen Tradition«[1] entspricht. Diese Gravität der imaginierten Tradition impliziert wiederum, daß Rom, egal wie verkommen, grausam, tyrannisch und gierig es auch immer erscheint, doch den Keim zum Besseren in sich tragen muß – denn schließlich birgt dieses Rom Hollywoods den Ursprung der Gegenwart.

Die drei wesentlichen Motive, die zwischen Analogie und Kontinuität oszillieren, sind Imperium, Katechon und Dekadenz.

a.) Am römischen Imperium arbeitet das amerikanische Kollektiv sein schlechtes imperiales Gewissen ab. Schon die Expansion auf dem nordamerikanischen Kontinent,[2] erst recht aber der Aufstieg zur Weltmacht[3] und schließlich zur konkurrenzlosen Weltpolizei stellt eine ständige Gefährdung der Haupttugenden der Gründerväter dar: Republikanismus und christlicher Glauben puritanischer Prägung. Das römische Imperium ist für diese Selbstbefragung des amerikanischen Imperiums kein fortzusetzendes Modell der Vergangenheit, sondern der drohende Fall einer möglichen Zukunft – nämlich dann, wenn die USA ein Imperium wird, wie schon einmal eines gewesen ist. Aus Isolationismus oder liberaler Gesinnung,[4] auch aus Blendung über die eigene Machtpolitik und gnostisch gefärbter Inszenierung bleibender Unschuld[5] identifizierte sich die USA mit der

---

1. So ein Begriff von Eric Hobsbawm, zitiert in Wyke, Maria: *Projecting the past, ancient Rome, cinema, and history*, New York u.a. 1997, S. 14.
2. Vgl. ebd., S. 15.
3. Zur kritischen Analyse der imperialen Ideologie in GLADIATOR in Hinblick auf Negri/Hardts Begriff des »Empire« (Negri, Antonio/Hardt, Michael: *Empire. Die neue Weltordnung*, durchges. Studienausg., Frankfurt am Main u.a. 2003) vgl. den ausführlichen Aufsatz von Wilson, Rob: »Ridley Scott's Gladiator and the Spectacle of Empire. Global/Local Rumblings Inside the Pax Americana«, in: *European Journal of American Culture* 21/2 (2002), www2.ucsc.edu/aparc/Rob%20Wilson%20for%20APARC/Gladiator%5B1%5D.pdf_1.pdf
4. »It was the genius of U.S. foreign policy in the late 1940s and early 1950s to have a better appreciation of the potential of third world nationalism and anti-colonialism than the old colonial powers did, and to respond in a way that seemed to set the United States apart from these powers« (McAlister, Melani: »›Benevolent Supremacy‹: Biblical Epic Films, Suez, and the Cultural Politics of U.S. Power«, S. 196f. research.yale.edu/ycias/database/files/MESV5-6.pdf).

postkolonialen Kritik des Imperialismus und war bemüht, das Format des imperialistischen Großreichs Großbritannien und der Sowjetunion zuzuschreiben. Hierfür bot stets das Rom der Kaiser mit seinen erstarrten und rasenden Tyrannen, seinen grausamen Spielen, seinen käuflichen Senatoren und seinen ständig kämpfenden Truppen das bequeme Vorbild. Rom hat als Imperium den richtigen Pfad verlassen und soll wieder auf den rechten Weg zurückgeführt werden – hier geht es um den Kampf zwischen Republik und Monarchie. Daß (formale) Republik vor dem Mißbrauch des Imperiums schützt, diese selbstgerechte Hoffnung des amerikanischen Imperiums verrät gerade in ihrer symptomatischen Rombefragung ihre Trugschlüssigkeit. Wie Paul Veyne zu zeigen vermochte, ist die römische Republik das Institut eines erbitterten Klassenkrieges.[6] Die Statuskonkurrenz zwischen den plebejischen und patrizischen Parteiungen, die sich in dem durchaus nicht gewählten Herrenklub des Senats ausbilden, steigert sich im Zug der expansiven Eroberungspolitik zu einem rauschenden Fest des Euergetismus,[7] der Rom, die Stadt, zum Schauplatz eines ständigen Spektakels macht. Das Institut des Prinzipats seit Augustus, dessen ständige Spannung mit der Senatsrepublik schon die Frequenz der Kaisermorde bezeugt, fungiert hier als aufholende Diktatur, die die erbeuteten Reichtümer zentralistischer verteilt und oft mehr für die Wohlfahrt des Rests, der die Allgemeinheit vertritt – also die Plebs von Rom –, erwirkt als die bornierte Senatsklasse. Somit ist nicht nur die Polemik gegen »volksnahe« Kaiser wie Nero, sondern auch der Wunsch, das sich ausdifferenzierende, reiche, kosmopolitische römische Imperium möge zur asketischen Bauernrepublik retardieren, reinste Patrizierpropaganda. Und dieser Diskurs steht für eine durchaus nicht erkannte, dafür aber umso verblüffendere Ähnlichkeit der spezifisch amerikanischen Politik der USA mit der römischen. Der scheinbar universelle Kult um den Rückzug ins Privatleben – als solcher nur bedingt römisch – verdeckt Entsprechungen gerade in den »raren«[8] Positivitäten beider Systeme: Klientelsysteme, die quasi-feudale Kontinuität mächtiger Familien, die Verfilzung politischer Macht mit der privaten Wohlfahrt und dem Spendenwesen etc. Diese Analogien gehen also weiter als nur bis »Capitol« und »Senat«, und sie bilden als solche eine römisch-amerikanische Achse, die den europäischen Demokratien eher fern steht. Schließlich imponiert noch an diesem römisch-amerikanischen Senatsdiskurs die durchaus positive Bewertung jenes dominanten Militarismus, der die Probleme des zum Imperium anschwellenden Stadtstaats ja verkörpert und verursacht. Zumeist ist der Common-Sense-Held des Romfilms

---

5. Harold Bloom sieht eine eigene amerikanische Religion, die – egal in welcher Konfession – stets um die gnostische Gewinnung eines wahren und ewig unschuldigen Selbst kreist (Bloom, Harold: *The American Religion: The Emergence of the Post-Christian Nation*, New York 1992).
6. Veyne, Paul: *Brot und Spiele. Gesellschaftliche Macht und politische Herrschaft in der Antike*, aus dem Französischen von Klaus Laermann (Text) und Hans Richard Brittnacher (Anmerkungen), München 1994 (Orig.-Ausg.: Paris 1988).
7. Paul Veyne beschreibt den »Euergetismus«, die öffentliche Geschenkpolitik der Reichen und Mächtigen gegenüber der Polis, als eine der wichtigsten sozioökonomischen Institutionen der Antike. Mit religiösen Untertönen geht es hier um eine Verausgabungspraxis, die die jeweilige Oligarchie mit dem Ganzen des (Stadt)-Staats vereinen soll – was das »Volk« erfreut, ist zugleich Anlaß zu Statuskonkurrenz. In Rom wird der Euergetismus zum Privileg des Kaisers.
8. Zur Historie als Wissenschaft der »raren« Positivitäten vgl. Veyne, Paul: *Foucault. Die Revolutionierung der Geschichte*, aus dem Französischen von Gustav Roßler, 1. Aufl., Frankfurt am Main 1992.

ein fiktiver Militär, der seine blutige Pflicht tut, sonst aber auf sein Landgut will – so in QUO VADIS, THE FALL OF THE ROMAN EMPIRE, GLADIATOR etc. Selbst der rebellische Sklave und Feldherr Spartacus, dessen historische Erfolge noch sensationeller anmuten als selbst der Monumentalfilm sie zu zeigen vermag, erscheint in Kubricks SPARTACUS verkürzt um seine tatsächlich schwer zu beurteilenden Ambitionen, Rom zu überfallen,[9] als ein Privatier, der nur danach strebt, sich und die Seinen in die jeweiligen Heimatländer zurückzuführen. Daß also das Militär an sich gut sei, wenn es nur im Auftrag des Stadtsenats seine Eroberungspflicht tut und nicht zum Werkzeug schlechter Imperatoren wird, bleibt von den 50er Jahren an bis 2000 festes Grundmotiv des amerikanischen Romfilms.

b.) Daß aber die USA den Versuchungen des Imperiums nicht erliegen, dafür bürgt mehr noch als ihre republikanische Verfassung ihre Identifikation mit jenem Christentum, von dem immer wieder fälschlich und im hohen Ton des narrativen Prologs behauptet wird, es hätte die Weltmacht Rom zum Einsturz gebracht. Am Ende von QUO VADIS, der Blüte des römisch-christlichen Mischgenres, das die monumentale Welle der 50er Jahre ausgelöst hatte, spricht – übrigens noch vor dem Wunder des blühenden Petrusstabes am Rande der Via Appia, welches Emblem, wie im Prolog angekündigt, die römischen Standarten des Anfangs sozusagen mit unlauteren Waffen besiegen würde – im Dialog mit dem fiktiven Helden Marcus Vicinius der einfache Soldat Fabius die zukunftsträchtigen Worte: – Marcus: »Babylon, Egypt, Greece, Rome. What follows?« – Fabius: »A more permanent world, I hope. Or a more permanent Faith.« Die zeitlose und idealtypische Lektion Roms im ewigen Ringen zwischen Republik und Monarchie (korrekter wäre Oligarchie und Monarchie) lehrte die USA, daß alle Reiche untergehen, es sei denn, es entstünde einmal eines, das anders wäre. Dieses Reich müßte seinen Expansionsdrang nicht mit Machtstreben und Ausbeutung, nicht einmal mit der allgemeinen Verbreitung von Zivilisation, sondern mit einer Mission begründen. Dasjenige Imperium, dessen Agenten einen permanenten Glauben transportierten, wäre zugleich durch diesen als Imperium auf Dauer legitimiert. Nicht nur wäre Amerika dann das Imperium, das durch die christliche Selbstreinigung Roms seine imperiale Lektion gelernt hätte, es hat sich seit den Puritanern auch tatsächlich als Nachfolger Roms empfunden.[10]

Die Verkündigung Amerikas als neues Rom ist aber mehr als eine Legitimation des imperialen Anspruchs durch die Kontinuität der Geschichte. Entsprechend der paulinischen Figur des Aufhalters, des Katechon, kann die Welt sich zu ihrer apokalyptischen Reife nur dann entwickeln, wenn es ein Rom gibt, ein Imperium, das diese Geschichtszeit dem Antichristen entringt. Die der imperialen in nichts nachstehende Leidenschaft Hollywoods für die Apokalypse belegt, wie lebendig diese eher unrömische Zuspitzung der Zeit die amerikanische Imagination bewohnt. Somit ist die Kontinuität Roms eine Frage der Welterhaltung. Das Rom,

9. Vgl. u.a. Höfling, H.: *Römer, Sklaven, Gladiatoren. Der Spartakusaufstand*, Darmstadt 1987.
10. Vgl. Bercovitch, Sacvan: »Die Typologie der Bestimmung Amerikas«, in: Bohn, Volker (Hg.): *Typologie. Internationale Beiträge zur Poetik*, Frankfurt am Main 1988, S. 309-338, vor allem mit Bezug auf Jonathan Edwards, der fast wie ein amerikanischer Nero zu singen vermochte: »O Amerika, heilige Stadt!«, S. 315.

das durch seine seinerseits schon imperiale Transmission durch die Geschichte, durch seine gleichsam symbolisch euergetische Gabe seiner selbst an die Nachfolgereiche den Antichrist aufhält, zermürbt aber zugleich das auf schnelle Auslese der Erwählten und Verworfenen erpichte, apokalyptisch gestimmte Gemüt. Was gerade im Film grundsätzliches Movens ist, die kleine Apokalypse der Handlungsmechanik, die durch den bloßen Schwung der Dinge (ergo *action*) Erwähltheitsgrade auf der Stelle offenbart, fehlt dem römischen Katechon. Seine gravitätische Beharrlichkeit aus Marmor und Togastoff, die in stoischer Weisheit erträgt und nicht urteilt, ausgleicht und nicht scharf macht, ist immer auch der Schauplatz der Dekadenz.

c.) Die »Abwärtswendung« der Dekadenz ist das Schicksal aller Reiche, ja aller künstlichen menschlichen Einrichtungen, deren Verlauf analog zu organischen Strukturen gedacht wird. Nach einem Gesetz der kulturellen Gärung gibt es ein Stadium der Dekadenz aber nur für hinreichend große, reiche und vielfältige politische Gebilde, also »Reiche«. Solange der Geschichtshorizont einer durchaus antik gedachten zirkulären Zeitstruktur entspricht, ist Dekadenz weder vermeidbar noch tragisch. Sie ist das Schillern einer verfaulenden Frucht. Die Schaulust, die im Romfilm stets Dekadenz über alles schätzt,[11] genießt wiederum im Sinne einer weit entfernten Analogie die Erscheinung einer untergegangenen Welt. Und da erweist sich der Hollywoodfilm besonders als Genießen des Unmöglichen. Es ist eine transhistorische Urszene, beim Untergang einer großen Kultur Zeuge sein zu können. Jedes dekadente Tableau bleibt vielleicht nicht bei Fellini, der diesbezüglich auch viel weiter geht, wohl aber in Hollywood hypokritisch überdeterminiert. Das zu sehen Gegebene bleibt Gegenstand einer moralischen Warnung, denn Rom darf nicht rauschend untergegangen sein. Dann gäbe es ja keinen Aufhalter mehr, dann...

Jedenfalls verweist der amerikanische Spätantikenspezialist Peter Brown[12] wohl zu Recht auf den unhistorischen Charakter der Legende vom untergehenden Rom. Die Filme, die, vorzugsweise im didaktischen Prolog, nicht müde werden zu behaupten, daß Rom schon unter Nero oder Marc Aurel anfing, unterzugehen, übersehen doch den ebenso trivialen wie wahren Umstand, daß es das christliche Rom war, das unterging; und dies nicht mit einem Schlag, sondern durch jene langsame Überformung, die Rom ja beerbbar machte. Wenn Dekadenz jener Zustand ist, der Formen und Gebilde weich, zerfließend, amorph und nachgiebig macht, so ist es gerade die Dekadenz Roms, die Rom biegsam genug für die translatio imperii machte – was Amerika schließlich zugute kam. Und Amerika erweist sich oft als undankbarer Erbe, wenn die Romfilme so stur darauf beharren, daß Erscheinungen des Kosmopolitismus wie sexuelle Libertinage, religiöse Toleranz, ausdifferenzierte Großstadttypik, Spektakelkultur, ethnische Vielfalt und urbane

---

11. Und darin wieder eine Analogie zu Hollywood selbst beweist, vgl. Anger, Kenneth (Hg.): *Hollywood Babylon*, aus dem Amerikanischen von Sebastian Wolff, München 1977.
12. Brown, Peter: *Die letzten Heiden. Eine kleine Geschichte der Spätantike*, aus dem Englischen von Holger Fliessbach, Frankfurt am Main 1995.

Bequemlichkeit, wie sie gerade die Hochblüte des Imperiums auszeichneten, notwendig schon Vorzeichen eines erst in Jahrhunderten ganz andere, und christliche, Erben Roms ereilenden Untergangs seien.

2. Exemplarische Imperatoren – Nero und Marc Aurel

Nero oder Der Künstlerberuf
Die geradezu als kollektiver Dienst zu bezeichnende Romschau Hollywoods, die in der Vogelschau des Ausstattungskinos die Auspizien der eigenen katechontischen, stets apokalyptisch überschatteten Imperialpolitik auszulegen hat, kann sich in diesem Geschäft auf keine institutionelle Deutungsautorität wie etwa eine katholische Kirche stützen. Wenn ganz Hollywood in vielem wie ein Ersatzbarock anmutet, so steht dieses Phänomen in einer vielleicht unterschätzten typologischen Kontinuität der amerikanischen Kultur. Eine von einem gewissen prophetischen Hang – sei er nun puritanisch oder, so Bloom, gnostisch – unterströmte Mischkultur der Immigranten hat sich von früh an in Wort und Bild der Allegorie bedient, um aus biblischen und historischen Gestalten zeitlos nutzbare, didaktisch wertvolle Gefäße für eine allgemein verbindliche amerikanische Kultur zu schaffen. Diese Allegorese ist autodidaktisch, sendungsbewusst und monomanisch. In ihr hat Hollywood eine Vorgeschichte. Und als schließlich die Filmstars daran gingen, diesen schon in der Schule skizzierten Gestalten Gesicht, Körper und Leidenschaften zu leihen, kreierten sie überdimensionale Personen, von denen Hollywood meint, sie seien »allgemein menschlich«, über die aber Europa zunehmend klagt, sie würden ihre doch so spezifisch amerikanischen Seelennöte, das amerikanische Sexualdrama vor allem, dem Rest der Welt hegemonial aufdrängen. Gerade die oft zu Recht beklagte Sterilität des Romfilms, in dem römisch gemeinte Gestalten eben wie Amerikaner erscheinen, die den Marmor wie eine Kulisse bewohnen, zeigt, daß die Kreation des universellen Individuums aus dem Geiste Amerikas im Romfilm einer permanenten Krise unterliegt. Und diese Krise erreicht ihren höchsten Punkt, wenn sich der Romfilm der Kaiser annimmt.

Es ist nicht der Darstellung durch römische Schriftsteller wie Sueton und Tacitus, sondern einer späteren christlichen Auslegung geschuldet, daß Nero wegen seiner Verfolgung von einigen hundert Christen, die wegen ihres Dranges zum Martyrium und ihren möglicherweise fälschlichen Eingeständnissen, den apokalyptischen Brand von Rom herbeigeführt zu haben, als »Christianisten« bezeichnet werden könnten, als der »Antichrist« gilt.[13] Mit dieser hybriden Wendung von »Nero, dem Antichristen« eröffnet der Prolog zu QUO VADIS. Die zwei so getrennten Überlieferungen von Nero, dem Antichristen, und Nero, dem peinlichen, verwöhnten, exhibitionistischen gangster-child,[14] gehen in QUO VADIS eine so überdrehte amerikanische Mischung ein, wie sie nur das britisch-kosmopolitische Darstellungstalent eines Peter Ustinov zum Leben erwecken können.

---

13. Diese Tradition zieht sich über Ernest Renan bis in die Gegenwart, vgl. Wyke, a.a.O., S. 113ff.
14. Zit. in: Junkelmann, Marcus: *Hollywoods Traum von Rom. »Gladiator« und die Tradition des Monumentalfilms*, Mainz 2004, Anm. 942, S. 422.

Peter Ustinov als Kaiser Nero in QUO VADIS (Mervyn LeRoy 1951).

Dieser ustinovsche Kaiser ist einfach ein Monster, zerfließend unter dem Übermaß seiner Eigenschaften und erdrückt durch eine Stellung, die ihm die grauenhafte Freiheit bietet, sie alle zu entfalten. Die antiken Autoren müßten an sich den Umstand einräumen, daß der einschlägige Lasterkatalog Neros[15] von Wollust über Prunksucht bis zur Grausamkeit dem üblichen, sozusagen milieubedingten Dasein eines römischen Kaisers entspricht. Der Kontrast zwischen politisch motivierten Ehen mit den Töchtern einflußreicher Familien und privat motivierten Affären nötigt zur Promiskuität; der quasi-religiöse Charakter des Princeps, der das Glück Roms verkörpert und durch die Stiftung öffentlicher Bauten und Feste zum Ausdruck bringt, erzwingt die Prachtentfaltung; und der Mangel eines klaren Erbrechts der Kaiserwürde, die jedes Mal prekäre Kreierung des Kaisers unter Beteiligung ehrgeiziger Mütter, taktischer Senatoren und intriganter Prätorianer legt den Verwandtenmord als ultima ratio der Machtgewinnung und -erhaltung im Interesse der Stabilität geradezu nahe.[16] So bekommen all diese Laster erst deshalb ihr skandalöses Gewicht, weil Nero es wagte, der Konvention eines gravitätisch-männlichen Römers offen zu widersprechen. Nero im Hauskleid und barfuß, mit griechisch langen Locken,[17] beharrte darauf, Kaiser und Berufskünstler zu sein. Und wiewohl die Historiker diesen Darbietungen zur Lyra je nach Voreingenommenheit zumindest mittlere Qualität zusprechen, nimmt QUO VADIS den Grimm über Nero als Christenverfolger zum Anlaß für einen »heiligen Zorn«, den er dann aber als Denunziation seines jämmerlichen Gesangs abführt. So verschwindet der sehr ernst gemeinte didaktisch-religiöse Hintergrund fast völlig hinter Ustinovs Komödiantentum. Und das Drehbuch stärkt diese burleske Note durch die ständige, kommentierende Anwesenheit des zynischen Dandy Petronius. In einer Szene lümmelt Ustinovs Nero trotzig auf seinem Kaiserthron und ziert sich, die Spiele zu eröffnen, weil er den Gestank der Plebs, also sein vielgestaltiges Spiegelbild, nicht mehr erträgt. Da greift Petronius, dessen voyeuris-

---

15. U.a. Sueton: *Das Leben der römischen Kaiser*, hg. und übers. von Hans Martinet, Düsseldorf 2001, S. 343.
16. Robichon weist in seiner Nero-Biografie darauf hin, daß nicht das Übermaß seiner Laster, sondern die Prominenz seiner Feinde seinen so üblen Nachruhm bedingt. Vgl. Robichon, Jacques: *Nero. Kaiser, Poet, Tyrann*, aus dem Französischen von Elmar Braunbeck, München 1998, S. 269.
17. Sueton: a.a.O., S. 372.

tische Lust, Nero bei Laune zu halten, um ihn sich aufführen zu sehen, der Film tendenziell unterschlägt, zu einer List, die ihn schließlich zum Mittäter bei Neros – übrigens historisch mehrfach widerlegter – Brandschatzung Roms macht.[18] Da Petronius ja weiß, wie sehr sich Nero mit seinem – historisch verbürgten – Epos über Troja abplagt, gibt er ihm zu verstehen, daß er alles, was er besingen will – etwa seine kaiserliche Einsamkeit – auch durchlitten haben muß. Und da begreift Nero, daß er den Brand Trojas, den er besingen will, auch legen muß. Die seltsam amerikanische Pointe dieser vor Petronius' Selbstmord in einem Schmähbrief gipfelnden Denunziation eines grausamen Kaisers als miserabler Künstler ist, daß die Ansicht, man könne nur über das angemessen schreiben, was man auch erlebt habe, zum Standarddiskurs der amerikanischen Kultur gehört. Petronius, der Proto-Amerikaner, ist in seiner Inspiration des Brands von Rom aber auch der *missing link*, der Nero über christliche Propaganda und antikische Komödie hinweg einen Augenblick mit dem Faschismus des 20. Jahrhunderts verbindet. Man sieht ihn größenwahnsinnig gestikulierend vor Mussolinis Modell des konstantinischen Rom, das an die Stelle der verbrannten Stadt treten soll. Diese nun endlich produktiv scheinende Verbindung von Kaiser- und Künstlertum – der eine hat die Mittel, der andere die Vision –, die den historischen Nero tatsächlich auszeichnete, verweist freilich auf eine ganz andere Biographie: die eines frustrierten Künstlers, der beschlossen hat, Politiker zu werden. Andererseits aber ist dies menschenleere, marmorweiße Modell,[19] frei von jenen kleinen, schwarzen Menschenpunkten, die QUO VADIS aus extremer, gleichsam neronischer Vogelperspektive den Palatin stürmen zeigt, auch eine unfreiwillige Selbstanklage des immer so sterilen und monumentalen Rom der Kulissenbauer und Trickspezialisten von Hollywood.

Marc Aurel oder Das Lob der Adoption
Wiewohl der historische Marc Aurel im Unterschied zu Neros Sündenbocktaktik eine regelrechte Christenverfolgung zu verantworten hatte und selbst gerade deshalb in unserer Gegend[20] lebte und starb, weil seine Legionen nicht aus dem Krieg herauskamen, gilt er als das glatte Gegenteil von Nero. War Nero ein Borderline-Kaiser im psychologischen Sinn, war Marc Aurel dies im geopolitischen Sinn. Und in der rauhen Einsamkeit am Limes vermochte er unter stoischer Anleitung das, wovon der Nero in QUO VADIS nur träumte: von seiner Einsamkeit zu singen, um als exemplarisches Individuum in die Geschichte einzugehen.

18. Vgl. Robichon: a.a.O., S. 247ff. Finis eher journalistische Ehrenrettung Neros ist wohl stellenweise übertrieben, vor allem aber seine Widerlegung der Legende von Nero, dem Brandstifter, die schon auf Sueton, a.a.O., S. 358, zurückgeht, ist gründlich und schlüssig (Fini, Massimo: *Nero. Zweitausend Jahre Verleumdung. Die andere Biographie*, aus dem Italienischen von Petra Kaiser, München 1994).
19. Junkelmann enthüllt die unglaubliche Tatsache, daß eben dieses historische Modell Mussolinis, das als solches in QUO VADIS erscheint, in Scotts GLADIATOR als erste de facto Totale Roms aus der Vogelschau erscheint (Junkelmann: a.a.O., S. 281f.).
20. Nicht ohne massive historische Ironie ist es daher, wenn Peter Kampits seine »kleine Geschichte der österreichischen Philosophie«, *Zwischen Schein und Wirklichkeit*, Wien 1984, mit Marc Aurel anheben läßt, war doch der römische Kaiser vor Ort, um die Vorfahren eben dieses Österreich zurückzudrängen.

Freilich ließe sich argumentieren, daß der prunkvolle Goldpalast Neros, dessen Kuppel sich wie ein astronomisches Proto-Kino Tag und Nacht bewegte, und Marc Aurels Sitte, soldatisch auf dem Boden zu schlafen, nur zwei Extreme eines kaiserlichen Dilemmas darstellen. Denn der Kaiser in seiner ontologischen Ungewißheit, möglicherweise Gott zu sein, kann mangels Vergleich schwer das rechte Maß finden. Er kann sich nur mit anderen Kaisern vergleichen, und die sind tot und vergöttlicht.

Alec Guinness etwa bringt den überaus zähen Monumentalfilm THE FALL OF THE ROMAN EMPIRE zu einem frühen Höhepunkt, wenn er in seinem von düsterer Üppigkeit überquellenden Monumentalzelt von Winkel zu Winkel geistert, um mit seinem nahenden Tod Zwiesprache zu halten. Die monologische Rede der »Selbstbetrachtungen«, die sich tatsächlich häufig an sich selbst adressiert, wird zum unruhigen Dialog zwischen mir und mir. Und was könnte diese Spaltung besser bewirken als der Fährmann, dem sich Guinness' Marc Aurel schließlich am offenen Fenster gelassen überantwortet? Der Kaiser schwankt in THE FALL OF THE ROMAN EMPIRE und in GLADIATOR hinsichtlich der Nachfolge zwischen seinem leiblichen Sohn Commodus, der aber möglicherweise auch Sohn eines Gladiators ist – ein Gerücht, das sich wohl aus dessen Leidenschaft, als Gladiator aufzutreten, ergab – und einem jeweils fiktiven General, der wegen seiner Tugend durch Adoption zum Kaiser befördert werden soll. Bevor Marc Aurel den besten Mann küren kann, intervenieren in FALL die Freunde des Commodus und in GLADIATOR, publikumswirksamer, Commodus selbst. Diese Geschichte ist ebenso invers zu den historischen Tatsachen wie die Christenverfolgungsquoten Neros und Marc Aurels. Denn der wahre Marc Aurel verhielt sich, gegen seine stoische Selbstbeherrschung, gerade sentimental zu seinem leiblichen Sohn und machte diesen, und eben nicht einen adoptierten, zum Nachfolger. Hier gerät aber ein römisch-amerikanisches Familienkarussell in gehörigen Schwung. Gerade die letzte Version des Romfilms aus dem Jahre 2000, Scotts GLADIATOR – selbst ein Hybrid aus THE FALL OF THE ROMAN EMPIRE und SPARTACUS – landet in einer völligen Privatisierung aller religiösen und politischen Motive des römischen Genres bei gleichzeitiger Heroisierung des Militärischen. Sowohl die römischen wie die christlichen Gottheiten sind eingeschmolzen in die durchaus römische Hausreligion der Laren. Maximus, der Held, will Rom nicht retten, er will nur heim zu Frau und Kind. Solcherart durch eine einfache und amerikanische Botschaft abgesichert und ergänzt durch die Komplementärtugend eines »Profis«, der als Soldat und Gladiator gleichermaßen seinen »Job macht«, entspinnt sich an der kaiserlichen Familienfront ein wesentlich komplexeres Drama. Commodus konfrontiert seinen Vater mit dem Umstand, daß er im Konflikt zwischen Kardinal- und Sekundärtugenden als ungeliebter Sohn nicht umhin kann, ein schlechter Kaiser zu werden – was der fiktive Marc Aurel aber gerade verhindern will.

»Du hast mir einmal geschrieben und die vier größten Tugenden aufgelistet: Weisheit, Gerechtigkeit, Stärke und Mäßigung. Als ich das las, wußte ich, daß ich keine davon habe. Aber ich habe dafür andere Tugenden, Vater: Zum Beispiel Ehrgeiz. Er ist, wenn er zu großen Taten anspornt, eine Tugend. Einfallsreichtum [...], Ergebenheit meiner Familie gegenüber, und dir. Aber keine meiner Tugenden stand auf deiner Liste.«[21] Es ist also gerade die amerikanische Haupttugend der Familienloyalität, die der stoische Kaiser in all seiner Tugend nicht berücksichtigt haben soll. Dabei bietet doch die innerfamiliäre Dynamik bei aller kaiserlichen Politik den Stoff, der den Romfilm zur idealen Synthese von politischem und familiärem Drama macht. Nun ist aber im Unterschied zur amerikanischen Kleinfamilie die römische Familie ein durch Klientel, Freigelassene und Adoption weit über den biologischen Kern hinaus erweitertes Institut.[22] Und diese römische Familie bedingt auch die Adoption der Kaiser, durch die politische Selektion als dynastisches Kontinuum inszeniert werden kann. Der ödipale Sohn Commodus in GLADIATOR erscheint dann als ein anachronistisch nach Rom versetztes Bauernopfer des amerikanischen Kults um die Kleinfamilie. Aus einem so kleinen Nest entspringen keine Kaiser.

Unter dem Stichwort der »falschen Ausnahme des Princeps«, die an Agambens Logik der Exceptio in ihrer Komplementarität zum Exemplarischen erinnert,[23] verweist Foucault auf Marc Aurel als Kaiser und Adressat der stoischen Sorge um sich. Die exzentrischste Ausnahme, die sich ein Kaiser für sich herausnehmen kann, ist demnach der Ehrgeiz, normal zu sein. »Der allgemeine Verhaltensgrundsatz für denjenigen, der wie Marc Aurel der Erste sein will, besteht gerade darin, aus seinem Verhalten alles wegzunehmen, was auf die Besonderheit einer kaiserlichen Aufgabe, auf die Besonderheit einer Reihe von Funktionen, Privilegien oder gar Pflichten hinweisen könnte.«[24] Dieser faszinierende Ehrgeiz, der erste unter den Normalen zu sein, mag als Maxime dem amerikanischen Gemüt schmeicheln, einem solchen Kaiser wäre es doch unmöglich, seine singuläre Pflicht, Roms großzügiger Euerget zu sein, auszuüben. Bescheidenheit wird hier, in einer Konjunktion aus Stoa und Amerika zur Hypokrisie; und die mag innerfamilär jenes *double bind* ausbilden, dessen Folgen der Commodus Joaquin Phoenix' in wunderbar flackernder Paranoia zum Ausdruck bringt. Daß die Stoa nicht zum Familienfrieden führt, ist aber wiederum ein genuin kaiserliches Problem.

Jeder Kaiser kann nicht umhin, exemplarisch zu werden, und zwar aufgrund des verschämten römischen Prinzipats, das die Ausnahmen, die es um des Friedens willen Cäsar und Augustus gewährte, jeweils immer nur ausnahmsweise für einen Kaiser mehr prolongierte, als wäre es wieder das erste Mal. So hat jeder neue Kaiser im Schatten eines Eigennamens wieder Cäsar zu sein. Egal welcher Kaiser den je nächsten tatsächlich adoptiert haben mag, jeder neue Kaiser muß als von Cäsar adoptiert gelten – wie dessen Neffe Octavian, nachmals Augustus, es tatsächlich war.

---

21. Junkelmann: a.a.O., S. 341, englischer Text, S. 422, Anm. 958.
22. Zur Adoption als Zeichen einer nicht nur privaten Idee der Familie als Strategie des (väterlichen) Namens siehe Ariès, Philippe/ Duby, Georges (Hg.): *Geschichte des privaten Lebens*, Bd. 1: Veyne, Paul (Hg.): *Vom Römischen Imperium zum Byzantinischen Reich*, dt. von Holger Fliessbach, Frankfurt am Main 1989, S. 30 ff.
23. Agamben, Giorgio: *Homo Sacer. Die souveräne Macht und das nackte Leben*, Frankfurt am Main 2002.
24. Foucault, Michel: *Hermeneutik des Subjekts. Vorlesung am Collège de France (1981/82)*, aus dem Französischen von Ulrike Bokelmann, Frankfurt am Main 2004, S. 253.

Der Vatermord des Commodus in GLADIATOR erweist sich schließlich als triadische Szene.[25] Die blicklosen Augen eines marmornen Philosophenkopfs, der hier exemplarisch jene Stoa vertritt, die Marc Aurel an Sohnes statt adoptierte, treibt Commodus als römisches Superego zum Wahnsinn. Und zugleich vertritt diese tote und einschüchternde Requisite Rom selbst, an dem sich das hysterische Hollywood als später Sohn abarbeiten muß, um es in stets sich erneuernder Selbstbetrachtung nach dem Status seiner Adoption als Erbe des Imperiums zu befragen.

Besprochene Filme:
QUO VADIS (Mervyn LeRoy, USA 1951)
SPARTACUS (Stanley Kubrick, USA 1960)
THE FALL OF THE ROMAN EMPIRE (Anthony Mann, USA 1964)
SATYRICON (Frederico Fellini, USA 1969)
GLADIATOR (Ridley Scott, USA 2000)
IMPERIUM: AUGUSTUS (Roger Young, USA 2003)

---

25. Junkelmann hat sehr überzeugend zu zeigen vermocht, daß der fiktive Vatermord des Commodus in seiner triadischen Struktur dem analogen Vatermord Roys an seinem kybernetischen Vater in BLADE RUNNER entspricht, der sich unter den künstlichen Augen einer Eule vollzieht (Junkelmann: a.a.O., S. 341).

Fabian Steinhauer

Die Szene ist in Rom

I. Gestalten des Gerüchts

(1) 1923, kurz nachdem der Rundfunk auf Sendung gegangen war und die Stimmen geisterhaft Kopf und Ort verloren hatten, begab sich Carl Schmitt auf die Suche nach der politischen Form. Er fand sie in Rom. Es ist, als hätt' ihn – wie Walter Benjamin – die Welle neuer technischer Medien zur Konstitution des Auratischen getrieben. Also setzte er an: ES GIBT EINEN ANTIRÖMISCHEN. So lesen wir die Kopfzeile seines geistigen Kapitols.[1] »Affekt«, so fährt es in der zweiten Zeile der Schrift schon unter Verzicht auf Kapitälchen fort. Zwischen Verteidigung und Angriff schwankt der Ton der Eröffnung, so wie das Schriftbild des Textes heute noch zwischen großem Wurf und kleinem Entwurf oszilliert. Unklar, ob die Eröffnung gelang, denn das Pathos trägt Spuren einer Ironie und grenzt damit ans Lächerliche. Schmitt war ernst, auch als er jünger war. Unklar also auch, ob Schmitt selber das so wollte und so entschieden dahinter stand. Schmitt wurde vielleicht nicht zuletzt wegen dieser flimmernden Eröffnung zu einem Meister des juristischen Gerüchts, eines Raunens, das als Gerede, *belles parole*, *mere talk* oder *façon de parler* die Sprache des Rechts immer schon gleichermaßen verdächtig wie attraktiv gemacht hat.[2] Eines Gemurmels, das den stillen Text der Juristen erregt und in Schwingungen versetzt. Die Schrift hat etwas vom Rundfunk empfangen. Schmitts Theorie des Gerüchts erschließt sich vielleicht in diesen frühen und expliziten Bekenntnissen zur Form. Er mag geahnt haben, daß die Orientierung an der Form eine Dynamik verschwindender Präsenz und konstituierender Repräsentation in Gang setzen kann. Die Ewigkeit Roms beschrieb er als beständige Dynamik und als Fähigkeit zur Form. Er mag geahnt haben, daß die Genealogien des Rechts sich in besonderem Maße durch Gerüchte animieren lassen. Sein eigenes Gesicht, das uns seit der Auflage von 2002 von der Innenseite des Schutzumschlags leicht verschmitzt entgegenblickt, reflektierte er im Vielgesichtigen und Vieldeutigen Roms. Und, anders gesagt, *verschmitzte* er sich damit den *caput mundi*. Indem Schmitt Rom ein Antlitz gab, machte er sich selber hinter der Maske Roms unsichtbar.[3] Im Herbst 1946 wird Schmitt dann behaupten, nun erstmals in seinem Leben von sich selbst zu sprechen.[4] Praktisch wurde er mit diesen Dissimulationen bis heute zur Flüsterstimme all jener Autoren, die nach Bekräf-

---

1. Schmitt, Carl: *Römischer Katholizismus und politische Form* (1923), in der Ausgabe Stuttgart 1954, S. 5. Ebenso in der Ausgabe des Theatiner Verlags, München, von 1925. Eine Ausgabe der ersten Auflage konnte ich bis zum Erscheinen dieses Textes leider nicht mehr auftreiben.
2. Zu den *belles paroles*: Grewe, Wilhelm: *Epochen der Völkerrechtsgeschichte*, Baden-Baden 1988, S. 170; zum *mere talk*: Koskenniemi, Martti: »The Effect of Rights on Political Culture«, in: Alston, Philip (Hg.): *The EU and Human Rights*, Oxford 1999, S. 99-116; zur *façon de parler*: Böckenförde, Ernst-Wolfgang: »Grundrechtstheorie und Grundrechtsinterpretation«, in: *Neue Juristische Wochenschrift* (1974), S. 1529-1538, hier: S. 1534.
3. Wenger, David: »Eine Formsache. Zur Begründungsferne von Carl Schmitts Dezisionismus«, in: *Der Staat* 44 (2005), S. 243-249, hier: S. 243.
4. Schmitt, Carl: *Ex Captivitate Salus*, Berlin 2002, S. 76.

tigungsformeln des Rechts suchen, die sich zu Kraftfahrzeughaltern eines europäischen Motors machen und auf Europa etwas Animierendes einbilden wollen.[5] Schmitt ist eine Gestalt des Gerüchts. Ein Fall für das jüngste Gerücht ist er damit nicht.

(2) Es gibt jüngere. Im Januar 1941 erschien das erste Heft der *Zeitschrift für Markenschutz und Wettbewerb*, einer Zeitschrift zum Schutz der Form im Widerstreit ökonomischer Austauschbeziehungen. Und just auf den elften Januar dieses Jahres fiel der 100. Geburtstag Otto von Gierkes, dem man sich als Vorkämpfer des Persönlichkeitsrechts verpflichtet fühlte. Und Reichsgerichtsrat a. D. Georg Müller feierte diesen einleitend in einer hyper- und diabolischen Fassung. Die nahm, wie so oft, ganz von allein den Geruch des Gerüchts an:

> Ein Hüne, blauäugig, mit blond-wallendem, von 62 Lebensjahren nicht gebleichtem Haupthaar und Bart hielt 1903 auf dem Kapitol zu Rom beim Internationalen Historikerkongreß eine italienische Ansprache. Den Versammelten erschien er als leibhaftige Verkörperung deutscher Art. Und die Römer gestanden bewundernd: nun erst, da Otto Gierke zu ihnen redete, hätten sie einen echten Germanen gesehen. Zum äußeren Eindruck stimmte das innere Wesen. Gierke war ein kerndeutscher Mann. Er gehörte als Forscher, Lehrer, Bildner und Künder unseres heimischen Rechts zu dieses Volksgutes größten und treuesten Hütern.[6]

Ob Gierke ahnte, auf diese Art zu einer *persona ficta* und zum *corporate image* einer neuen Gemeinschaft zu werden? Verletzte oder erfüllte Müller mit seiner Schilderung des Leibhaftigen die Persönlichkeitsrechte des Mannes, der einer der Urheber dieser Rechte war? Darf man Gierke so für sich reklamieren? Die Beantwortung hängt nicht nur eng mit der rhetorischen Kunst der Tropen und Figuren zusammen, sondern auch von Fragen der Legalität und Legitimität von Genealogien und Referenzen ab. Wer der Geschichte vom Historikerkongreß wie geschildert Glauben schenkt, muß selber schon ganz schön blauäugig sein. Maskenhaft plazierte Müller Gierke auf das Kapitol in Rom. Das Duett Gierke/Müller ist eine weitere Gestalt des Gerüchts. Aber auch diese Geschichte ist kein Fall für das jüngste Gerücht.

(3) Das jüngste Gerücht ist jünger. Aus der Nähe unmittelbarer Vergangenheit nehmen die Stimmen zu und werden zum Chor, der den Römischen wie den Antirömischen leibhaftig und geisterhaft besingt. Das Gerücht geht in viele Richtungen und kehrt dabei doch immer wieder nach Rom zurück. 2002 soll Gerhard Schröder die vielen Stimmen für den Wahlsieg vor allem durch die Ablehnung des Irakkrieges und vor allem in nichtkatholischen Gegenden errungen haben.[7] Und dann im Jahr 2004 sollen dem Katholiken Kerry bei der amerikanischen Präsidentschaftswahl angeblich katholische Stimmen gefehlt haben. Bush brannte auf den Einsatz im Irak, und seine Alliierten waren die katholischen Nationen

---

5. Haltern, Ulrich: *Europarecht und das Politische*, Tübingen 2005.
6. Müller, Georg: »Dem Andenken Otto von Gierkes«, in: *Markenschutz und Wettbewerb* 41 (1941), S. 1.
7. Das erwähnt und bestreitet N. N.: *Sonntagsblatt. Evangelische Wochenzeitung für Bayern*, 29.9.2002.

Spanien, Italien und Polen, hieß es.[8] Aber auch das ist schon wieder alt und verhallt. Immerhin stellte sich die erste Tochter Roms, Frankreich, den einflüsternden Stimmen gegenüber taub. Im Oktober 2004 hörte man dann auch noch, daß sich Rocco Buttiglione zur Sittenlehre der katholischen Kirche bekannte. Es hieß, er sei katholischer Fundamentalist.[9] Und man hörte, daß ihn das europäische Parlament deswegen als EU-Kommissar abgelehnt hätte. Vielleicht ist Europa so römisch, daß es den Papst nicht mehr braucht? Der sogenannte Vertrag über eine Verfassung für Europa wurde nämlich kurz darauf in Rom unterzeichnet, und die europäische Flagge soll vielleicht bald auch über dem Bosporus wehen. Und Joschka Fischer hat just vor der Unterzeichnung der Verträge in Rom gesagt, daß ein Beitritt der Türkei in die EU der »D-Day« im Kampf gegen den internationalen Terrorismus sei.[10] Die Metapher des D-Day, die Fischer verwendete, rekurriert auf die militärstrategische Praxis, einen Tag, dessen Datierung aufgeschoben wird, als D-Day zu bezeichnen. Der D-Day ist abstrakte Variable und Superlativ in einem, man übersetzt den Begriff wohl am besten mit: Tag der Tage.[11] Joschka Fischers Rede zum Advent Europas war wie ein kleines suprematistisches Manifest: Leerstelle, Abstraktion und Neubesetzung des Höchsten zugleich. Das ist die totale Animation. Pierre Legendre würde einstimmen: Das ist der Traum von der alles einschließenden Inklusion.[12] Ulrich Heinen würde sagen: Das ist die Absolutsetzung der *providentia* und deren Realisierung in der aeneidischen Genealogie.[13] Das ist die Vision des Aeneas von der *Pax Romana*. Nie wieder Troja! Nie wieder Magdeburg! Nie wieder Dresden! Nie wieder Manhattan! Und deswegen: immer wieder Rom!

II. Das Gewebe des Gerüchts

(1) Immer wieder Rom. Daniel Krausnick ließ jüngst das Gerücht (als Gerücht) kursieren, das heraldische Zeichen der Europaflagge (12 goldene Sterne auf blauem Grund) habe seine Wurzeln in der Offenbarung des Johannes. Krausnick erwähnte dementsprechende Hinweise von Graf Coudenhove, merkte aber an, Coudenhove sei den Beweis für die These schuldig geblieben. Man könne nicht aus dem katholischen Glauben einiger Beteiligter des Verfahrens auf eine solche Herkunft schließen. Im Ergebnis könne für den Sternenkranz der europäischen

---

8. Bahners, Patrick: »Krieg der Welten«, in: *Frankfurter Allgemeine Zeitung*, 30.10.2004.
9. www.ikvu.de/presse/ikvu-eu-kommissar-buttiglione-14-10-2004.html.
10. Meldung der BBC, 20.10.2004.
11. Der Begriff »D-Day« findet sich in: General Service Schools (Hg.): *Combat Orders*, Fort Leavenworth/Kansas 1922. Erstmals wurde »D-Day« als Code für den Tag einer militärischen Operation im Ersten Weltkrieg verwendet. Erster D-Day war der Sturmangriff amerikanischer Truppen auf die von Deutschen besetzte lothringische Stadt Saint-Mihiel im September 1918.
12. Legendre, Pierre: »Der Take-off des Westens ist ein Gerücht«, in: Vismann, Cornelia (Hg.): *Pierre Legendre. Historiker, Psychoanalytiker, Jurist, Tumult* 26 (2001), S. 102-118, hier: S. 111.
13. Heinen, Ulrich: »Friedenssehnsucht als Antrieb der europäischen Weltfriedenskriegskultur«, in: Brock, Bazon/Koschik, Gerlinde (Hg.): *Kunst und Krieg*, München 2002, S. 163-186; detaillierte Nachweise über die Bildprogramme der aeneidischen Genealogie in: Büttner, Nils/Heinen, Ulrich: *Peter Paul Rubens. Barocke Leidenschaften*, München 2004.

Flagge kaum ein christlicher Hintergrund angenommen werden.[14] Es ist fraglich, ob Symbole überhaupt Ergebnisse kennen und eine Herkunft haben, und ob sie einen Autor haben, der sie mit Bedeutung vollpackt und danach den Koffer schließt. Sie sind Medien, und sie haben eine Genealogie, deren Legalität und Legitimität auf den Übertragungswegen einer stillen Post umkämpft ist. Sie haben eine Form, die wie im Fall Schmitt zwischen Präsenz und Repräsentation zur Enteignung tendiert. Sie haben einen Körper, den sich andere, wie im Fall Gierke/ Müller, aneignen können. Die Form hat zwei Seiten, ist gleichermaßen dia- wie symbolisch. Und so wird die Geschichte vom europäischen Sternenkranz schon lange schillernd erzählt.[15] Der Entwurf war ein Vorschlag Paul Levis; 1955 übernahm ihn erst der Europarat und ab 1983 auch das Europäische Parlament für die Flagge.

(2) Hinter diesen *hard facts* entspinnen sich die Erzählungen.

Die Geschichte der Flagge begann zur Zeit des Zweiten Weltkrieges. Paul Levi, ein Belgier jüdischer Abstammung, sah damals in Leuwen Eisenbahnzüge fahren, in denen Juden von der deutschen Gestapo nach Osten in eine ungewisse Zukunft transportiert wurden. Damals legte Levi das Gelübde ab, wenn er den Krieg und die Herrschaft der Nationalsozialisten lebend überstehen würde, zum katholischen Glauben überzutreten. Er überlebte und wurde katholisch. Am 5. Mai 1949 wurde in London der Europarat gegründet, und Paul Levi wurde der Leiter der Kulturabteilung. Sechs Jahre später diskutierten die Mitgliedsländer über eine gemeinsame Flagge. Sämtliche Entwürfe, in denen – etwa nach dem Vorbild der skandinavischen Flaggen – ein Kreuz enthalten war, wurden von den sozialistischen Ratsmitgliedern als »ideologisch gebunden« und als »zu christlich« abgelehnt. Eines Tages kam Levi an einer Statue der Immakulata mit dem Sternenkranz vorbei. Durch die Sonne beschienen leuchteten die goldenen Sterne vor dem blauen Himmel. Levi suchte daraufhin Graf Benvenuti auf, einen Venezianer, der damals Generalsekretär des Europarates war, und schlug ihm vor, zwölf Sterne auf blauem Grund als Motiv für die Europaflagge vorzuschlagen, was dann allgemein akzeptiert wurde. Und so ziert bis heute in allen Staaten der Europäischen Union der Sternenkranz die Europafahne schon beim Grenzeintritt.[16]

Armin von Bogdandy berichtet fast zeitgleich in der *Kritischen Justiz*:

Von besonderer Bedeutung ist an dieser Stelle der Kreis von zwölf goldenen Sternen, der eine Assoziation der Europäer als auserwählte Gruppe in der christlichen Tradition weckt ... Daß auf der europäischen Fahne weiterhin nur zwölf Sterne zu finden sind, ist kein Versäumnis, sondern Programm [...] Hier

---

14. Krausnick, Daniel: »Symbole der Europäischen Verfassung – die Verfassung als Symbol«, in: Becker, Yvonne u.a. (Hg.): *Die Europäische Verfassung – Verfassungen in Europa*; Baden-Baden 2005, S. 132-160, hier: S. 151.
15. Vgl. »Die Europäischen Sterne haben ihren Ursprung in Bayern«, in: *Die Welt*, 5.5.2000.
16. So auf www.fatima.ch, dem Internetportal des Fatima-Weltapostolats der deutschen Schweiz.

erfolgt, so eine bedeutende Lesart, im Zeichen der Krone aus zwölf Sternen, die Geburt des Messias und des Volkes Gottes, ein umfassender Neubeginn der Geschichte. Die Flagge umschließt damit ein Versprechen des Heils und der Auserwählung.[17]

Bogdandy spricht eine Vision an, in der die *Offenbarung des Johannes* mit der vergilschen Vision des Augustus/Aeneas über die *Pax Romana* und die Wiederkehr des goldenen Zeitalters parallelisiert wurde und die Zeugnis dafür ist, wie sich das römische Christentum den heidnischen Mythos des Vergil für das eigene Legitimationspotential aneignete. Die *Mirabilia Urbis Romae* – der römische Pilgerführer – tradieren seit Mitte des 12. Jahrhunderts die Legende, daß Kaiser Augustus einst an seiner eigenen Apotheose zweifelte. Also suchte er Auskunft über die Zukunft seines Reiches bei der Tiburtinischen Sibylle. Die Sibylle von Tibur prophezeite Augustus der Legende nach, daß vom Himmel der König aller Zeiten herabsteigen werde – geboren jüdischer Abstammung. In diesem Augenblick sah Augustus die Vision einer Jungfrau mit einem Knaben auf dem Arm und mit einem Kranz von 12 Sternen. Eine Stimme soll gesagt haben: Dies ist der Altar des Sohnes Gottes. Augustus errichtet an der Stelle seiner Vision einen Himmelsaltar »Ara coeli«: Dort – so munkelt man seit jenen *Mirabilia Urbis Romae* – wurde dann zur Erinnerung an die Verknüpfung von christlicher und römisch-antiker Weltfriedenssendung die Kirche St. Maria in Ara Coeli errichtet.[18] Daneben kursierten in Europa auch Bilder der Augustusvision bzw. der Prophezeiung der Sibylle von Tibur. Mal sind es dann auf den Bildern 32 Sterne,[19] mal Putten, Sonne und Halbmond[20], mal gar keine Sterne[21] und mal ein Strahlenfeld.[22] Die 12 Sterne, von denen Johannes in der *Offenbarung* und der Romführer erzählen, sind auch auf den wenigen Bildern, wo sie erkennbar sind, kaum zu sehen. Bei Mariendarstellungen finden wir das Motiv häufiger und klarer. Es gibt ein eigenes Rumoren der Archive.[23] Zwischen biblischen Offenbarungen, Reiseführern, juristischen Fachzeitschriften, politischen Monographien, Bildarchiven und Internetportalen säuseln die Stimmen. Vielleicht träumte Johannes im 12. Kapitel der *Offenbarung*? Vielleicht hat die Sibylle gesponnen? Vielleicht hat Augustus getäuscht? Vielleicht haben die *Mirabilia Urbis Romae* verführt? Vielleicht hat Levi etwas vertauscht? Vielleicht hat sich das Europäische Parlament vertan? Einmal in die Welt gesetzt, werden die Texte und Bilder zu Formen, die im Medium anderer Form besprochen, beschrieben und ausgemalt werden. Das Ensemble liefert eine Andockstelle für Gerüchte, Visionen und Legenden. Leider ist es meist nur die Serie der Quel-

---

17. von Bogdandy, Armin: »Europäische Verfassungspolitik als Identitätspolitik«, in: *Kritische Justiz* 2 (2005), S. 110-127, hier S. 121.
18. Dazu auch Heinen: *Friedenssehnsucht*, a.a.O., S. 166f.
19. So die Stuttgarter Vision, die vermutlich aus Venedig stammt.
20. So im Bild von Antoine Carone im Louvre; vgl. auch Rogier van der Weydens Bladelin-Triptychon.
21. Benvenuto Tisi da Garofalo, *Kaiser Augustus und die Sibylle von Tibur*, 1538, Kölner Wallraf-Richartz-Museum.
22. So die Vision im Frankfurter Städel vom Meister der tiburtinischen Sibylle; vgl. die Miniatur in der *Wiener Weltchronik* (1475) sowie *Die heilige Barbara und die Augustusvision* im Kloster Eberbach.
23. Ernst, Wolfgang: *Das Rumoren der Archive*, Berlin 2002.

len, die die Quellen seriös machen. Das dichte Gewebe der Texte und Bilder hüllt die Stelle sanft ein, ab der die Imagination einen negativen Wert bekommt und der Tausch zur Täuschung wird. Viel Stoff, aus dem die europäische Flagge ist.

III. 1957, 2004, ROM, ROM

(1) Rom ist eine Referenz mit vielen Andockstellen. Als 2004 Unterschriften unter die Verträge über eine Verfassung für Europa gesetzt wurden, wählte man dafür denselben Raum in Rom, in dem schon 1957 die Römischen Verträge unterzeichnet worden waren. Damals gab man den Verträgen nicht den Beinamen Verfassung. Man nannte sie eben schlicht »Römische Verträge«. Aber damals wie heute unterschrieb man sie im Saal der Horatier und Curatier im Konservatorenpalast auf dem Kapitol in Rom. 1957 saßen die Vertreter der Staaten unter dem Fresko des Kampfes zwischen den Horatiern und Curatiern und des Kampfes gegen die Fidenaten und Vejenter. Das Bildprogramm, angelehnt an *Ab urbe condita* von Titus Livius, zeigt eine ganze Reihe von Gründungsmythen Roms, insbesondere auch solche, die die Bedeutung des Schwurs und des Bundes hervorheben. Und die Fenster des Saals öffnen sich schließlich über der Piazza del Campidoglio in Richtung von St. Maria in Ara Coeli. Man blickt also heraus auf jenen verführerischen Ort, von dem nach den *Mirabilia Urbis Romae* die Vision der zwölf Sterne stammt und an dem sich christliche Propaganda mit römischem Recht vermählten. Und andersherum scheint das Licht von der Piazza del Campidoglio aus in den Saal herein und macht die Figuren im Saal sichtbar.

(2) Um die rhetorische Wirksamkeit dieser genealogischen Szene auch unter massenmedialen Bedingungen zu garantieren, wählte Berlusconi für den Akt von 2004 den 81jährigen Starregisseur Franco Zeffirelli. Zahl- und namenlose Bildjournalisten sowie anwesende Zuschauer wurden damit vorsorglich ausgeschlossen. Es kann nicht daran liegen, daß man sich nicht zeigen und nicht darstellen wollte. Es lag daran, daß man sich selber zeigen und selber darstellen wollte und die Darstellung jemandem anvertrauen wollte, von dem man erwartete, daß er es richtig macht. Man wollte sich zeigen, die Einheitlichkeit der Darstellung und das Selbstbild nicht gefährden. Zeffirelli, der Regisseur zahlreicher italienischer Opernverfilmungen ebenso wie eines Jesus-Films, gefragt und geehrt, wollte sich nach eigenen Aussagen das »ideale Bühnenbild« nicht entgehen lassen und inszenierte also das Ereignis. »He [Zeffirelli] added: ›Nowhere in the world is there a place more laden with continuity, stretching from pre-Roman art to the present day, and taking in Michelangelo, the Renaissance and the great Baroque along the way. It's an ideal stage set.‹«[24] Unter seiner Regie und Supervision wurden einige Grundkoordinaten der Inszenierung gegenüber 1957 geändert. Vergleicht man die Aufnahmen der beiden Ereignisse, fällt der Unterschied ins Auge.

(3) Die Aufnahme von 1957, wie sie auch in historischen Museen oder auf den Internetseiten der europäischen Regierungsorgane und auf dem Internetportal der

---

24. Johnston, Bruce: »Zeffirelli makes a drama out of EU-crisis«, newstelegraph.co.uk, 30.10. 2004.

Anonymer Photograph, Unterzeichnung der Römischen Verträge, 1957.

EU zu finden ist, zeigt die Bevollmächtigten in einem Dreiviertelprofil an der inneren Längsseite des Saales. Sie blieben damals auf ihren Plätzen sitzen, um die Unterschrift zu leisten. Beherrschendes Element des Bildes von damals ist die Sitzreihe der Vertreter, aus der niemand als Einzelner hervorragt, und der Tisch, auf dem Mikrophone, Kabel und Mappen liegen. Zusammen mit dem Tisch und den technischen Apparaturen bildet diese Reihe eine aufwärts strebende Diagonale – gleich einem Graphen. Die Komposition des Bildes von 1957 ähnelt darin dem Logo, das Anton Stankowski in den 70er Jahren für die Deutsche Bank entwarf.

Im Hintergrund erkennt man einen Eingang. Auf den Abzügen scheint er fast wie ein schwarzes Feld, die Kassettierung der Tür ist nicht zu erkennen. Nur zur Hälfte zu sehen und vom rechten Bildrand abgeschnitten ragt Algardis Standfigur von Papst Innozenz X. ins Bild hinein. Er wirft (von Scheinwerfern oder Blitzlicht) einen harten schwarzen Schlagschatten, der seine eigene dunkle Figur verzerrt und ihren Saum undeutlich werden läßt. Die Fresken über den Vertretern sind beiläufig abgeschnitten – als spielten sie keine Rolle. Die Komposition des Bildes von 1957 folgt eher einer einfachen, klaren gestalterischen Grammatik und den impliziten Regeln formal-abstrakter Bildgestaltung als dem Versuch, sich auf die Ikonographie des Raumes einzulassen. Die dominierende aufsteigende Linie verspricht ebenso unbestimmt *good news* und eine Zukunft in Prosperität, wie dies die Logos und Signets aus dem abstrakten Repertoire des Corporate Designs vermögen. Der Gründung einer Wirtschaftsunion mag das angemessen sein. Viel-

Unterzeichnung der Verträge über eine Verfassung: Rom 2004, Photo: Reuters.

leicht hat sich darum von den vielen Photos von 1957 ausgerechnet dieses eine durchgesetzt.

(4) 2004 teilte man die Vertreter in zwei Blöcke, die auf den gegenüberliegenden Längsseiten des Saales in jeweils zwei Stuhlreihen Platz nahmen. Es gab im Saal mehrere Kamerapositionen. Ich beschränke mich in der Beschreibung auch hier auf die Kamera, die das Bild lieferte, das nach dem Ereignis am häufigsten in den Massenmedien kursierte und sich durchsetzte. Die einst in der Hälfte durchschnittene Figur des Papstes ist hier ins Zentrum des Bildes gerückt. Aus dem einen Eingang sind zwei symmetrisch einfassende Eingänge geworden, wie im hohen architektonischen Stil des Thronsaals. Und die Repräsentanten sind diesmal keine Menge, die sich mit und zu einem aufwärts strebenden Balken verbindet. Die Repräsentanten sind diesmal bewegte und bewegende Akteure, die sich jeweils zu zweit aus der Menge heben und zugleich gegenüber der üppigen Rahmung im Bild abgesetzt sind.

Zur Unterzeichnung schritten zwei Vertreter – einer von links, einer von rechts (z.B. Schröder und Fischer) – an die Kopfseite des Saales, wie im liturgischen Akt der Kommunion. Das den oberen Abschluß rahmende Bildfeld zeigt diachronisch die Momente, in denen die ausgesetzten Zwillinge Romulus und Remus von der Wölfin adoptiert *und* vom Hirten wieder in die Gemeinschaft der Menschen aufgenommen werden. Die Kamera kann das ganze Fresko nicht aufnehmen, ihr Sichtfeld ist aber so hochgerückt, daß die Szene des Freskos klar erkennbar ist (wohl auch wegen der Flaggen). Dafür verzichtet die Kamera auf Repräsentanten im unteren Bildfeld. In der Bildmitte wurden jeweils zwei unterzeichnende Repräsentanten, diesmal zentralsymmetrisch, zwillingsartig und in Frontalansicht gefilmt. Und so sah man nun auf den Bildschirmen die Repräsentanten der europäischen Staaten, hinter Levis Sternenkranz, ihrerseits wiederum beschirmt von Algardis *Papst Innozenz X.* und vor dem Hintergrund der Szene *Ritrovamento della Lupa,* und man sah, wie sie dabei mit ihrer Unterschrift angeblich eine Verfassung konstituierten. Unter dem Pontifikat von Papst Innozenz X. wurde einst der Westfälische Frieden geschlossen – wir kennen heute sein Bild auch über das populäre Gemälde von Velazquez aus der Galleria Doria Pamphili. Vielleicht kennen wir ihn auch nur noch über die vielen Variationen von Francis Bacon, der das Bild von Velazquez gespenstisch mit dem Standbild der schreienden Großmutter aus Eisensteins Treppenszene in *Panzerkreuzer Potemkin* zusammenfließen ließ.

(5) Durch den Wechsel vom Dreiviertelprofil – wie man es 1957 sah – zur frontalen Zentralsymmetrie unter der beherrschenden Figur des gestisch bewegten Papst Innozenz, durch die Einbindung des Bildprogramms aus dem Konservatorenpalast in die Inszenierung, durch die mehrfache Analogisierung des Zwillingsmotivs, durch die symmetrische Verdoppelung der Tür und durch die Heraushebung der Repräsentanten wurde aus der bürokratisch-sachlichen Szene von 1957 eine von Pathos aufgeladene Inszenierung. Aus einer rhetorischen Perspektive erscheint das dem Umstand angemessen, da diesmal angeblich nicht bloß die Verträge einer Wirtschaftsunion unterzeichnet, sondern eine Verfassung konstituiert wurde. Daß das Bild von 1957 schwarz-weiß zirkulierte (obschon es eine kolorierte Version gibt), das von 2004 aber farbig, das ist ob dieser opulenten Änderungen noch eine letzte Dreingabe. Das sachlich nüchterne Ethos des Handels von 1957 steigerte sich im Bild von 2004 zum Pathos des Politischen.

(6) Während der Unterschrift blickten die Vertreter der Staaten auf Berninis Skulptur von Papst Urban VIII. Der Zuschauer vor dem Fernseher schaute von der Position Papst Urbans und quasi mit seinen Augen auf das Geschehen zurück. Urban VIII. war jener Papst, der eines der Bilderverbote aus dem Regelrepertoire der ewigen Autonomisierungs-, Säkularisierungsbewegungen und Idolatrievorwürfe aufhob. Auf dem Kapitol galt seit 1590 laut einer Verordnung des römischen Senats das Verbot, Bilder lebender Päpste im Verwaltungszentrum der Stadt Rom aufzustellen. Dieses Verbot hob der Senat unter Einfluß von Papst Urban im Jahr 1635 auf – noch im gleichen Jahr wurde Berninis Skulptur des verkörperungssüchtigen Papstes im Saal der Horatier und Curatier aufgestellt – später konnte so auch die Figur seines Nachfolgers Papst Innozenz X. dort aufgestellt werden. »Der Körper muß ein Statut erhalten«, sagen Juristen. »Das Statut muß einen Körper erhalten«, hätte ihnen vermutlich Papst Urban VIII. von der gegenüberliegenden Seite des Saales entgegnet. Papst Urban lieferte auch gleich das entsprechende Modell für diese Verknüpfung von Körper und Statut. Aus diesem Modell entwickelten sich später die französischen Kunstakademien. Urban reanimierte die dahinsiechende Accademia di San Luca, in dem er ihr nicht nur eine eigene Satzungshoheit einräumte, sondern auch das Recht, Steuern bzw. Abgaben von Mitgliedern *und* Nichtmitgliedern zu erheben.[25] Die Accademia, 1577 gegrün-

---

25. Zum Verhältnis von Urban VIII. zur Accademia di San Luca siehe u.a. Haskell, Francis: *Maler und Auftraggeber. Kunst und Gesellschaft im italienischen Barock*, Köln 1996, S. 40-101; zur Geschichte der Akademien vgl. Pevsner, Nikolas: *Die Geschichte der Kunstakademien*, München 1986.

det, war ab 1599 die erste Accademia überhaupt, die feste Richtlinien besaß – das hatte aber zunächst zu einer Erstarrung des Betriebes geführt. Mit der durch Urban eingeräumten Satzungsautonomie, der Konstituierung als eigenständiger Körperschaft mit Finanzhoheit und der mittelbaren Ausgliederung aus dem Verwaltungsapparat der Kurie war die Accademia nicht mehr ausschließlich auf die erhabene Historienmalerei, das heißt nicht mehr auf den pathetischen Kern der *propaganda fide* verpflichtet. Alle Gattungen bis hin zur niedrigen Portrait-, Genre- und Landschaftsmalerei wurden anschließend in das Ordnungssystem der Accademia integriert – freilich ohne daß die Historienmalerei ihren führenden Anspruch aufgab. Darin gründete der Erfolg dieses Modells. Urban übersetzt mit dieser Einbindung aller Stil- und Bildgattungen die Funktionalisierung des *decorum* durch die römische Rhetorik in ein System der Bildverwaltung. In der Rhetorik des Aristoteles ist Pathos noch der unregulierte Affekt. In der römischen Rhetorik (und damit beginnt die Rationalisierung des *decorum*) wird Pathos in die Dreistillehre einbezogen, es bezeichnet von nun an den Stil des Erhabenen. Alberti übernahm dieses Konzept in *De Pictura*.[26] In diesem Sinn reguliert die Accademia seit Urbans Zeiten alle Bildgattungen und beherrscht von da an den gesamten Gefühlskörper der *propaganda fide* bis hin zu jenen Versuchen einer *propaganda publica* in Zeffirellis Bildern. In dieser Gesamtheit wird die Regulierung des Affekts und der Bilder systematisch. Vielleicht ist die Regulierbarkeit des Pathos überhaupt erst ein Gewinn aus der Systembildung Urbans. Diese Zusammenführung von funktionalisiertem *decorum* und Bildverwaltung nimmt schon die Ordnung französischer Kulturpolitik und Staatenbildung mit Mitteln des Lebrunschen Absolutismus/Suprematismus im 18. Jahrhundert vorweg. Papst Urban VIII. kannte wohl das rhetorische Gebot, dem alle rhetorischen Ensembles entsprechen wollen: Souverän ist, wer die Dinge zum Sprechen bringen kann, indem er ein Bild von sich und der Lage macht. Die genealogische Szene muß vor Augen geführt werden.[27] Die Körperschaften des Rechts brauchen in der Ratio ihrer Inszenierung einen Resonanzkörper, einen Gefühlskörper, einen *emotional body*.[28] Im Moment einer angeblichen Krise Europas und des Versuchs der Behauptung einer eigenen Konstitution laufen alle diese Momente wieder zusammen, vom Kapitol über die Masken, ihre Figuren bis hin zum Regulativ des *decorum*. Die Behauptung ist ein Tauschgeschäft zwischen Recht und Inszenierung, in dem beide Welten sich gegenseitig Körper und Statut zur Verfügung stellen. Ist dieser Tausch konstituiert, dann kann der Papst in den Hintergrund treten und sich als Zuschauer zurücknehmen – so mag es sich Papst Urban VIII. vielleicht gedacht haben. Es ist der Clou der Inszenierung von Zeffirelli, daß der Zuschauer vor dem Bildschirm die Position von Urban VIII. einnahm – als wäre der Bildschirm des Fernsehers das neue Auge des Gesetzes. Und der Zuschauer vor

---

26. Mühlmann, Heiner: »Über den humanistischen Sinn einiger Kerngedanken der Kunsttheorie seit Alberti«, in: *Zeitschrift für Kunstgeschichte* 33 (1970), S. 127-142; ders.: *Ästhetische Theorie der Renaissance. Leon Battista Alberti* (1968), Essen 1981.
27. Legendre, Pierre: »Die Eucharistie und die genealogische Szene«, in: Vismann (Hg.): *Pierre Legendre, Tumult. Schriften zur Verkehrswissenschaft* 26, a.a.O., S. 7-13.
28. Vom *emotional body* des Rechts spricht Goodrich, Peter: *Languages of Law. From Logics of Memory to Nomadic Masks*, London 1990, S. 260.

dem Bildschirm ist der Adressat der Bilder. Er hat aufs Neue und aufs Eigene zu überlegen, ob er sich auf den Tausch mit den Bildern einläßt und ob er dem Souverän idolatrisch ähnlich werden will.

IV. Romkollisionen

(1) Ich kommentiere Szenen, die ich gesehen habe und weiß, daß ich damit nicht einfach die beobachteten Punkte als Beleg für jüngste Gerüchte um die genealogische Szene verwenden kann. Es sind Pointierungen und Ironien. Die Versuchungen sind groß, im Beleg den passenden Beleg zu genießen. Das ist die Einsicht, die aus Texten und Bildern bleibt. Sie sind Medien der Kommunikation, haben ihre semiotisch-ästhetische Sprachtiefenschärfe und liefern so einen eigenen Fokus für Naheliegendes und Fernliegendes. Sie haben ihr eigenes Schwergewicht, in dem wir uns bewegen müssen. Es gibt den Genuß des passenden Textes, der immer auch ein Genuß des passenden Bildes ist. Es gibt den Genuß dessen, was vor einem unbestimmten Hintergrund die richtige Figur abgibt und was als Figur den Hintergrund belegt und bestimmt. Es gibt die Ratio des passenden Textes. Es gibt das rhetorisch programmierte Gelingen des Angemessenen im passenden Text. Zum richtigen Zeitpunkt am richtigen Ort das richtige Wort. Und zu guter letzt gibt es dann den animierenden Triumph, *if it fits*. Man kann die Referenz Rom in diesen Tagen – nicht erst seit Schmitts Schrift – vielfach beobachten. Man kann sie intakt, verdeckt, verschoben, verkehrt, abgewehrt, das heißt so oder so beobachten. Aber es produziert alles Texte, deren geraunter Status irgendwo zwischen Schein und Beleg liegt. Vielleicht ist alles, von der Wahl des Schriftbildes über die Wahl der Präsidenten, Kanzler und Regisseure bis hin zur Wahl der Orte und der Worte nur Zufall. Selbst wenn: Der Zufall ist in der Welt der Physik und der Kausalität das, was das Gerücht in der Welt der Kommunikation und der Selektion ist. Erst in einem später stattfindenden, nachträglichen, deklarativen Akt wird sich erweisen, was daraus wurde und ob wir ihn eingestehen mußten. So weit ist es noch nicht. So weit ist es nie, weil Kommunikation kein Ende kennt. Es ist darum ganz unerheblich, ob eine der Gestalten aus dem rhetorischen Ensemble das Programm ausformuliert hat.

(2) Wir treffen in den genealogischen Rückgriffen auf Rom Formen, die in die Animation ihrer Genealogie verstrickt sind, so wie die Genealogien der Form mit ihrer Legalität und Legitimität verstrickt sind. Die Ordnungen der Inszenierung stehen mit den Ordnungen des Rechts in einem Widerstreit, so wie Schriften, Stimmen, Bilder, Texte und Urkunden in einem Widerstreit stehen, sich gegenseitig zum Sprechen bringen und sich gegenseitig zerstören. Immer wieder erscheinen die Texte des Rechts zwar systematisch eingehegt und in der Form einer Verfassung still gestellt. Und immer wieder werden Verfassungen zum Reden gebracht und inszeniert. Der Akt der Unterschrift in Rom wurde gerahmt von einem komplexen ikonographisch-performativ-liturgischen Programm, das man als beiläufiges Ornament, als medial-oberflächliche Inszenierung aus dem Kommunikationsprogramm des Rechts ausschließen kann. Man kann also sagen: Nur auf

die Iurographie, nicht die Ikonographie kommt es an. Man kann sich selbst mit einem Bilderverbot belegen, um nur Code und Kommunikationsprogramm des Rechts zu beobachten. *Don't look at it – read the constitution.* Aber dann landen wir nur noch schneller bei einem letzten juristischen Zweifel: Wer verfaßt die Verfasser? Oder wie Derrida einst fragte: Wer unterzeichnet, und mit welchem vorgeblich eigenen Namen, den deklarativen Akt, der eine Institution gründet?[29]

(3) Es ist der rhetorische Maßstab des Angemessenen und Passenden, der streit- und formulierbar macht, was wozu paßt, und der Referenzen finden läßt. Es ist eine Ordnung, die ihre eigene Unordnung in sich trägt. Mit ihr geraten die Texte ins Oszillieren. Mit ihr tauchen Kollateralbilder auf, *collateral images*, die einen Text auch dann noch begleiten, wenn er – wie eine Verfassung – das Gerede der Kultur still stellen will. Mit ihr ist Verfassung nicht nur ein Statut, nicht bloß Rechtstext: Sie ist und prägt als Sprache *lo stato*, das heißt Zustand und Verfassung des Redners, der als emblematische Figur den Platz des imperialen Körpers einnehmen kann – oder besser: einnehmen könnte. Es ist alles nur ein versprochener Tausch. Man kann den Tausch zwischen Texten und Bildern als Täuschung und das Image des *caput mundi* als Maske entlarven. Sobald man sich aber auf Sprache einläßt, bleibt man Mitglied eines rhetorischen Ensembles. Sollte Oktober 2004 in Rom tatsächlich eine Verfassung konstituiert worden sein, dann nur, wenn das Ereignis rhetorische Wirksamkeit in Form der *evidentia* bzw. *enargeia* entfalten kann und den Rechtssubjekten zwischen Gibraltar und dem offenen Ende einleuchtet. Und mit der Chance des Einleuchtens wächst das Risiko des Schlagschattens. Dann wird der Saum der Figuren unklar. Dann kollidiert das Pathos der Szenen aus Rom plötzlich mit dem Pathos anderer. Dann kollidieren Bilder vom Palazzo dei Conservatori plötzlich mit Bildern der Champs-Elysées. Und dann sträubt sich die erste Tochter Roms gegenüber ihrem Vater und gegenüber Mutter Rom.[30] Das Gerücht ist, was es bleibt.

---

29. Derrida, Jacques: »Otobiographien – Die Lehre Nietzsches und die Politik des Eigennamens«, in: Derrida, Jacques/Kittler, Friedrich: *Nietzsche – Politik des Eigennamens. Wie man abschafft, wovon man spricht*, Berlin 2000, S. 10.
30. Vgl. auch die Kritik von Christiane Kohl (der Eigenname ist Zufall) an dem Pathos der Inszenierung in: *Süddeutsche Zeitung*, 30.10.2004.

Walter Seitter

Wie römisch ist Wien?

1. Zu einer Physik des Römischen: die Anlage der Stadt

Ich greife einen Aspekt heraus, der sich mir ohne großes Studium der Alten Geschichte erschlossen hat, indem ich seit vielen Jahrzehnten Städte sehe, die schon zur Römerzeit Städte waren und die offensichtlich so angelegt worden sind, daß über einen Fluß eine Brücke geschlagen worden ist, die sich auf beiden Seiten des Flusses als Straße fortsetzt. Die Brücke, die Römerbrücke ist selber nichts anderes als die Fortsetzung der Straße mit anderen Mitteln oder vielmehr die Fortsetzung der Straße mit ähnlichen und noch stärkeren Steinen in eine andere Situation: in die Situation der Luft. Die Brücke ist ein Straßenstück, das sich nicht stetig auf den Boden legen kann, sich nicht in den Boden eingraben kann, sondern das frei in den Luftraum vorstößt, um dann nach einem gewissen Abstand wieder Stütze im Boden oder auf einem ins Wasser gebauten Pfeiler finden zu können. In der Form der Brücke zeigt die Straße offen ihr Wesen als – sehr niedrige – Mauer.[1] Der Fluß dient als Wasserstraße, neben ihm, parallel zu ihm verläuft auch noch ein Landweg und diese Weglinie stößt auf eine Querbahn, eine Straße, deren zentrales Stück an dieser Stelle als Brücke gilt. Zwei zum Teil unterschiedliche, zum Teil gleichartige Verkehrswege treffen sich im rechten Winkel. Dieses Verkehrsachsenkreuz ist die Keimzelle einer richtigen römischen Stadt, als deren Prototypen ich gar nicht unbedingt Rom, sondern Städte wie Budapest, Salzburg, Paris heranziehe. Ein besonders schönes Beispiel ist Rimini, die Stadt, die für mich in mancherlei Hinsicht Lehrerin und Weiserin war und hoffentlich noch sein wird. Die Stadt liegt am Meer, vielleicht lag die antike Stadt ähnlich direkt am Meer, wie es heute Rimini Marina tut. Warum hat man die Stadt genau dorthin gebaut? Anscheinend weil da ein Fluß, der aus dem bergigen Hinterland kommt, ins Meer mündet. Die Stadt wurde in den rechten Winkel hineingebaut, der vom geradlinig verlaufenden Meeresufer und vom ebenfalls geraden Flußlauf gebildet wird. Und obwohl die Stadt nur auf der einen, auf der südlichen Seite des Flusses angelegt worden ist und von ihm begrenzt wird, spannt sich von der Stadt, vom Ufer auf der Stadtseite, zum anderen Ufer eine massive und prächtige Brücke aus weißem Stein, die in eine Straße in Richtung Norden oder Nordwesten übergeht. In der anderen Richtung geht von der Brücke eine Straße aus, die die Stadt durchquert und die südliche Stadtmauer durchstößt, wo diese sich als prächtiges Tor aus gleichem Stein öffnet und aufrichtet. Der Punkt, der die Anlage der Stadt dorthin gebracht hat, wo sie liegt, ist die Brücke: die rechtwinkelige Kreuzungsstelle zwischen zweierlei Verkehrswegen.

Das ist die römische Urbanistik, wie sie heute noch in Salzburg oder Paris zu sehen ist und die diese Städte prägt, indem sie ein starkes Kreuz durch sie hindurch-

---

1. Zu dieser Bestimmung siehe Seitter, Walter: *Physik der Medien. Materialien, Apparate, Präsentierungen*, Weimar 2002, S. 125ff.

zeichnet, ein Kreuz aus zwei Achsen, aus zwei Richtungen. Und diese Richtungen bestimmen diese Städte soweit es geht, d.h. soweit nicht stärkere Naturgewalten wie zum Beispiel Berge dagegenstehen. Rechteckigkeit, Rechtwinkeligkeit und Anlehnung an eine Wasserlinie (oder an zwei wie in Rimini) kennzeichnen eine solche Stadtanlage.

Auf andere Weise ist Wien angelegt worden. Für die Römer war Vindobona nur ein »Lager«: eine viereckige Anlage an der Nordgrenze des Reiches, also an der Donau, aber an einer Stelle, an der das urbanistische Kriterium der Kreuzung von Wasserstraße und quergerichteter Überlandstraße nicht gegeben und nicht möglich war. Denn in der Gegend von Wien, die ihren Namen von der Wien hat, welche in der Nähe des Lagers (nicht an seiner Grenze) in die Donau mündet, in der Gegend von Wien war die Donau gerade kein ordentlicher Fluß mit einigermaßen festen Ufern, der von einer Brücke überspannt werden konnte, sondern ein riesiges Gebiet aus einzelnen Wasserläufen und dazwischen liegenden niedrigen Inseln, die auch überschwemmt sein konnten. Ein Binnendelta, eine Wasserwildnis, unwegsam und kaum bewohnbar. Nur ein südlicher Arm der Donau war schiffbar und über diesem immerhin brauchbaren Wasserweg wurde das römische Lager an einer Stelle errichtet, wo das Land sich fast zehn Meter hoch erhebt. Auch dies eine sozusagen »mediterrane« Ortswahl, aber kein römischer Stadtgründungsgrund. Die große Stadt befand sich ungefähr 40 km stromabwärts, wo der Strom sich selber wieder faßt und daher auch von einer Brücke überquert werden konnte: von der Brücke der Bernsteinstraße, die immerhin zwei Meere miteinander verbunden hat. Die Stadt hieß Carnuntum.

Das Lager Vindobona hat sich zwar an den südlichen Donauarm angelehnt, aber der Donau insgesamt hat es sich nicht zugewandt. Das Gleiche gilt von der Stadt Wien, die sich allmählich ausweitete und mit dieser Ausweitung natürlich auch Straßenzüge ausbauen mußte, welche die Stadt durchqueren und so etwas wie ein Achsenkreuz entwickeln. Erst um 1870 hat man eine Donau gebaut, die ein ordentlicher Fluß ist und folglich auch von Brücken überspannt wird, wodurch im übrigen auch die Hochwassergefahr für die Stadt reduziert wurde. Andererseits wurde um 1870 an der Stelle der alten Stadtmauer die Straße angelegt, die Ringstraße heißt, zu Recht aber auch einfach »Ring« genannt wird, weil sie die rundliche Einschließung der Inneren Stadt beibehält, so wie das weiter draußen auch der »Gürtel« tut. Sowohl Adolf Loos wie auch die Nationalsozialisten wollten das Prinzip »Achsen« auch in Wien durchsetzen. Es ist ihnen nicht gelungen. Nach dem Zweiten Weltkrieg hat man sich an den Weiterbau der Donau gemacht, indem man das »Überschwemmungsgebiet« in zwei Streifen namens »Donauinsel« und »Neue Donau« aufteilte. Die Folge ist, daß es heute in Wien buchstäblich vier Donauen gibt: den Donaukanal, die Donau, die Neue Donau sowie die Überreste des einstigen Binnendeltas, von denen einige »Alte Donau« heißen. Die Donau ist dann noch im Raum Wien durch einen Kraftwerksbau zu einem Stausee gemacht worden: Suspendierung des Stroms zu Zwecken der Stromgewinnung. So setzt Wien sein schwieriges und wohl eher unrömisches Verhältnis zur Donau fort.[2]

Wiens Urbanistik ist nur eine mittlere, eine inkonsequente Version von schwacher Romanität. Den Extremfall stellt zweifellos Venedig dar: das Unrömischste auf italischem Boden. Nein, eben nicht auf italischem Boden – sondern draußen auf dem Meer, auf sumpfigen Inseln, eine künstliche Bodenkonstruktion aus vom Festland herbeigeschafften Holzpfählen und Steinplatten. Im November 1996 geriet ich in ein außerordentliches Konzert in San Marco: zum Gedenken an das außerordentliche Hochwasser des Jahres 1966 und unter der Bürgermeisterschaft des Philosophen Massimo Cacciari sowie unter dem goetheschen-schubertschen Titel *Gesang der Geister über den Wassern* vier Stunden mit Gesängen der drei »abrahamischen Religionen«.[3]

Im Dezember 2005 steht Venedig wieder unter Wasser, und derzeit arbeitet man an einer aufwendigen Eindämmungsanlage, die die Lagune von Venedig in Zukunft vor dem Ansteigen des Meeres schützen soll. Wieder ist Massimo Cacciari Bürgermeister, und aus Österreich kam in diesem Jahr ein spezieller Beitrag zur Rettung von Venedig: Zum ersten Mal war in Venedig ein Berg zu sehen, und zwar ein Berg in Venedig (denn die Berge der Julischen Alpen kann man von Venedig aus manchmal sehen). Der Österreicher Hans Schabus überbaute den dabei unsichtbar gemachten und teilweise zerstörten Österreichischen Pavillon in den Giardini mit einem fast 20 m hohen Berg, dessen Oberflächen aus Dachpappe gemacht waren, dessen Innenleben aus einem labyrinthischen Holzgerüst bestand und der mit 1000 Sandsäcken (!) befestigt war.[4] Der fast beängstigend klingende Name des künstlichen Berges: *Das letzte Land*.

Eine symbolische – ironische oder verzweifelte? – Stützaktion aus den Bergen bzw. von seiten des Römischen. Denn das Prinzip meines Kriteriums für die römische Urbanistik ist von Michel Serres formuliert worden, als er geschrieben hat, daß Rom, dümmer als Athen und Jerusalem, sich damit begnügt, Objekt zu sein: Stein, Mauer, Höhle, Grab, Schwarz, welches das Licht einfängt und absorbiert. Es muß auch diese Dummheit des Objekts, diese Primitivität geben, damit die Flüssigkeiten und die Feurigkeiten, die Geschwindigkeiten und Gescheitheiten ihren Platz haben. Serres geht so weit zu sagen, daß sich die Geometrie im Stein verkörpern muß, bevor sich das Wort im Fleisch inkarnieren kann. Oder auch: daß die Software eine Hardware braucht.[5]

2. Ein Ende des Römischen: 6. August 1806

Ich gehe vom Bereich der Stadtbaukunst zu dem der Politik über und werfe die Frage nach dem Untergang des Römischen Reiches auf. Eines Reiches, das sich offensichtlich nach einer Stadt benennt und nicht nach einem Land. Wann ist das Römische Reich untergegangen? Zumeist sagt man darauf: im 5. Jahrhundert

---

2. Siehe ders.: *Vienne*, Paris 1991, S. 8ff. Immerhin bilden Alte Donau und Neue Donau heute weitläufige sommerliche Badegelände. Eindeutig neurömische Wasserpolitik kann man in den beiden Hochquellwasserleitungen sehen, die Wien mit Trinkwasser aus den Kalkalpen versorgen.
3. *Canto degli Spiriti sopra le acque*, Concerto di musiche spirituali delle religioni abramiche, Venedig 1996.
4. Schabus, Hans: *Das letzte Land/The Last Land*, Wien 2005.
5. Siehe Serres, Michel: »Rom«, in: *Der Planet, Tumult. Schriften zur Verkehrswissenschaft 7* (1983), S. 83ff.; Übersetzung aus ders.: *Rome. Le livre des fondations*, Paris 1983, S. 65-70.

nach Christus, in den Wirren der Völkerwanderung. Ein Datum, mit dem das Ende des Römischen Reiches häufig angegeben wird, ist das Jahr 476, als der Skirenfürst Odoaker, Söldnerführer des römischen Heeres, den weströmischen Kaiser, der vorsorglich schon Romulus Augustulus hieß, absetzte und von seinen germanischen Söldnern zum Kaiser ausgerufen wurde. Zweifellos kann man diesen Vorgang als ein Ende des Römischen Reiches bezeichnen, zumal er in Rom selber stattfand und die Reihe der dort regierenden Kaiser endgültig abbrach. Allerdings war damit das Römische Reich als solches nicht beendet. Denn die bereits in den Zweitsitz Konstantinopel verschobene und verdoppelte römische Imperialmacht blieb bestehen, Odoaker ordnete sich ihr als König in Italien unter und regierte einigermaßen ordentlich römisch. Doch die Stadt Rom verlor bald für immer ihren Rang als Sitz des Reiches – gewann jedoch als Sitz des Papstes eine andersartige und weitreichende Bedeutung.

Weil der Papst in Rom residierte und weil er im Jahr 800 in Rom den Frankenkönig Karl zum Kaiser krönte, konnte er, so setzte er, diesem den Titel *Imperator Romanus* verleihen. Als der deutsche König Otto 962 vom Papst in Rom zum römischen Kaiser gekrönt wurde, war damit das merkwürdige Zweitreich initiiert, das bis 1806 unter dem Titel *Heiliges Römisches Reich* existierte. Zweitreich als Nachfolgereich gegenüber dem alten Römischen Reich der Augustus, Tiberius usw. Zweitreich jedoch in einem anderen Sinne gegenüber dem kontinuierlich weiterbestehenden Römischen Reich mit Sitz in Konstantinopel. Dieses oströmische Reich ging dann an einem einzigen Tag endgültig unter, als die Stadt Konstantinopel am 29. Mai des Jahres 1453 von den Türken erobert wurde und der Kaiser der Rhomäer in der Schlacht fiel. Diesem Fall war allerdings schon ein Präzedenzfall vorausgegangen: 1204 eroberten die westeuropäischen Kreuzfahrer unter Führung der Venezianer[6] Konstantinopel und ersetzten das griechische Römische Reich durch ein lateinisches (bis 1260). Aber 1453 war es mit dem oströmischen Reich ganz aus, und daher muß dieses Jahr als das Datum des »zweiten Endes« des Römischen Reiches gelten. In seinem 1734 erschienenen Buch *Considérations sur les causes de la grandeur des Romains et de leur décadences* hat Montesquieu die Geschichte der Römer schlicht und einfach bis 1453 dauern lassen – so stark hat er die Kontinuität zwischen Westrom und Ostrom empfunden. Das Heilige Römische Reich hingegen rechnet er nicht den Römern zu.

Das Heilige Römische Reich, das zunächst immerhin auch Norditalien und Burgund (bis hin zu den Niederlanden) einbezog, verengte sich mehr und mehr auf Deutschland, welches als eigenes Land auch eine gewisse formelle Existenz führte, da der jeweilige Römische Kaiser zunächst der gewählte deutsche König war (allerdings ist der Titel des deutschen Königs seit dem späten Mittelalter durch den Titel eines römischen Königs verdrängt worden: zunehmende Romanisierung der Titulatur). Der transnationale Anspruch, den dieses Reich mit seiner Bezeichnung als Römisches und mit seiner formellen Abhängigkeit vom Papst erhob,

---

6. Im Mittelalter und noch in der frühen Neuzeit war Venedig gerade als Seemacht, wenn schon kein Imperium, so doch eine Großmacht. Heutzutage dient neben den Giardini das Arsenal der Biennale als Ausstellungsgelände: Man sieht da die architektonische Struktur eines vormodernen Industriegeländes, das sich zu Wasser und zu Lande kilometerweit erstreckt und das einmal die technische Infrastruktur einer Großmacht bildete.

verlor sich. Die Reformation, die Verselbständigung der Fürstenmacht in Deutschland, Politiker wie Friedrich II. von Preußen trugen dazu bei, daß dieses Reich fast nur noch aus hohlem Zeremoniell bestand, über das sich lustig zu machen beinahe zum guten Ton gehörte.

Wien hatte – im Unterschied etwa zu Nürnberg oder Regensburg – in der Verfassung des Heiligen Römischen Reiches keine spezielle Aufgabe zugewiesen bekommen. Da aber die Erzherzöge von Österreich immer wieder Römische Kaiser waren, war Wien jahrhundertelang faktisch die Residenzstadt der Kaiser, und in der Barockzeit, die sowohl auf Zeremoniell wie auch auf historische Herleitungen großen Wert legte, hat man folglich auch Wien mit den Titeln geschmückt, die in der Antike dem damaligen Zweiten Rom zugesprochen worden sind: »Dieses neue Rom, ein Wohn-Sitz Römischer Kayser«.[7] Und noch deutlicher formulierte es anfangs des 18. Jahrhunderts der kaiserliche Medaillen- und Antiquitäten-Inspektor Carl Gustav Heraeus, der gemeinsam mit Johann Bernhard Fischer von Erlach das »Programm« für die Karl-Borromäus-Kirche entwarf und dabei auch die Konstantinopeler Hagia-Sophia-Kirche als Vorbild einbezog, indem er schrieb, daß Wien »mit gleichem Recht Neu-Rom genannt wird als vormals Constantinopel«.[8] Einige Jahrzehnte davor war es ein Franzose, der das speziell Römische der Wiener Situation erfaßt hat. Daß Kaiser Leopold I. kostbare altrömische Münzen gern betrachtete, kommentierte der Numismatiker Charles Patin so: »Ich sah, wie sich der Römische Kaiser dreieinhalb Stunden lang mit seinen Vorgängern besprach: das kann man anderswo nicht sehen.«[9] Diese historisch-politische Konstellation führte dazu, daß das Interesse an Ausgrabungen und Archäologie in Österreich schon um 1700 relativ groß war – aber sicherlich von anderer Art als die Antikenbegeisterung Winckelmanns oder das Sich-mit-Rom-Identifizieren der Französischen Revolution.

Für das Römisch-Sein-Wollen des barocken Wien war – wie für Montesquieu – die Kontinuität des heidnischen mit dem christlichen und dem oströmischen Rom grundlegend, da es sich selber in diese Kontinuität hineinstellte, welche ja durch das Heilige Römische Reich in der Dimension der Zeit seit dem Mittelalter tatsächlich gegeben war.

Sind diese barocken Formeln und Programme nur hohles Zeremoniell ohne entsprechende politische Realität? Immerhin haben sie doch zur Aufrechterhaltung jenes Reiches beigetragen, das zumindest für die süddeutschen Länder eine wirksame politische Rahmung darstellte, und in Wien haben sie den Ausbau und die Gestaltung der Stadt mitgeprägt. Doch am Ende des 18. Jahrhunderts nahm die politische Wirklichkeit eine Wendung, die auch mit der nur prekären Existenz des Heiligen Römischen Reiches nicht mehr vereinbar war: die Französische Revolution und ihre Ausstrahlungen, die sowohl auf Verführungskraft wie auf Ge-

---

7. Siehe Polleross, Friedrich: »›Dieses neue Rom, ein Wohn-Sitz Römischer Kayser‹. Zur historischen Legitimation des habsburgischen ›Kaiserstils‹«, in: Kreul, A. (Hg.): *Barock als Aufgabe*, Wiesbaden 2005, S. 9.
8. Zit. in Sedlmayr, Hans: »Johann Bernhard Fischer von Erlach. Die Schauseite der Karlskirche in Wien«, in: ders.: *Kunst und Wahrheit. Zur Theorie und Methode der Kunstgeschichte*, Hamburg 1958, S. 175.
9. Zit. in Polleross: »›Dieses neue Rom‹«, a.a.O., S. 10.

walt beruhten. Schließlich setzte Napoleon die Akte, die zum endgültigen Ende dieses Reiches führte. Indem er sich 1804 zum Kaiser der Franzosen erklärte und so ein Zweitkaisertum in Westeuropa installierte (und zwar ein explizit nationales und implizit universales), bestritt er auch formell den Anspruch des Heiligen Römischen Reiches, das er machtmäßig bereits auf Null reduziert hatte. 1806 sagten sich zahlreiche westdeutsche Fürsten unter napoleonischem Einfluß formell vom Römischen Reich los, und dies bewog den Kaiser Franz II. schließlich, das Römische Reich offiziell für beendet zu erklären.

Am 6. August 1806 wurde vom Balkon der Kirche Am Hof in Wien eine persönliche Erklärung des Kaisers verlesen, in der er sich als »erwählter Römischer Kaiser« bezeichnet und alle Verpflichtungen, die mit diesem Titel verbunden sind, zurücklegt – Verpflichtungen gegenüber dem Reich, welches aber nur mehr als »deutsches Reich« bezeichnet wird. Erst am Schluß der etwa 6ozeiligen Erklärung ist im Zuge einer Jahresangabe auch vom »Römischen« Reich die Rede.[10] Obwohl der Titel des Römischen da schon sehr zurücktritt, stellt die Erklärung vom 6. August 1806 ein ganz anderes Ende des oder eines Römischen Reiches dar als der turbulente Vorgang des Jahres 476 oder gar die blutige Schlacht des Jahres 1453. Das Ende des Jahres 1806 wurde immerhin mit einer feierlichen Erklärung – einer sogenannten Pragmatikalverordnung – herbeigeführt, wenngleich mit einer sehr einseitigen. Die dazugehörigen Schlachten hatten da schon vorher stattgefunden bzw. sollten noch nachfolgen.

Vielleicht ist das der wichtigste Beitrag Wiens zum Römischen, daß es nach jahrhundertelangem Dasein als Residenzstadt der Römischen Kaiser dem Reich so einen Abschied gegeben hat. Es hat damit gleichzeitig das politische Zentralereignis der längst in Gang gekommenen »Romantik« geschaffen. Das Wort bedeutet nämlich, daß nunmehr *Rom antik* geworden ist: jeder Anschein eines kontinuierlichen Weiterdauerns römischer Imperialität ist beseitigt. Die Erledigung dieses Anscheins ist vielleicht eine ziemlich römische Leistung – welche die Lage deklariert, die zur Voraussetzung der Romantik gehört: Bruch mit der Kontinuität, Installierung der Distanz und damit Triumph der Ironie ebenso wie Ermöglichung von Nostalgie. Mit Novalis' *Die Christenheit oder Europa. Ein Fragment* (1799) hat die nostalgische Sehnsucht nach dem Heiligen Römischen Reich schon kurz vor dessen offiziellem Ende eingesetzt. Wiens Beitrag zur Romantik besteht also nicht nur in der Musik von Schubert, sondern zuvörderst in dem sozusagen vorromantischen, in dem spätrömischen Schlußakt des Jahres 1806, mit dem das Römische staatsrechtlich abgeschlossen und gleichzeitig prozedural beibehalten wird.[11]

Die Erklärung von 1806, erzwungen von militärischen Niederlagen, unverhüllter Drohung, eklatantem Verfassungsbruch, zweifellos ein Dokument, nein ein Mo-

---

10. Siehe Mazohl-Wallnig, Brigitte: *Zeitenwende 1806. Das Heilige Römische Reich und die Geburt des modernen Europa*, Wien-Köln-Weimar 2005, S. 262. Ich gehe nicht auf eine besondere Bizarrerie der Jahre 1804 bis 1806 ein, die darin besteht, daß in diesen Jahren der Römische Kaiser Franz II. zugleich als Österreichischer Kaiser Franz I. hieß. Denn er hatte 1804 in Nachahmung der napoleonischen Selbsternennung das österreichische Kaisertum geschaffen: ein Zweitkaisertum, das er in seiner eigenen Person verkörperte und das ab 1806 dann sein einziger Kaisertitel war.

nument verzweifelter Schwäche und Ausweglosigkeit, erwähnt diese widrigen Umstände teils anspielend, teils unverblümt – allein dies schon ein Meisterwerk diplomatischer Formulierung. Die Motive für den Akt, die im Text genannt werden, sind die Wahrung der Würde des – bisherigen – Amtsträgers, die Aufrechterhaltung des Friedens mit den Widersachern und Abtrünnigen und die Stärkung des Staates, der dem Kaiser, dem nunmehr »jungen« Kaiser Franz I. verblieben ist. Damit trägt die Erklärung wesentliche Aspekte des Römischen über das von ihr verkündete Ende des Römischen hinaus: das Festhalten an Standards, die für alle gelten und allen zugute kommen sollen, sowie die Beschränkung des eigenen Aktionsradius auf das tatsächlich Machbare.

Das Recht, die Regel und die Grenze bilden die drei wesentlichen Elemente des politischen Begriffs des Römischen, den Helmuth Plessner in seinem bekannten Buch *Die verspätete Nation* aufstellt. Von dieser Fassung des politischen Römischen behauptet er, daß Deutschland ihr von Anfang an feindlich gegenübergestanden sei: daher seine hartnäckige Verweigerung der staatlichen Form und sein Beharren auf dem antistaatlichen Begriff des Volkes.[12] Der »römische Komplex« habe Deutschland in seiner langen Geschichte mehr und mehr belastet. Hin- und hergerissen zwischen der Bindung ans Imperium und der Reformation habe es sich schließlich dem Kult der Innerlichkeit mit seiner »romantisch genannten Einheit von Realität und Unsichtbarkeit« ergeben. Das Heilige Römische Reich habe Deutschland geradezu in seine eigene Negation hineingetrieben: in die Romantik, deren Gefühls- und Triebkult Deutschland dann in die Katastrophe geführt habe. Demgegenüber habe Frankreich im Wettbewerb um das politische Erbe des Römischen den besseren Teil erwählt: die beiden lateinischen Konfessionen, die katholische und die calvinische, hätten ihm den »römischen Rechtsgeist« vermittelt und damit ein besseres Umgehenkönnen mit den Herausforderungen der Politik. Im 20. Jahrhundert habe Deutschland dann deutlich genug erfahren, daß es des römischen Politischen in diesem Sinn nicht entraten könne.

Ich habe hier diesen kleinen Plessner-Exkurs eingeschoben, weil mir scheint, daß die Wiener Erklärung von 1806 mit ihrer offiziellen Verabschiedung des Römischen Reiches am Römischen in einem formalen und doch nicht nur formalen Sinn festhält und daß Plessner diesen Sinn in den Dreißigerjahren im holländischen Exil formuliert hat – in einem Exil, in das ihn die Politik eines fanatischen (Anti-)Österreichers getrieben hat. Nach dieser Überleitung ins 20. Jahrhundert gebe ich meiner Titel-Frage eine neue, eine aktivische Fassung.

---

11. Da sowohl das altrömische Imperium wie auch das Heilige Römische Reich mit der paulinischen Katechon-Funktion belegt worden sind, stellt sich die Frage, ob die katechontische Funktion nach 1806 trägerlos und damit irreal geworden ist. Man muß das nicht so sehen. Valentin Pfeifenberger hat etwa um 1970 die West-Ost-Spannung zwischen den USA und der UdSSR als katechontische »Reichsspannung« bezeichnet. Siehe Seitter, Walter: »Katechontiken im 20. Jahrhundert nach Christus«, in: Rauchensteiner, M./Seitter, W. (Hg.): *Katechonten. Den Untergang aufhalten, Tumult. Schriften zur Verkehrswissenschaft* 25 (2001), S. 105.
12. Siehe Plessner, Helmuth: *Gesammelte Schriften*, Bd. 6: *Die verspätete Nation*, Frankfurt am Main 1982, S. 58ff.

3. Was tun in Wien?

In diesem dritten Kapitel nenne ich kurz zwei ganz verschiedene Tätigkeiten, die nicht mehr direkt dem Bereich der Politik zugehören und die beide um die letzte Jahrtausendwende sichtbar geworden sind. Es geht um ein architektonisches Werk, das gleichzeitig urbanistische und religionspolitische Bedeutung hat, und um eine einzelne philosophische Tätigkeit.

a) Die kleine Kirche vor der UNO

Jenseits der Reichsbrücke entstand in den späten Siebzigerjahren, im Zuge der Bemühungen, die Stadt doch an die Donau und folglich auch jenseits der Donau zu positionieren, ein architektonischer Komplex aus mehreren sehr hohen, konkav geformten Bauten: das Wiener Quartier der UNO, in dem mehrere Abteilungen dieser Organisation beheimatet sind, darunter die Internationale Atombehörde. Die UNO ist zweifellos eine Organisation, die einen weltumspannenden politischen Anspruch erhebt – diesen aber nicht mit imperialen Mitteln durchzusetzen sucht, nicht einmal mit den milden imperialen Mitteln, die Paul Veyne dem alten Römischen Reich unterstellt. In den letzten Jahren wurden um die UNO-City herum mehrere Hochhaus-Komplexe ausgeführt, so daß hier tatsächlich eine neue Stadt im Entstehen ist. Man kann sich denken, daß die Bauherren sich drängen und die Grundstückspreise in die Höhe schnellen. Direkt vor der UNO-City, an der belebten U-Bahn-Haltestelle und inmitten mehrerer Hochhäuser ist vor wenigen Jahren eine römisch-katholische Kirche errichtet worden, die durch diese ihre Plazierung wie auch durch ihre Gestaltung auffällt.[13]

Zunächst sieht man kaum mehr als einen relativ kleinen Würfel, dessen Oberfläche bei trübem Wetter schwarz erscheint, im Sonnenschein sieht man, daß die Metallplatten grünlich-bräunlich schimmern und daß viele kleine und ganz kleine runde Löcher sie durchbohren. Die zwei oberen Drittel des Würfels ragen über dem Boden auf, das untere Drittel sieht man nur, wenn man näher tritt: da liegt es in einer sichtbaren Bodensenke. Tritt man ein, so tritt man in den oberirdischen Würfel. Alle sechs Innenwände aus hellem, wohlriechendem Holz. Die vier Seitenwände werden von vielen kleinen und ganz kleinen, starken Scheinwerfern durchbohrt: bloßes Tageslicht dringt in Form von Lichtgeschossen ein. Oben in der Decke eine größere, geschwungene, gleißende Lichtöffnung. Ansonsten Einrichtungen aus Holz und aus Stein.

Der Innenraum ist spektakulär zusammengesetzt aus einfachen, aber konsequent durchgehaltenen Materialien sowie aus manierierten oder sophistizierten Formentscheidungen. Nichts davon erinnert an antike, an sogenannte klassische Bauformen. Aber der Gesamteindruck hat etwas Antikisches, eher Römisches als Griechisches. Man mag an die Cella griechischer Tempel denken – aber eben ohne Säulenumgang. Oder an die Schatzhäuser in Delphi. Oder eben an römische Bauten, die ja die Leute in ihr Inneres ließen. An den Lichteinfall im Pantheon. Der

---

13. Siehe Richters, Christian/Boyken, Immo: *Heinz Tesar: »Christus, Hoffnung der Welt«*, Wien, Fellbach 2002; Zschokke, Walter: *Katholische Kirche »Christus, Hoffnung der Welt«, Wien-Donaucity*, Regensburg 2002.

Außeneindruck schwankt zwischen ungewöhnlich und unscheinbar – und eben dies macht ihn zu einem Politikum. Mitten zwischen den Türmen der Weltpolitik und der Geschäftswelt steht, duckt sich, halb in die Erde versenkt, aber sein Metallpanzergewand trotzig zeigend, dieser schwarze Würfel. Halb katakombenhaft hingesetzt. Ein spätrömisches Einsprengsel in die Moderne. Spätrömisch jedenfalls insofern, als die Kirche dem Christus geweiht ist, der ein Untertan des römischen Imperiums war, aber ein ganz geringer. Diese Kirche setzt sich mitten in die große Welt, aber sie tut klein. Sie setzt sich so, wie es nach Lacan das Christentum überhaupt mit der Wahrheit macht: sie macht die Wahrheit klein, setzt sie in die Minderheit, reduziert sie – und erweist sich damit als die »wahre Religion«, die weiß, wie minoritär die Wahrheit ist. Sie weiß es, weil dieser Christus eigentlich klein ist.[14] Eine Minorität wie jedermann/jedefrau. Indessen kann so eine Minorität auf einer bestimmten Ebene auch Großes bedeuten.

b) Die Physik der Dinge
Ich habe bereits Michel Serres zitiert, der die vielleicht befremdliche Behauptung aufgestellt hat, die Physik sei eine Erfindung des römischen Genius oder vielmehr der römischen Primitivität. Er hat auch ein großes Werk römischer, d.h. lateinischer Physik näher beschrieben: *De natura rerum* von Lukrez.[15] Vor ihm hat Francis Ponge, der Dichter der Dinge, seine Intention folgendermaßen formuliert: »Ich möchte eine Art *De natura rerum* schreiben. Daran erkennt man wohl den Unterschied zwischen mir und den zeitgenössischen Dichtern: ich will keine Gedichte schreiben, sondern eine einzige Kosmogonie.«[16]

Ich schreibe diese mehr oder weniger römischen Namen hier, weil diese Autoren zu denjenigen gehören, die mich ungefähr seit der Zeit, da ich nach Wien gezogen bin, bei meiner Tätigkeit inspirieren, die mit solchen Essays wie *Physik des Buches* oder *Physik der Autobahn* begonnen hat, die ich »philosophische Physik« nenne und die inzwischen in zwei größeren Publikationen vorliegt.[17] Die philosophische Physik, die ich treibe, arbeitet – im Unterschied zur naturwissenschaftlichen Physik – mit zwei »Methoden«: mit dem Augenschein und mit der Umgangssprache. Das heißt aber nicht, daß sie sich als geisteswissenschaftliche oder kulturwissenschaftliche Physik versteht – wiewohl sie die Dimensionen der Geschichte und des menschlichen Gebrauchs viel stärker berücksichtigt als die andere Physik. Tatsächlich interessiert sie sich für Artefakte stärker als für reine Naturphänomene – doch diese Option beruht nicht auf einer Grundsatzentscheidung. Wenn ich die Umgangssprache als Methode bezeichne, so meine ich auch, daß sie nicht von vornherein mathematisierend vorgeht. Allerdings heißt das wie-

---

14. Siehe Lacan, Jacques: *Seminar XX: Encore*, Weinheim-Berlin 1986, S. 116f. Ziemlich klein auch das Größte an diesem Jesus und nach Paulus das entscheidende Auszeichnungskriterium an ihm: die Auferstehung. Eben weil sie etwas irgendwie Physisches ist, kann sie gar nicht so gigantisch sein. Siehe Seitter, Walter: *Kunst der Wacht. Träumen und andere Wachen*, Berlin-Wien 2001, S. 272ff.
15. Siehe Serres, Michel: *La naissance de la physique dans le texte de Lucrèce*, Paris 1977.
16. Ponge, Francis: *Einführung in den Kieselstein und andere Texte*, mit einem Aufsatz von Jean-Paul Sartre, Frankfurt am Main 1986), S. 151.
17. *Physik des Daseins. Bausteine zu einer Philosophie der Erscheinungen*, Wien 1997; *Physik der Medien. Materialien, Apparate, Präsentierungen*, Weimar 2002.

derum nicht, daß sie die Kategorie der Quantität geringschätzt.[18] Sie betrachtet die Quantität in ihren unterschiedlichen Ausprägungen (Ausdehnungen, Zählbarkeit) gleichberechtigt mit den anderen Kategorien.

Ich nenne einige Objekte meiner bisherigen Physik, damit man sich eine Vorstellung machen kann. Neben berühmten Werken bildnerischer oder architektonischer Art beschreibe ich vor allem allgemein bekannte, durchaus triviale Objektsorten wie das Weinglas, die Hand, den Tisch, das Bett, die Straße, die Erde (diese als Materialsorte wie als Individuum), das Papier, die Sprache, das Bild, die Luft, den Funk ... Abstraktere Gegenstände meiner Physik sind etwa das Sichtbare – mitsamt den damit verbundenen physischen (!) Unsichtbarkeiten – oder die Verpackung. Gelegentlich mache ich philosophiehistorische oder zumindest philologische Entdeckungen wie die, daß die sogenannte *Metaphysik* des Aristoteles in ihrem Subtext eine vollständige Physik eines bestimmten Objekts, nämlich des Hauses, enthält, welche Physik ihrerseits wieder den Ansatz zu einer Physik der Kunst liefert, da bei Aristoteles die Kunst neben der Natur die zweite ordentliche »Ursache« darstellt (daneben gibt es noch die beiden unordentlichen Ursachen namens Tyche und Automaton). Die Physik der Kunst liegt in Reichweite.

Die kleine Kirche vor der UNO und meine kleine Physik – das sind zwei zeitgenössische Wiener Tätigkeiten, die die Frage, ob es in Wien Römisches oder Quasi-Römisches gibt, für die Gegenwart nicht ganz negativ ausfallen lassen. Dabei handelt es sich nicht um »Identifizierungen« mit Rom, also nicht um Rom-Romantik, sondern um ganz entfernte Anlehnungen, nicht einmal Anlehnungen, sondern um nachträglich feststellbare gemeinsame Züge. Ich jedenfalls habe erst in diesen Zeilen die gemeinsamen Züge zwischen der Physik des Lukrez und der meinigen behauptet.[19]

---

18. Siehe hierzu Seitter, Walter: »Die Zahl«, in: Bandhauer, D. (Hg.): *Kopf oder Zahl. 20...Dramolette...Fragen...Jahre*, Wien 2004.
19. Zum Schreiben dieses Textes haben die Gespräche mit Dorothea Macheiner und mit Irini Athanassakis beigetragen, denen ich dafür danke.

Die Autorinnen und Autoren

Wilhelm Blum ist Gymnasiallehrer für die Fächer Griechisch, Latein, Geschichte, Sozialkunde und Philosophie in München.

Rémi Brague ist Professor für Philosophie in Paris und Professor für Religionswissenschaft in München.

Massimo Cacciari ist Bürgermeister von Venedig und Professor für Ästhetik in Mailand.

Nadine Grotkamp ist wissenschaftliche Mitarbeiterin am Max Planck-Institut für europäische Rechtsgeschichte in Frankfurt a. M.

Anselm Haverkamp lehrt Literatur und Philosophie in New York und Berlin.

Erich Hörl ist Philosoph und Kulturwissenschaftler. Er lehrt an der ETH Zürich.

Helmut Kohlenberger lebt als freier Übersetzer in Salzburg und Wien.

Walter Seitter lehrt an der Universität für angewandte Kunst in Wien.

Bernhard Siegert ist Gerd-Bucerius-Professor für Geschichte und Theorie der Kulturtechniken an der Bauhaus-Universität Weimar.

Fabian Steinhauer ist Jurist. Er lehrt an der Johann Wolfgang Goethe-Universität in Frankfurt a. M.

Paul Veyne ist emeritierter Professor für Römische Geschichte am Collège de France in Paris.

Barbara Vinken ist Professorin für Allgemeine und Romanische Literaturwissenschaft an der Universität München.

Cornelia Vismann ist wissenschaftliche Mitarbeiterin am Max Planck-Institut für europäische Rechtsgeschichte in Frankfurt a. M.

Katherina Zakravsky ist freischaffende Kulturtheoretikerin, Performance Künstlerin und Kuratorin in Wien.

Hanns Zischler lebt und arbeitet in Berlin und anderswo.